Marx

田鹏颖／著

社会科学文献出版社
SOCIAL SCIENCES ACADEMIC PRESS (CHINA)

is

s

马克思

Not

不过时

Outdated

写在前面的话

"马克思不过时"中的"马克思"既指涉"马克思"其人,又指涉"马克思的主义";既指涉马克思的重大理论命题,又指涉马克思主义把握世界的基本方法;既指涉马克思"发现"的马克思主义,又指涉中国化、时代化、大众化的马克思主义。

"马克思不过时"中的"过时",系指客观上马克思(主义)时过境迁、真理性丧失;主观上放弃马克思(主义),动摇对马克思(主义)的信仰及其在意识形态中的指导地位,从而从根本上放弃对科学社会主义和共产主义的信念。

"马克思不过时"中的"不",就是对"过时"的否定,主张马克思(主义)没有因为其问世近170年的"雨雪风霜"和岁月流逝而丧失其科学性、真理性、革命性、批判性和实践性,马克思(主义)在超过一个半世纪的演变、发展、应用、创新进程中,没有发出"时间去哪了"的生命慨叹。

时间(空间),作为一个古老的哲学问题在人类思想发展史上时时被提及,或者说,如果人类忽视了时间(空间),那么其自身的生存际遇——命运和价值就将受到质疑。马克思对时间的理解是沿着亚里士多德和奥古斯丁的路子而来的。亚里士多德认为,如果说除了心灵与心灵之意念之外就没有任何东西自然地有计数禀赋,那么,如果没有心灵,时间就是不可能的。奥古斯丁也曾经说过,时间无非是一种广延,但我不知它是何种事物的广延,若不是心灵自身的广延,那倒令人惊异了。马克思对时间的理解好像继承了亚里士多德与奥古斯丁的"人文主义"理路——将时间建基于人的生存,认为时间是人类存在(生存)的空间,人类生存最根本的意义

1

在于人的时间性。因为人的生存连同它的活动场所一同带出，所以时间就在人的生存中具有了空间的特性。

概括地说，"马克思不过时"，就其本质而言，是在深入地而不是肤浅地、具体地而不是抽象地、辩证地而不是机械地回答21世纪，人类在人与自然、人与人（社会）以及人与自身的诸多矛盾、纠葛、焦虑中，为什么需要"认祖归宗"，为什么不能抛弃本就不能被抛弃、不仅没有过时且具有旺盛生命力的马克思（主义），以重构现代性，寻找人类的精神家园。

目 录

第一章　伊格尔顿的回应与缺憾

一　马克思（主义）问世以来世界上第一个社会主义制度的历史命运

卡尔·马克思（1818～1883），伟大的哲学家、政治家、经济学家、社会学家和历史学家，一个被西方评为仅次于爱因斯坦的伟人，一个学术可以引领时代的天才，一个理论设计一种社会制度的思想巨擘。马克思给后人留下了无比宝贵的精神财富和无比广阔的遐想空间。

马克思开始他的理论研究和创新是在 19 世纪 40 年代，早期资本原始积累时期已经结束，工业革命第一阶段已经完成，当时的欧洲特别是英国都处于经济十分繁荣的时期。而法国，工业革命尚未展开，尚为以小农经济为主的农业社会，工厂虽然已经开始建设，但巴黎基本上还是以手工业作坊为主，绝大多数的工人还是手工业作坊的手工业工人。那时的马克思（1842～1843 年）是《莱茵报》的主编。

今天俄罗斯圣彼得堡的涅瓦河畔，停泊着一艘早已退役了的巡洋舰，名字叫作"阿芙乐尔号"。在古罗马神话里，阿芙乐尔是司晨女神，她为世间带来曙光。在人类历史上，这艘巡洋舰恰如其名，也给俄罗斯人民乃至世界人民带来了新曙光——共产主义。

1917 年 11 月 7 日下午，圣彼得堡的两万名赤卫队员和士兵包围了俄国临时政府所在地冬宫，晚上 7 时 45 分，水兵夺取了"阿芙乐尔号"巡洋舰的控制权，接着就向冬宫发炮，到深夜两点，冬宫被攻陷。因为这天是俄历 10 月 25 日，因此被称为十月革命。列宁和托洛茨基领导的夺取政权斗争宣告了人类历史上第一个社会主义国家的诞生。

与欧美先进资本主义国家相比，俄国经济文化较为落后。但是，当时帝国主义的各种矛盾在俄国都特别尖锐地反映了出来，而且由于沙皇政府的利益与西方帝国主义的利益相互交织，它被卷入帝国主义体系并成为当时帝国主义一切矛盾的焦点。同时，历史还造就了解决这些矛盾的基本力量——俄国无产阶级及其同盟军。恩格斯于1885年在《给查苏利奇的信》中，曾预言，俄国"正在接近它的1789年。革命一定会在某一时刻爆发；它每天都可能爆发。在这种情况下，这个国家就像一颗装上炸药的地雷，所差的就是点导火线了"①。历史表明，列宁等人就是这"点火者"，马克思主义就是列宁等人使用的"火星"。

1917年初，俄国出现了反战革命运动高潮。在布尔什维克党的积极组织号召下，各地爆发了工人罢工和示威游行。2月18日，彼得格勒普梯洛夫工厂3万工人大罢工，掀开了二月革命的序幕。军警对罢工工人的枪杀激起了广大工农群众的强烈反抗，2月27日，罢工转变为武装起义，并得到驻守在彼得格勒6万多名士兵的支持。起义者占领了市政机关，在当晚成立彼得格勒工兵代表苏维埃，并得到各地纷纷响应。统治俄国304年的罗曼诺夫王朝终于被推翻了。

二月革命胜利后，俄国出现资产阶级临时政府和工兵代表苏维埃两个政权并立的局面，前者主要掌握政权机关，后者主要是监督性质。这种局面反映了当时俄国的阶级力量对比关系，俄国社会道路的两种选择。当时的资产阶级临时政府以巩固资产阶级统治、遏制革命继续发展为主要目标，代表的是大地主、大资产阶级的利益，因而它并不想改变沙皇政府的内政外交政策，尤其是对外不顾民众反对而坚持沙皇政府参加世界大战的政策，对内不能消除贫困和饥荒反而镇压民众的反抗。二月革命的成果实际上最终落入资产阶级手中。

二月革命发生时，列宁当时不在俄国，但他密切关注国内革命的动向。1917年4月16日，列宁结束了长期在国外的流亡生活回到祖国，在彼得格勒芬兰车站受到工人和士兵的热烈欢迎。列宁在车站广场的装甲车上向群

---

① 《马克思恩格斯文集》第10卷，人民出版社，2009，第532页。

众发表了热情洋溢的演说，向群众发出了"社会主义革命万岁"的号召。次日，他发表了著名的《四月提纲》，进一步分析了俄国工人阶级与资产阶级的力量对比，明确指出俄国当前形势的特点是从革命的第一阶段向革命的第二阶段过渡。《四月提纲》系统地阐发了在经济文化落后的俄国如何实现由资产阶级民主革命向社会主义革命过渡的理论，在新的历史条件下丰富和发展了马克思主义关于无产阶级革命的理论，在俄国社会发展的十字路口指明了前进方向，为十月革命做了直接的思想理论上的准备。

根据列宁《四月提纲》的精神，布尔什维克党将以争取群众、发动群众为中心，积极开展各种形式的宣传鼓动工作。而资产阶级临时政府在1917 年 7 月在前线惨败的消息，引发了声势浩大的群众游行示威，结果遭到临时政府的镇压，当场造成 400 多人死伤。"七月事变"改变了俄国国内的政治状况和阶级力量对比。资产阶级临时政府其后的倒行逆施，激起了俄国民众大规模的抗议浪潮。到 1917 年的 9 月，俄国工人罢工、农民起义、士兵骚动，革命形势日渐成熟。而布尔什维克党领导的工人赤卫队对科尔尼诺夫叛军作战的胜利，迅速提升了布尔什维克党的威信，促使全国各地苏维埃迅速布尔什维克化。

俄国无产阶级革命斗争形势的迅速发展，需要有正确的革命理论的及时指导。列宁在 1917 年 8 ~ 9 月间写成了著名的《国家与革命》，这犹如下了一场革命理论上的"及时雨"。列宁深刻地批判了第二国际机会主义对马克思主义国家学说的歪曲，捍卫和发展了无产阶级革命和无产阶级专政的理论，为十月革命的胜利提供了及时的科学指导。

列宁提出俄国要进行社会主义革命的想法，招致孟什维克的讥讽，甚至遭到布尔什维克党内一些重要成员的反对，而反对意见集中在"俄国是否有进行社会主义革命的客观条件"[1] 问题上。列宁指出，马克思主义不是教条，而是行动的指南，马克思主义者应该从实际出发，而不是抱着昨天的理论教条不放。俄国武装夺取政权的主客观条件已经成熟，如果错过革命的时机，"历史是不会饶恕我们的"[2]。

---

① 《马克思恩格斯选集》第 3 卷，人民出版社，1995，第 770 页。
② 《列宁全集》第 32 卷，人民出版社，1985，第 234 页。

成功总是青睐顺应时代潮流、勇于开拓进取的人。1917 年 11 月 6 日下午，在列宁的推动和指导下武装起义开始。当晚 9 点 40 分，根据革命军事委员会的命令，停泊在涅瓦河上的"阿芙乐尔号"巡洋舰发出了攻打冬宫的炮声。起义群众很快就占领了冬宫，逮捕了最后一届临时政府的部长。1917 年 11 月 7 日（俄历 10 月 25 日），全俄苏维埃第二次代表大会在斯莫尔尼宫开会，宣读了列宁起草的宣言，宣告推翻资产阶级的临时政府，建立苏维埃政府，政权掌握在无产阶级手中。随后革命迅速向全国发展，十月革命取得了伟大的胜利。

十月革命是世界历史上一个划时代的重大事件，开辟了人类历史新纪元，产生了极其深远的世界历史影响。

第一，将马克思主义关于无产阶级革命的理论变为现实，开启了无产阶级革命的新时代。十月革命的胜利，将科学社会主义从一种理论、运动变为一种社会制度，把马克思、恩格斯关于打碎旧的国家机器、建立无产阶级专政、建立巴黎公社式政府的理论变为现实，用事实证明了"一国胜利论"的正确性。在十月革命的影响和鼓舞下，世界无产阶级革命进入了一个波澜壮阔的新时代。

第二，冲破了国际帝国主义阵营，沉重打击了帝国主义的统治。十月革命的胜利，利用难得的革命时机冲破了国际帝国主义阵营中的薄弱环节，在俄国这个曾经是帝国主义最顽固的堡垒中推翻了剥削阶级的统治，建立了人类历史上崭新的人民政权。这不仅是对俄国帝国主义统治的根本摧毁，也是对国际帝国主义统治的沉重打击。

第三，激励了殖民地、半殖民地的民族民主革命，掀起了被压迫民族解放斗争的新高潮。在十月革命的影响下，特别是在列宁关于殖民地民族解放问题思想的激励下，许多国家爆发了争取民族独立和民族解放的革命运动，诸如中国的"五四运动"、朝鲜的"三一运动"、印度的"非暴力不合作"运动等。这对改变帝国主义瓜分世界、一统天下的局面，削弱国际帝国主义的殖民体系，支持各国无产阶级运动等都起到了积极作用。

第四，促进了马克思列宁主义的传播，推动了一大批无产阶级政党的建立。十月革命的胜利，极大地扩大了马克思列宁主义的国际影响力，推动了马克思列宁主义的国际传播。正如毛泽东后来评价说，十月革命一声炮响，给我们送来了马克思列宁主义。由于十月革命为无产阶级和劳苦大众寻求解放展现了一条新道路，因而，受其影响，许多国家纷纷成立共产党，世界社会主义运动展现出蓬勃发展的新局面。

十月革命是加快人类历史变革的一次饱含激情的实践。这场革命跳出常规，以轰轰烈烈的姿态向世界展示了一个不可抗拒的理想和观念，直到今天，这种理想和观念仍激动人心。十月革命已经过去近百年了。但当人们回首这段历史的时候，总会发现，这场划时代的革命依然散发着夺目的光芒，展现了人类改变自身命运，追求美好生活的理想和精神以及为之付出的卓绝努力。

1921 年 11 月，列宁在《十月革命四周年》纪念文章中指出："这个伟大的日子离开我们愈远，俄国无产阶级革命的意义就愈明显，我们对自己工作的整个实际经验也就思考得愈深刻。"①在经济全球化日益深入发展、中国特色社会主义阔步前进的今天，重温这一伟大的历史事件，无疑具有十分重要的现实意义。它对于我们今天推进中国特色社会主义事业，仍然具有重要的意义。特别是把马克思主义基本原理与俄国实际相结合，是十月革命给我们最为重要的启示。

列宁创立了社会主义在一国首先获得胜利的理论，填补了科学社会主义理论的空白。在 19 世纪 50 年代前后，马克思、恩格斯根据大工业和世界市场的发展使各文明国家和各国人民彼此紧密联系的状态，曾经设想社会主义革命首先在英国、美国、法国、德国等主要资本主义国家同时发生、取得胜利。列宁在研究帝国主义的过程中，针对在帝国主义战争爆发的情况下，俄国革命道路可能会表现出新的特点，揭示了资本主义经济政治发展不平衡的规律，创造性地提出了社会主义在一国或数国首先胜利的理论。列宁社会主义"一国胜利论"，是在帝国主义条件下对马克思、恩格斯的社会主义革命理论的重大创新和发展，它极大地激发了无产阶级的革命主动性和首创精神，为十月革命的胜利奠定了重要的理论基础。正如列宁在《十月革命四周年》纪念文章中指出："我们已经开始了这一事业。至于哪一个国家的无产者在什么时候、在什么期间把这一事业进行到底，这个问题并不重

---

① 《列宁全集》第 4 卷，人民出版社 1995，第 563 页。

要。重要的是，坚冰已经打破，航路已经开通，道路已经指明。"①

列宁领导十月革命胜利并实践社会主义使社会主义由理论变为现实，对什么是社会主义和怎样建设社会主义等一系列重大问题进行了艰辛的思考和探索。十月革命胜利后，列宁他在深刻总结实施战时共产主义政策经验教训的基础上，提出了新经济政策，这对于发展生产力，巩固工农联盟，巩固无产阶级专政起到了重要作用。在列宁和苏联共产党的领导之下，苏联不仅胜利实现了无产阶级革命和无产阶级专政，接着又胜利建成了社会主义社会，从而使科学社会主义由理论和理想变为活生生的现实。这不但在共产主义运动史上开辟了一个新纪元，而且在整个人类历史上开辟了一个新纪元。十月革命至少在以下四个方面取得了巨大的无可置疑的成就：一是在占世界 1/6 的土地上建成了世界上第一个社会主义国家。二是以资本主义所不可比拟的速度展示了社会主义的优越性：1953 年与革命以前最高的年份 1913 年相比，苏联的国民收入增加了 12.67 倍，而同期美国增加了 2.03 倍，英国增加了 0.71 倍，法国增加了 0.54 倍。三是苏联先后战胜了 14 个资本主义国家的武力围剿，并在第二次世界大战中成为打败法西斯的主力。四是指引包括中国在内的占世界人口 1/3 的十几个国家先后实行了社会主义制度，在世界范围内推动了民族民主解放运动，击垮了殖民主义的世界体系。

然而，好景不长。这个世界上第一个社会主义制度大厦于公元 1991 年顷刻间土崩瓦解了！"红旗"的落地，让人彻夜难眠，辗转反侧，这个将社会主义的理论变成社会主义的实践的伟大探索历经数十年，何以一夜之间解体？必然？偶然？还是两者兼而有之？随着东欧剧变，苏联解体，关于马克思的说法多了起来……

二 伊格尔顿《马克思为什么是对的》
对十大诘问的回应

特里·伊格尔顿（Terry Eagleton，1943—）是当代西方文论界继威廉斯

---

① 《列宁选集》第 4 卷，人民出版社，1995，第 568 页。

之后英国最杰出的马克思主义理论家、文化批评家和文学理论家。他一直以正统的马克思主义者或马克思主义"左派"自居，对马克思的坚守和发展使其理论独树一帜，倍受当今国际学术界的关注。"意识形态"这一理论是人言人殊的难题，是伊格尔顿思想的理论基石，是其文化批评的核心范畴，是其思考文学、美学的前提。正是由于他对意识形态概念本身所具有的复杂性的充分开拓和挖掘，才使他对文学与美学问题的研究显得别具一格。他是西方最具影响力的马克思主义理论家之一，也是当代英国最杰出的文艺理论家和思想家，是西方新马克思理论研究的代表人物。他是著名学者，曾先后担任剑桥大学、牛津大学、爱尔兰国立大学教授，著有《克拉莉萨的被污：塞缪尔·理查森的作品中的文体、性行为和阶级斗争》《批评与意识形态：马克思主义文学理论研究》《马克思主义与文学批评》等。

由于斯大林"社会主义模式"的解体，资本主义内部的各种痼疾纷纷显露，特别是 2008 年金融危机的爆发，更让西方人开始质疑资本主义制度的合理性和生命力，种种迹象显示，现在正是引人入胜地讲述马克思主义与当今世界关联性的正确时刻。在全球化背景下，《马克思为什么是对的》一书于 2011 年 4 月由耶鲁大学出版社出版。伊格尔顿希望通过这部书厘清人们对马克思主义的错误认识，并对十个西方常见的否定马克思主义的观点逐一进行了反驳。

作者反驳的十个观点是：马克思主义终结了；马克思主义在理论上都是正确的，但是缺乏对实践的指导意义；马克思主义是一种宿命论；马克思主义是乌托邦梦想；马克思主义将世间万物都归结于经济因素；马克思是唯物主义者，对人类精神层面毫无兴趣；马克思主义的阶级学说是最无用过时的；马克思主义者倡导暴力政治；马克思主义相信国家是万能的；过去四十年中，所有引人注目的激进运动都源自马克思主义以外的思想。

然而在我们看来，其中最重要、最基本的一点，是伊格尔顿力图表明：马克思理论的正确性首先在于他将现代资本主义世界指证为一种历史现象。"马克思第一个提出了'资本主义'这种历史现象，他向我们展示了资本主义如何兴起，如何运行以及它可能的结局"①。这一点之所以具有决定意义，

---

① 吴晓明：《重新发现马克思理论的正确性》，《学习时报》2011 年第 12 期，第 1~2 页。

是因为现代性意识形态为当代资本主义世界披上了一层又一层的伪装，从而制造出关于这一世界的现代神话：资本主义是自然的因而是永恒的。在这种神话的视域中，"未来不过是现在的重复"；也就是说，资本主义不是被看作"一种不久之前才产生的历史现象"，而是被视为"空气般自然而然的存在"①。

正是在这里，马克思理论的正确性突出地显现出来。众所周知，马克思政治经济学批判的核心之处，就在于揭示现代经济生活的前提条件和历史界限，揭示资本主义制度的暂时性在于破除现代经济生活是自然的、永恒的，因而是可以无限制发展的幻觉。既然我们很早就知道，"世界上的任何事物有始就必然有终"②，为什么还会屈从于现代资本主义世界将会与世长存的神话呢？事实上，这种神话不仅泛滥于各种无头脑的流俗观念中，而且也实际地充斥于众多非批判的社会科学领域中。

伊格尔顿这部新著的显著优点是："马克思为什么是对的"这个问题异常明确，每一个专题中"当前西方反马克思主义的观点"③ 也被表述得十分清晰，而作者又采用了尽可能通俗的——但并不因此就是粗陋的——方式来展开壁垒分明的论战。虽然我们并不完全赞同伊格尔顿的观点，但这种论战本身的启发性和当代意义则是显而易见的。如果说，曾经作为英国新左派代表之一的伊格尔顿也为马克思主义的"本土化"做出过贡献，那么，对于中国的读者来说，如何使这本书所展开的那些论战能够与当今中国"两个一百年"目标的历史性实践相联系，便成为一项真正具有挑战性的任务了。

《马克思为什么是对的》一书阐明了在马克思主义理论指导下运作市场经济体系的可行性，同时还为马克思主义与可持续发展观找到了一个极佳的契合点，基本上代表了西方关于马克思理论研究的最新成果。

该书于 2011 年 4 月由耶鲁大学出版社出版后，即引起西方社会的普遍关注和争议。伊格尔顿坦言，这部著作的灵感来源于一个发人深省的想法：

---

① 吴晓明：《重新发现马克思理论的正确性》，《学习时报》2011 年第 12 期，第 1~2 页。
② 吴晓明：《重新发现马克思理论的正确性》，《学习时报》2011 年第 12 期，第 1~2 页。
③ 吴晓明：《重新发现马克思理论的正确性》，《学习时报》2011 年第 12 期，第 1~2 页。

有没有这样一种可能，那就是我们所熟知的反马克思主义论调都是错误的？即便这些论调并非一无是处，也至少是站不住脚的？

《独立宣言》与《人权宣言》相比，《共产党宣言》被认为是"毫无疑问的十九世纪最具影响力的作品"。与政治家、科学家、军人和宗教人士不同，很少有思想家能真正改变历史的进程，而《共产党宣言》的作者马克思恰恰在人类历史的发展进程中发挥了决定性的作用。

马克思彻底改变了我们对人类历史的理解，这是连马克思主义最激烈的批评者也无法否认的事实。就连反社会主义思想家路德维希·冯·米塞斯也认为，社会主义是"有史以来影响最深远的社会改革运动；也是第一个不限于某个特定群体，而受到不分种族、国别、宗教和文明的所有人支持的思想潮流"①。但是，有一种盛行的观点认为，马克思和他的理论已经可以安息了——在世界资本主义体系刚刚经历了有史以来破坏性最强的金融危机的背景下，这样的观点更显得格格不入，滑稽且可笑。马克思主义曾经是所有对资本主义制度的批判中理论上最丰富、政治上最坚定的，但如今，人们似乎觉得已经可以把它作为久远的历史抛在脑后了。

这次资本主义制度的危机至少意味着，此前长期掩盖在"现代"、"工业主义"和"西方"等一系列漂亮假面之下的资本主义已经重新进入了人们的视野。当人们开始谈论资本主义的时候，就说明资本主义出现了问题。因为这表明人们已经不再把资本主义制度当作空气般自然而然的存在，而是把它视为一种不久之前才产生的历史现象。而且，虽然许多社会制度都喜欢用"不朽"的神话掩盖自己终将灭亡的本质，但世界上的任何事物有始就必然有终。马克思第一个提出了"资本主义"这种历史现象，他向我们展示了资本主义如何兴起，如何运行，以及它可能的结局。像牛顿发现万有引力定律和弗洛伊德发现潜意识一样，马克思揭示了我们日常生活中一个一直为人所忽略的事物，那就是资本主义的生产方式。

这本新书的出现立即让我们回想起大约 20 年前的另一本书，那就是德里达的《马克思的幽灵》。两相对照，彼时的时代情境与今天实在大相径庭：随着 20 世纪 80 年代末和 20 世纪 90 年代初社会主义阵营所发生的一系

---

① 〔英〕特里·伊格尔顿：《马克思为什么是对的》，李杨等译，新星出版社，2011，第 1 页。

列政治动荡，不少人以为历史将终结于资本主义体系的一统天下，因而再一次匆忙地为马克思主义举行了葬礼。而德里达力图指明的是：如此这般一再举行的哀悼活动实质上不过是为马克思主义的再次返回、为它在未来的复活招魂；因为马克思的精神在当今世界的每一种具体化的形式中都有其"幽灵"般的持存。

今天，伊格尔顿著作的风格则与之迥然有别，他试图清楚明白地论辩这样一个重要问题——马克思为什么是对的？因为在伊格尔顿看来，在世界资本主义体系刚刚经历了"有史以来破坏性最强的金融危机"的背景下，在这一体系的各种矛盾以其尖锐的形式表现其自我瓦解的时代状况下，以为马克思和他的理论已被彻底埋葬的观点，不仅显得格格不入，而且实在有点滑稽可笑了。"如果那些意志力不坚定的社会主义者当初能把他们的信仰坚持到二十年后的今天，他们就能有幸见证那个在他们眼中坚不可摧的资本主义制度如何在 2008 年陷入全面危机，甚至连商业街上的自动提款机都险些面临关闭的命运。"①

对于伊格尔顿来说，马克思学说的意义不仅表现在资本主义已经经历并且正在经历的种种危机中，而且还特别表现在资本主义的发展变化以及按其自身逻辑的运行和持存中。如果说，资本主义矛盾的尖锐化及其危机能够更多地在情绪和信心方面鼓舞马克思主义，那么，资本主义的持续运行和发展变化非但不能使马克思学说的意义消失，相反却使之在理论和实践方面显得尤为中肯和必要。因为，作为对现代资本主义世界的批判性分析工具，马克思主义恰恰是以资本主义生产方式及其发展变化为基本对象的。在这个意义上，正是资本主义"内在逻辑的稳定性"和持续发展，决定了马克思主义批判的合理性和有效性。"由此可以断定，只要资本主义制度还存在一天，马克思主义就不会消亡。只有在资本主义结束之后，马克思主义才会退出历史的舞台。"② 这和马克思在 1843 年对德国的实践政治派所做的评论相一致：你们要求对哲学的否定是正当的；但是如果不使哲学

---

① 〔英〕特里·伊格尔顿：《马克思为什么是对的》，李杨等译，新星出版社，2011，第 18 页。
② 〔英〕特里·伊格尔顿：《马克思为什么是对的》，李杨等译，新星出版社，2011，第 6~7 页。

成为现实，就不可能消灭哲学。

因此，在伊格尔顿看来，马克思的学说无疑是历史性的，但它又无疑占据一个非常广阔的历史跨度。也就是说，因为这一学说在思想理论上开拓出来了巨大的历史深度和广度，所以它将命运般地、如影随身地涵括现代资本主义的整个历史阶段。正如熊彼特在谈及马克思时所说的那样，大多数思想的创作时间，短的不过饭后一小时，长的达一个世纪的时间，就永远消失了；但有一些思想创作却不是这样，它们几经湮没，却又一再重现，而马克思的理论就属于这种有生命力的"伟大的创作"。作为这样的创作，马克思的理论独立于我们的爱憎之外——它会遭遇众多的反面评价和激烈的驳斥，却不但不会受到致命的伤害，相反能有助于显示其理论结构的真正力量。伊格尔顿重申了这个基本事实，并对之做出了恰当的和多重的解释。

马克思这位思想理论的导师，曾有多少人宣称信奉他的学说，有多少流派的马克思主义涌现！但自马克思主义诞生之日起，就一直有学者和政客将其指责为疯狂的幻想和谬误。20世纪以苏东地区为代表的现实社会主义运动遭遇的挫折，为那些反对马克思主义的人提供了口实，马克思甚至为集权主义的罪行背上了黑锅。很多曾经宣称信奉马克思主义的党派，为了选票或是变革，或公开或隐蔽地放弃马克思主义的指导地位。"马克思过时了！"这句话经常出于一些学者、政客甚至是普通人的口中，而今马克思似乎成了我们时代最熟悉的陌生人，毋庸讳言这也是马克思在当今的尴尬处境。

资本主义的存在决定了马克思主义的合理性。典型的反马克思主义观点认为，马克思那个时代的资本主义的确充满了丑恶，但资本主义随后已经发生了极大的变化。尤其是自20世纪70年代以来，随着新技术革命的扩展，西方资本主义社会阶级分化日益淡化、社会流动性日益增强，已进入后工业化时代。在这样的背景下，马克思主义已经过时了，没有一点用武之地。伊格尔顿认为，只要资本主义制度还存在一天，马克思主义就不会消亡，也不会过时。资本主义的捍卫者们在批评马克思主义陈旧过时的时候却忽视了一点，那就是当今资本主义世界的不平等程度甚至可以与古老的维多利亚时代相提并论。资本主义的确发生了新的变化，但是这些新变化并不表明资本主义可以高枕无忧，这种调适正表明其深层次的制度和文化焦虑。

伊格尔顿认为，从全球范围来看，贫富差距仍在扩大，资本集中度和侵略性有增无减，在这样的情况下，断言马克思主义已经退出历史舞台，如同说纵火的手段比以往更狡猾、更多样，因而救火已然无用一样不可理解。传统左翼党派的"进入社会主义，还是退回野蛮状态"① 这一口号，如今看起来不再是耸人听闻的表面文章，而是振聋发聩的警世箴言。巨大的贫富差距、帝国主义战争、得寸进尺的剥削、压迫性越来越强的国家，所有这些都可以用来概括当今世界现状的重大问题，其实都是马克思主义者一直以来不断思考并着力解决的。在马克思主义者眼中，资本主义社会无论怎样以自己的现代性为傲，它都充满了奇异的幻景和拜物教的狂热以及一戳就破的肥皂泡般的神话和盲目的崇拜。资本主义最终的制约就是资本自身，因为资本持续不断的复制正是资本主义无法超越的边界。资本主义这个历史上最具活力的体制，其实包括一些静态的和不断反复的因素，资本主义内在逻辑的稳定性，决定了马克思主义对资本主义的批判仍然具有时代价值。

斯大林主义的失败恰恰是马克思主义正确性的最佳证明。反马克思主义者认为，马克思主义从理论上貌似有些道理，但是将其付诸实践的结果往往是相反，苏联的斯大林主义实践就是证明。

苏联虽然付出了巨大的代价，却成功地改变了本国经济落后的局面，建立了工业化的现代国家。而苏联付出的代价如此巨大，一部分原因正是西方资本主义的敌对。当然，伊格尔顿也承认，苏联取得的巨大成就并不能代替自由、民主，或是商店里的蔬菜，但这并不意味着所有的成绩就不该被后人铭记。

伊格尔顿强调，马克思本人从来没有设想过会在经济文化落后的国家实现社会主义。斯大林之前也从来没有一位马克思主义思想家认为这是可以实现的。在社会总财富本不多的时候，根本没法重新分配社会财富，以使所有人都受益。在物质匮乏的情况下不可能消除社会阶级的分化，因为

---

① 〔英〕特里·伊格尔顿：《马克思为什么是对的》，李杨等译，新星出版社，2011，第5页。

物质结余太少而无法满足所有人的需要，对财富的争夺终将造成社会阶级分化的复苏。正如马克思在《德意志意识形态》中指出的，在物质条件不具备的环境下进行的革命，只能让"龌龊的老一套"再次出现，其结果无非是物质匮乏的社会化。

在内外交困的情况下，苏联出现一些与社会主义内涵背道而驰的残酷政策，最终导致经济土崩瓦解，社会建构支离破碎。在最需要社会主义的地方，反而最不可能实现社会主义，这真是整个 20 世纪最大的悲剧。当然，伊格尔顿还考虑到，那些格外顽固的马克思主义批评者们可能会说："其实苏联面临的内外困难并不重要，因为马克思主义无论怎么说都是一种集权主义的教条。"① 一个看似矛盾的事实是，斯大林主义不仅不能败坏马克思主义的名声，反而是马克思主义正确性的最佳证明。如果我们想为斯大林主义的出现找到一个令人信服的根据，那只能到马克思主义中寻求答案。

马克思主义并非宿命论或决定论。反马克思主义者认为，马克思主义是一种宿命论，将人视为历史的工具，否定人的自由和个性；马克思主义将一切都归结于经济因素，对人类精神层面毫无兴趣，把丰富的社会历史和文化变迁简单地视为经济或阶级斗争的反映，对人类历史错综复杂的本质视而不见。

伊格尔顿认为，两条重要的原理构成了马克思思想的核心。其中之一就是经济因素在社会生活中发挥的重要作用，另一条就是历史上各种生产方式的不断交替，但这两点都不是马克思的原创，阶级斗争也并非马克思主义的特色所在。即便如此，阶级斗争的观点仍处于马克思理论的核心位置。实际上，马克思认为阶级斗争的重要性并不亚于那些推动人类历史前进的力量。伊格尔顿认为，许多社会思想家都认为人类社会就是有机的统一，但在马克思看来，构成人类社会的恰恰是各种各样的分化。人类社会充满互不相容的利益，它的逻辑不是凝聚，而是冲突。一些马克思主义者将马克思的思想视作无所不包的万物理论，这样显然是不对的。"一切社会

---

① 〔英〕特里·伊格尔顿：《马克思为什么是对的》，李杨等译，新星出版社，2011，第 16 页。

的历史都是阶级斗争的历史"① 这句话，也并不是说世界上发生的每件事都是阶级斗争。它的真实含义是，阶级斗争是人类历史中最基本的东西。那么阶级斗争的概念是不是马克思主义区别于其他社会理论的最大特征呢？也不尽然。马克思思想的独特之处在于他将阶级斗争和生产方式这两个概念结合在一起，从而创造了一种全新的历史观。

马克思相信，生产力会随着历史的进程不断发展，但这并非意味着生产力会直线式地向前发展，因为马克思似乎认为生产力有时也会陷入停滞。无论哪个社会阶级，只要掌握了物质生产，就会成为社会发展的主体。生产力似乎一直在"挑选"那个能最大限度促进其发展的社会阶级。但在这一过程中的某一点上会出现这样的情况，即占主导地位的社会关系已经不能促进生产力的发展，反而开始成为生产力进步的阻碍。当生产力与生产关系之间出现矛盾之时，政治革命的条件也就成熟了。随着阶级斗争不断升级，有能力推动生产力前进的那个社会阶级将最终接管此前占支配地位的阶级手中的权力。马克思还宣称，只有在前一个阶级已经将生产力发展得足够充分的情况下，新的社会阶级才可能当家做主。

很显然，马克思认为物质财富会腐蚀人们的道德。但他并不像一些理想主义思想家那样，认为应该将道德和物质割裂开。从某种意义来说，历史绝非一部直线进步的史诗。从另一个角度来看，我们完全可以把历史看作是持续不断的向上运动，因为毕竟随着历史的发展，人类有了越来越复杂的需求和欲望，开辟出越来越精细且卓有成效的合作方式，并不断创造出新的社会关系，不断用新的方式实现自身价值。马克思诅咒资本主义社会的道德沦丧，但他并不满足于简单的谴责，而是主张人类精神上的充实需要物质的基础。我们不应盲目地为现代性欢呼，但也不能将现代性说得一无是处。

社会关系的改变并不能单纯地以生产力的发展来解释。生产力方面的开创性变革并不一定会带来新的社会关系。事实上，在生产力发展的每个阶段，存在着许多生产关系的可能性，而哪种可能性将会最终实现往往是无法预知的。即便当历史真的到达转折点时，也无法确定是不是真的存在

---

① 《马克思恩格斯文集》第 2 卷，人民出版社，2009，第 31 页。

这样一个革命的阶级，可以挑起历史的重担。即便如此，生产力与生产关系之间的联系仍然能给我们很大启发。其中最重要的一点在于，两者的关系使我们认识到这样的事实，即只有当生产力发展到一定程度的时候，才有可能会出现某种特定的生产关系。阶级斗争从本质上来说就是争夺剩余价值的斗争，而且只要人类社会的剩余价值还不足以让全人类共享，这样的情况就会一直持续下去。马克思并非是一位一味兜售进步的无知者，他很清楚实现共产主义所必须付出的可怕代价。

对于那些指责马克思主义为宿命论的人，伊格尔顿进行了反驳，如果情况真是这样，那马克思为什么还要为政治斗争而大声疾呼呢？如果社会主义真的是无论如何都会到来的，我们只需坐等社会主义到来就好了。马克思认为社会主义是一定会实现的，但他肯定不会认为"工厂法案"或者"巴黎公社"是人类的必然选择。如果他真的是一个骨子里的宿命论者，他就会告诉我们社会主义会在何时以何种方式实现。可是他毕竟不是一个从水晶球中窥探天机的占卜术士，而是一个谴责世间非正义的先知。马克思并不认为存在产生社会主义的必然性，我们就可以高枕无忧了。相反，他相信资本主义制度一旦衰亡，工人阶级必须挺身而出，接过社会的领导权。

在马克思那里，历史始终是由现实的、活生生的、有着自由意志的人创造的。恰恰是资产阶级而不是马克思，喜欢用"放之四海而皆准"的进化论来解释这个世界。马克思反对那些指责他试图将整个人类历史归于一种规律之下的观点。他发自内心地厌恶这种冷酷无情的抽象总结，并坚持认为，如果不是将唯物主义方法作为调查研究的指导思想，而是将其用作一种为满足自身而扭曲历史事实的模板，那唯物主义就变成了它的对立面。马克思也曾警告说，他对资本主义起源的看法不应变成忽略各国不同的环境，用命运确定的一般性道路来解释各国情况的历史哲学理论。

因此，伊格尔顿认为，今天学习马克思主义的人，可以自由地选择他们认为合理的观点。只有那些教条主义的马克思主义者才会将马克思的理论视为不可改变的圣典箴言。总体来说，没有证据可以表明马克思是一个否定人类自由的宿命论者。恰恰相反，马克思是个人自由的明确拥护者，并且一直热衷于讨论人如何超越历史的局限，选择不同的道路。而恩格斯一生都对军事战略的研究保持着浓厚的兴趣，这可不像是那种相信听天由命的人做出来的事。马克思认为历史事件的发展呈现出一种意味深长的规律性，但持这种观点的绝不是他自己。将历史看作全无章法的随机事件的人毕竟是少数。如果社会生活中不存在一定的规律性或者大体上可以预判的趋势，所谓"有的放矢"就根本无从谈起。

伊格尔顿强调，人类可以利用资本主义建设美好的未来，但并不意味着社会主义只能植根于资本主义的罪恶中才能实现。社会主义的实现并不能为资本主义犯下的罪恶辩护。在人类的历史进程中，没有哪个阶段是为了其他阶段而存在的。社会主义是否有能力彻底补偿人类为之付出的代价？伊格尔顿引用霍克海默的话说道："历史的轨迹穿过无数个人的悲伤与痛苦。你可以对这两者之间的事实做出解释，但却无法为这些悲伤和痛苦做出辩护。"① 马克思主义并不是一种悲观主义的世界观，马克思主义最终的篇章——共产主义也足以令人欢欣鼓舞。不能体会到马克思主义的悲剧气质，也就不能理解其复杂的深意。即便世间男女最终都皆大欢喜，也是他们的祖辈为他们的幸福承受了太多的痛苦。有太多的人倒在通往社会主义的路上，壮志未酬，被人遗忘。除非我们可以起死回生，不然我们无以补偿这成百上千万的冤魂。这正是马克思历史理论的悲剧所在。悲剧不一定就是毫无希望，只是悲剧中的希望到来时往往伴随着恐惧和颤抖，而迎接其的往往是一张张惊慌失措的面孔。伊格尔顿质疑：资本主义果真是实现社会主义不可或缺的条件吗？没有资本主义，难道人类就无法发展马克思眼中那些最宝贵的人类财富，就无法创造物质繁荣，开发人的创造性，实行政治自决，保护个人自由和发展文化了吗？

伊格尔顿认为，20 世纪的实践证明，计划经济的道路是没法建成社会主义的。那些反马克思主义者至少提出了一个值得马克思主义者深思的观点，那就是复杂多变的现代经济必须以市场为基础。越来越多的马克思主义者开始认识到，市场将是社会主义经济不可或缺的组成部分。在市场社会主义制度中，生产资料是全社会共有的，但很多自治的合作社在市场中

---

① 〔英〕特里·伊格尔顿：《马克思为什么是对的》，李杨等译，新星出版社，2011，第 132 页。

相互竞争。通过这种方式，可以扬长避短，充分发挥市场的作用。在企业的个体层面上，合作可以确保提高生产效率。在宏观经济层面上，市场竞争可以避免传统的斯大林经济模式中出现的信息滞后、分配不均和缺少激励机制等问题。马克思曾指出，市场既有剥削性，也具有解放性，能把人从传统的依附关系中解放出来。市场社会主义者也认为，市场并非资本主义独有。伊格尔顿指出，就连托洛茨基也支持市场机制，这可能会令他的追随者大吃一惊。虽然托洛茨基只认为应该在向社会主义转型的过程中，结合对经济的集中计划发挥市场的作用。托洛茨基认为，市场的价值在于它可以弥补计划的不足，增加经济计划的合理性，因为没有市场关系的经济结算是无法想象的。

市场社会主义废除了私人财产、社会阶级分化和剥削，并让产品的实际生产者掌握国家的经济力量。从这些方面来看，市场社会主义经济与资本主义经济体系相比是一种进步。然而对于某些马克思主义者来说，市场社会主义他们无法接受，因为它保留了太多资本主义经济的特征。在市场社会主义制度下，仍将存在商品生产、不平等和失业，超越人力控制的市场力量仍将占据主导地位。如何最大限度地避免政府蜕化为总资本家，避免工人蜕化为集体资本家？避免市场带来的不良风气？

伊格尔顿认为，要避免这些问题，就必须在政治和经济领域实行广泛的民主，这与马克思的民主思想也是一脉相承的。在马克思看来，民主应当落脚于本地化、大众化，应当贯穿整个社会制度的方方面面。民主不应仅仅存在于政治生活，还应当扩展到经济生活中去。这就意味着需要一个真正的自治政府，而不是仅仅将政府事务托付给政治精英。马克思设想的是一个公民自己统治自己的国家，而不是少数人统治多数人的国家。马克思试图拉近国家与社会、政治与日常生活间的距离，方法就是将前者融入后者之中，而这就是"民主"。民主的结果是"生产什么"和"怎样生产"都取决于社会的需求，而不是受制于私利。在传媒和公共舆论领域，也要保障人民的民主权利，避免让一群权欲熏心、贪得无厌的商人政客利用他们掌握的媒体资源和话语权向人民灌输他们自私自利的观念，让人民支持他们所支持的体制。现代信息技术也为民主政治和管理提供了先进的技术条件和可能。不仅如此，事实已向我们表明，目前资本主义的管理和组织生产的方式同样耗时费力，社会主义的组织和管理消耗的时间未必比资本主义更多。

毫无疑问，社会主义者仍将就后资本主义时代的经济和政治体制的细节问题一直争论下去，毕竟还不存在一个完美无缺的社会主义方案。但目前社会主义最大的问题或许还在于，人们总是把太多的时间花在讨论上，而很少去付诸实践。伊格尔顿的这本书，再次雄辩地重申了马克思主义的基本观点。但正如马克思所言："问题在于改变世界。"①

伊格尔顿这部著作的最大贡献在于，正确地诠释了马克思主义原著中的原理。从20世纪90年代社会主义制度在苏联和东欧垮台以后，国际理论界对马克思主义出现了各种各样的怀疑、责难、误解，甚至任意对马克思主义加以歪曲、污蔑、恶意诋毁。但是他作为一名生活在老牌资本主义国家的学者，能够以明确、冷静、客观、公正而且通俗的语言对马克思的学说做出正本清源的说明，恢复了马克思理论学说的本来面目，这是十分难能可贵的。他直击国际范围内人们对马克思的诘难，又不回避现实问题和挑战，论证有力。

面对当前世界错综复杂的国际金融、经济和政治危机的挑战，作者提醒人们用马克思主义，去深入了解这场资本主义危机的实质。

第一，为什么社会主义革命没有能够在若干最发达的资本主义国家取得胜利，反而在经济上不发达，相对贫穷落后的国家取得胜利？为什么列宁、斯大林修正了马克思关于社会主义必须同时在发达的资本主义国家取得胜利的论断以后，能够首先在俄国一个国家取得了政权，并建立起第一个用马克思主义原理建立起来的社会制度——苏联？为什么随后毛泽东在修正了马克思和列宁、斯大林的理论，又创造了中国式的武装夺取政权的革命道路，在世界上人口最多的国家也建立起社会主义制度？

第二，苏联这一社会主义制度的大厦只存在了70多年就轰然倒塌了，产生这一历史转折的根本原因是什么？是资本主义制度的优越性战胜了社会主义？还是马克思主义关于社会主义的理论是无法实现的空想？还是像全球范围内一切反马克思主义者所说的那样，苏联社会主义制度的垮台强

---

① 《马克思恩格斯文集》第1卷，人民出版社，2009，第502页。

有力地证明了马克思主义是违反人性的邪恶理论，必然面临破产的命运，马克思主义将永远会被历史埋葬？

马克思的共产主义学说于 20 世纪在全世界范围之所以能有如此伟大的震撼力、深刻的感染力和雄辩的说服力，使社会主义革命运动在全世界风起云涌，我认为有以下几个主要原因。

马克思像达尔文一样，以"科学"论证的形式，描述了人类社会发展的历史规律，并以"科学"的方法指出，资本主义必然灭亡"共产主义社会"必然胜利的规律，这是有史以来第一次以科学的方式论述了自古以来人类就有的，追求大同世界的梦想。这一梦想与孔子描述的"大同"境界，与基督教的"天国"，康有为的《大同书》以及一切世俗和宗教对理想社会的梦想，都很容易产生共鸣；此外，"共产主义"也非常容易与中国农民传统的革命要求——"不患寡而患不均"和"杀富济贫"这种平均主义思想相呼应，因为在中文里"共产"二字的含义，也可以理解为"共"他人财"产"的平均主义内涵。所以马克思主义在俄国和中国这两个社会矛盾尖锐，平均主义、民粹主义强烈的国家得到广泛的传播和信仰，并非偶然。但是必须指出的是，在俄国和中国的马克思主义的领导人只是突出强调了马克思学说中的暴力革命、阶级斗争和无产阶级专政，而对马克思经济学的理论中社会主义的经济基础和社会主义成功的条件加以忽视。

由英国开始的欧洲工业革命和资本主义原始积累，除了使社会生产力高度发展，财富空前增加外，也充分暴露了资本主义的贪婪性、侵略性、扩张性和残酷性。19 世纪和 20 世纪初叶，在英国、法国、德国和美国等，这些完成了工业革命的国家，资本开始集中，贫富差距拉大，无产阶级相对和绝对贫困化趋势出现，从而使资产阶级与无产阶级的矛盾加剧，形成了尖锐的对立。马克思的学说在这一社会形势下，应运而生。马克思对当时资本主义社会矛盾、弊端和罪恶进行了深刻的揭露和科学的分析批判。论述了资本主义的必然归宿是共产主义，这一令人向往的美好前景。马克思在人类历史上第一次论述了，无产阶级是资本主义的掘墓人，他并根据第一个工人阶级政权，存在了 72 天的巴黎公社的经验，提出了必须打碎旧的国家机器，建立无产阶级专政，然后才能最后消灭阶级，实现共产主义的理论。马克思、恩格斯关于无产阶级作为最后一个统治阶级来消灭一切阶级剥削和压迫的学说，对一切厌恶资本主义制度，苦苦寻找革命道路的革命家，和广大被压迫、被剥削、被轻视的劳苦大众，起到了振聋发聩的"启蒙"作用，而且推动了他们以自己实际行动，直接来参加革命运动。在中国则是一场农民革命运动，而在革命成功后，又不顾经济发展水平的现状，利用中国固有的农民的平均主义和古代的大同思想来冒充马克思主义，从而在社会的发展中产生了严重的挫折。

虽然20世纪初的俄国和中国，资本主义没有得到充分发展、经济落后，但两国的革命家和革命知识分子对欧洲资本主发展中所暴露出来的贪婪、掠夺、侵略等丑恶表现感到失望，都在探索如何克服资本主义弊端的社会发展道路，而列宁关于资本主义必然灭亡，必然为共产主义取代的理论，使俄国和中国共产党人受到极大的鼓舞，并且坚信，俄国和中国资本主义虽然不发达，经济上的落后，但这不但不会妨碍本国实现马克思主义的理论原则，反而可以更好地动员劳苦大众投入革命的洪流，通过暴力革命的手段，取得政权，提前利用"无产阶级专政"的手段，跨越资本主义这一历史阶段，直接过渡到理想中的"科学社会主义社会"，"毕其功于一役"。这样就能加快使全人类得到解放步伐，使劳动人民彻底从阶级剥削和阶级压迫解放出来。所以马克思主义就变成了俄国社会民主共党（布尔什维克）和中国共产党最信仰、最崇拜的思想理论并竭尽全力去贯彻实行的马克思所指出的革命路线和政策。总之，马克思的人道主义精神和使劳苦大众获解放的学说极大地鼓舞了在第二次世界大战后受尽帝国主义压迫的广大人民。因此马克思主义成为20世界革命和民族解放运动的强大动力。

在马克思所论证的社会主义在全世界胜利必要的阶级和政治条件成熟之前，以修正马克思主义基本原理所取得的成功都存在着先天不足的缺陷。而苏联的垮台，并非来自广大基层群众的革命，而是来自"上层"的革命。

总之，苏联的垮台并不能证明马克思理论的错误，只能看作是世界共产主义运动的挫折。而当今全球性的资本主义的金融危机则要求我们重新认识与学习马克思主义，掌握马克思主义的精神实质，坚持以广大人民的福祉为目的，按照历史发展的客观规律，认清我国历史发展的正确方向，这些都是摆在我们面前的迫切任务。

概括地说，2011 年，《马克思为什么是对的》回归到马克思的基本思想，并发掘出其哲学理论中的本质力量。

三　马克思现在还是对的

马克思主义理论成就了这样一种局面：只要资本主义存在，马克思主义便存在。只能废弃你的对手才能废弃你自己。但问题就在于，资本主义比历史上任何时刻都活跃。也展示了马克思主义的活力和生命力。

大多当今的马克思批判者并不质疑这一共存性。但他们宣称，当下的资本主义系统相对马克思所在的世界完全今非昔比，因此他的理念对于当今世界不再有任何意义。在深入讨论这一论点之前，我们需要注意的是马克思本人曾精准地提醒了那个他挑战的系统会如何彻底改变。更何况马克思本人也预测了资本主义的新变化，特别是工人和白领的迅速增多。

多数的社会理论通常假定普遍真理和永恒规律，并断定探寻普遍真理和永恒规律正是"社会科学"研究的目的。可以说，没有任何一个社会理论家比马克思更反对永恒性和非历史性这类说法。在晚年写的一封信中，马克思提过，他不曾掌握历史或其他任何领域的"万能钥匙"。在他职业生涯的早期，他嘲笑那些只知道为存在规定普遍真理的哲学家们，而他的目标——让哲学和政治"重返人间"——也总是在特定的历史条件下被提出。

"历史"并不仅仅意味着"过去"，而是意味着"作为过去结果的现在"，意味着"站在现在来回顾过去和展望未来"[①]。换言之，马克思拒绝永恒"真理"的话语。我们不妨来考量一下，马克思的这一观点在任何一种程度上都构成了对传统知识的颠覆。在马克思此前的数千年，"历史"早已被概念化为对过去的研究，而对马克思而言，历史研究工作不过是构成他政治工作的背景。一旦清楚了这一点，马克思对非历史性和永恒性拒绝的重大意义就将清楚地显露出来。

---

① 〔英〕特里尔·卡弗：《时代的马克思　永远的马克思》，《中国社会科学报》2013 年 3 月 6日，第 A06 版。

马克思不同于以往哲学家的伟大之处在于，他拒绝任何一种形式，包括他自己理论的永恒真理化。马克思认为，那些追逐永恒真理的活动——不论如何将自身打扮成为学术性研究——通常都是唯心主义的。所以，马克思明确否认自己是一个"唯心主义者"。但他同样否认自己是一个 18 世纪意义上的唯物主义者：手推磨绝不会"给予"人类一个社会，蒸汽机同样也不会。在《关于费尔巴哈的提纲》中，他宣布了他的"新"唯物主义，并且赞扬了唯心主义在对人类经验总结中"能动性"和不可避免的历史性方面的积极发展。如果说因果性对马克思是有意义的，那么其仅仅是借助于人类活动而产生的。

在马克思视野中，马克思的理论绝非一个关于永恒的、"科学"的原则大纲或者基于某些外部框架的实证假设；马克思的理论始终适应历史，因为那种追求永恒性认识的理论——与某些马克思主义者所保证的恰恰相反——无法参与到政治中去。因此，马克思的历史观始终是政治化的，并且指向行动，而非"科学"和"解释"的工艺品。

其实自马克思主义诞生之日起，就一直存在着对马克思主义的态度和理解问题。在马克思主义发展史上，概括起来主要有五种错误对待马克思主义的现象，这五种现象影响颇深，危害极大，严重损害了马克思主义的理论形象，给社会主义实践带来了挫折。

第一，误解马克思主义。学界对马克思主义的误解主要体现在：从当代哲学思维方式倒退到近代哲学思维方式，认为马克思只是一个近代思想家，而不是一个当代思想家；把马克思主义实证主义化，认为马克思是一位只注重历史必然性而不注重人的主体性的"经济决定论者"；一些学者无视马克思主义宏观研究与微观研究相结合的分析方法，只把马克思主义看作"宏大叙事"，缺少细致入微的"微观分析"，对日常生活世界关注不够，因而马克思主义很"空"，以此来贬低马克思主义的当代价值；把马克思主义人道主义化，认为马克思是一位只重视价值判断的伦理学家。其实这均是对马克思主义的误解。本来，马克思主义是开放的学说，却被一些人误解为狭隘的宗派主义学说。早在 19 世纪 70 年代末，针对法国"马克思主义者"中存在的宗派主义和教条主义倾向，马克思曾愤然说道："我只知道我自己不是马克思主义者。"仔细分析起来，马克思主义被误解，其中一个重要原因，就是把马克思主义经典作家的话语同具体语境割裂开来。为了避免可能产生的误解，马克思曾解释："我决不用玫瑰色描绘资本家和地主的面貌。不过这里涉及的人，只是经济范畴的人格化，是一定的阶级关系和利益的承担者。"[①]其实，认为可以在马克思主义文本中找到不变的、现成的定义或答案，是一种对马克思主义的"误解"。

第二，肢解马克思主义。"为我所用"地对待马克思主义，肢解了马克思主义的"复合"理论形象。在西方，"肢解"马克思主义的突出例证，就是制造所谓"恩格斯反对马克思""青年马克思反对老年马克思""马克思反对马克思主义"等谬论。把原本是一个完整整体的马克思主义"肢解"为"多元"马克思主义，这严重破坏了马克思主义的整体性。其实，马克思主义作为工人阶级的世界观方法论，作为工人阶级打碎旧世界建设新世界的理论指南，它是完整的有机的科学的思想体系。因此，割裂这个体系，肢解马克思主义，便成为一些人反对马克思主义的一种形式。本来，在马克思那里，哲学、政治经济学与科学社会主义是内在统一的，其中马克思主义哲学主要是"思想方法"，政治经济学主要是"分析框架"，而科学社会主义则主要是"现实结论"，三部分共同服务于"人的解放"和"人的自由全面发展"。但在马克思以后的马克思主义发展的历史进程中，为了适应客观的学科分类体系之需要，马克思主义被人为地分割为"哲学"、"政治经济学"和"科学社会主义"三个彼此独立的学科。从此，学术研究因"分工"而"分家"。结果是，马克思主义哲学、政治经济学和科学社会主义的研究者虽"鸡犬相闻"但"老死不相往来"。本来，在马克思那里，马克思主义的"大众形态"、"学术形态"和"政治形态"也是内在统一的。然而，在马克思以后的马克思主义发展的历史进程中，却把三个形态割裂开来，要么过于注重其"政治形态"或"学理形态"，而忽视其"大众形态"；要么只注重马克思主义学说中的"阶级斗争"、"无产阶级专政"和"社会主义革命"思想，而把"人"的问题视为资产阶级的专利，因而对其中的人权、人的主体性、人道主义、人的自由全面发展等思想重视不够。结果是，马克思主义"大众形态"得以倡导，但未能真正实现；"学术形

---

① 《马克思恩格斯文集》第 5 卷，人民出版社，2009，第 10 页。

态"强劲，但疏离大众和政治倾向较为明显；"政治形态"突出，但需进一步赢得学理支持与大众认同。针对"肢解"马克思主义的做法，有学者主张"完整地"、"总体性"和"整体性"地理解马克思主义无疑是很有见地的。

第三，曲解马克思主义。一些人把马克思当时的"个别具体结论"当成"一般抽象公式"到处简单套用；一些人把马克思主义关于当时具体问题的结论当作教条盲目信奉；一些人把马克思主义曲解为人道主义或人本主义；一些人用经验主义、实用主义的态度对待马克思主义，在研究中挂马克思主义招牌，贩卖非马克思主义的私货；一些西方马克思学者炮制出"两个马克思"，把马克思主义阐释成一种"新宗教"或"人道主义"。如果说对马克思主义的"误解"是无意的话，那么"曲解"马克思主义则是有意为之。马克思1859年的《政治经济学批判》（第二分册）出版后，就曾遭到普遍曲解；1867年杜林对马克思的《资本论》第一卷也有曲解；1873年1月24日马克思在《资本论》第二版的跋中也说，"政治经济学在我国缺乏生长的土壤。它作为成品从英国和法国输入；德国的政治经济学教授一直是学生。别国的现实在理论上的表现，在他们手中变成了教条集成，被他们用包围着他们的小资产阶级世界的精神去解释，就是说，被曲解了。"① 第二国际的主要理论家们大多忽视马克思主义的完整性和革命批判本质，把马克思主义简单地归结为"经济决定论"，最终导致理论与实践、工人运动与社会主义的根本目标的分离和对立。关于此，恩格斯在晚年曾做过自我批评："只有一点还没有谈到，这一点在马克思和我的著作中通常也强调得不够，在这方面我们大家都有同样的过错。这就是说，我们大家首先是把重点放在从基本经济事实中引出政治的、法的和其他意识形态的观念以及以这些观念为中介的行动，而且必须这样做。但是我们这样做的时候为了内容方面而忽略了形式方面，即这些观念等等是由什么样的方式和方法产生的。这就给了敌人以称心的理由来进行曲解或歪曲。"② 针对曲解马克思主义的做法，马克思、恩格斯同形形色色的曲解者进行论战，

---

① 《马克思恩格斯文集》第5卷，人民出版社，2009，第15页。
② 《马克思恩格斯文集》第10卷，人民出版社，2009，第657页。

积极从正面阐发自己的理论，从而把"消极的批判"转变为"积极的批判"。马克思、恩格斯的一些论战性论著就是最好的例证。

第四，消解马克思主义。如果说"误解""曲解"出于独断论，那么"消解"则出于怀疑论。在世界社会主义运动处于低潮时期，尤其是苏联解体、东欧剧变后，一些人怀疑马克思主义的科学性与有效性，认为马克思主义过时了、不能解决当前问题了、没有生命力了；一些人从"历史虚无主义"出发，提出马克思主义"过时论"、社会主义"失败论"、"告别革命论"和共产主义"渺茫论"；一些人认为社会主义"失败了"。如布热津斯基宣称"共产主义将最终消亡"、海尔布隆纳宣称"资本主义获得了最终胜利"、福山宣称"历史终结了"等。批评家先生们宣布马克思和恩格斯所得出的结论过时了，但他们却拿不出任何新的东西来代替它们，仅仅限于一方面空洞地和枯燥地重复'批判'这个名词。

其实，世界社会主义运动暂时进入低潮，并不等于整个社会主义运动走向"终结"①；失败的不是全部社会主义，而是一种对待社会主义的错误方式；破产的也不是整个马克思主义，而是某种僵化和教条式的赝品。马克思主义是科学，因此说它过时了、失败了、没有生命力了是根本错误的。真正的马克思主义者对待马克思主义的态度值得我们学习。邓小平在总结马克思主义发展史时曾说："绝不能要求马克思为解决他去世之后上百年、几百年所产生的问题提供现成答案。列宁同样也不能承担为他去世以后五十年、一百年所产生的问题提供现成答案的任务。真正的马克思列宁主义者必须根据现在的情况，认识、继承和发展马克思列宁主义。"因此"不以新的思想、观点去继承、发展马克思主义，不是真正的马克思主义者。"②习近平主张推进发展21世纪中国马克思主义。可见，自我批判和自我革命是不断推进马克思主义理论变革和理论创新的一个重要特质和内在动力源。

第五，没有真正理解马克思主义。根本原因在于，一方面是对马克思主义经典文本解读得不够细致深入，未能完全揭示马克思主义的精神实质；另一方面是对马克思主义的整体性把握不到位，没有处理好马克思主义的

---

① 《普列汉诺夫哲学著作选集》第2卷，生活·读书·新知三联书店，1961，第514页。
② 《邓小平文选》第3卷，人民出版社，1993，第291～292页。

"源"与"流"、"整体"与"部分"之间的关系。主要表现在：未充分认识马克思主义首先是一种"解释世界"的学说（如历史唯物主义），因而注重对现实的人的生活世界的经验观察和描述，它是前提，然后才是"改变世界"的学说；未充分认识马克思主义较为注重对"宏观世界"的研究，对"微观世界"研究得不够，因而"宏观研究"有余而"中观研究"和"微观研究"不足；未充分认识马克思主义较为注重对工人阶级的生存境遇与发展命运的分析，而对资产阶级的强势以及资本主义的自我批判、自我调整和自我完善的能力研究不够；未充分认识马克思主义张扬人的主体性，而对实践主体研究不够；只看到"两个必然"的客观规律性，而对"两个决不会"的时间和客观条件研究不够。由此，把马克思主义片面化、神圣化和僵化了，既对丰富、完善和发展马克思主义注重不够，也对西方马克思主义学者在时代化、微观化方面发展马克思主义的贡献注重、消化和吸收不够。现在有些人没有仔细研读马克思主义的文本，对马克思主义的理论品格和基本特征缺乏深入透彻的理解，或者虽然读了马克思主义的文本，但是没有真正读懂、没有把握精髓、没有消化吸收，由此造成对马克思主义的不了解、不理解或理解不到位。改革开放 38 年来，实践唯物主义、主体性哲学、人学、文化哲学、价值哲学、生存哲学等，均是对长期以来人们对马克思主义的一种修正和补充。

总之，"马克思主义是科学，作为科学，马克思主义是打不倒的，关键要以科学的态度对待它，否则会走向自己的反面，不打自倒"①。如今，不仅要走出对待马克思主义的"爱之欲其生"和"恶之欲其死"的情绪化态度，更为根本的是要使人们的思想和态度从对马克思主义的错误的和教条式的理解中解放出来，从主观主义和形而上学的桎梏中解放出来，科学对待马克思主义。科学对待马克思主义是增强马克思主义吸引力和生命力的前提。

科学对待马克思主义，首先要弄清楚马克思主义究竟是一个什么样的马克思主义。弄清楚马克思主义的精髓，是科学对待马克思主义的逻辑前提。实际上，对一种科学理论采取什么样的态度，不是人们主观随意能决

---

① 许全兴：《以科学态度对待马克思主义：马克思主义中国化 60 年的若干思考》，《理论视野》2009 年第 8 期。

定的，而是取决于科学理论本性。

第一，马克思的本性是关注实践和时代提出的现实问题。其实，马克思主义并不深奥，是很朴实的道理。马克思坚决反对纯粹的抽象思辨，而是面向"现实的人"的生活世界，把资本控制社会、资本奴役劳动当作"总问题"。马克思主义本性中具有强烈的大众关怀和人本情怀，不仅提升了无产阶级（工人阶级）的地位，而且认为人民大众在历史发展中起着关键的作用。正是借助于马克思主义，现代无产阶级才第一次具有阶级意识，从此大众不再作为"沉默的大多数"，而是成为"自己解放自己"的历史发展的主体。正如恩格斯在谈到马克思的历史功绩时所指出的："正是他第一次使现代无产阶级意识到自身的地位和需要，意识到自身解放的条件。"①在马克思主义视阈下，哲学研究的不是抽象的概念、范畴，而是感性的、现实的人；经济学研究的不是物，而是物背后被遮蔽的人与人之间的关系；科学社会主义研究的不是乌托邦空想，而是社会公正问题。其实，马克思主义作为一个完整的科学理论体系，主要包括哲学、政治经济学和科学社会主义三部分，这三部分共同围绕的"核心问题"就是为最终实现"人类解放"做理论论证的。

第二，马克思不是远离人民大众的一种纯粹的政治意识形态和学术理论，而是为人民大众立言并为人民大众提供"现世智慧"和"政治代言"的。自中学时代起，马克思就立志选择"最能为人类而工作的职业"，确立了为人类服务的"事业观"。大学毕业后，马克思在《莱茵报》上发表多篇论文，对民众的需要、利益和诉求给予关注，积极为政治上和社会上备受压迫的贫苦大众的利益进行辩护，确立了关注时代问题的"学术观"。马克思主义的科学性，就在于深刻地揭示了历史发展的客观规律，符合无产阶级的根本利益，为人民大众所拥护。科学的理论只有被人民大众掌握后，才会得到实现并转变为现实的物质力量；理论不关心人民大众的生存境遇和发展命运，自然会被人民大众边缘化。由此，当代马克思主义研究者，不应把纯粹学术性当作自己专业水准的唯一追求，而应站在人民大众立场上发展和创新马克思主义。

---

① 《马克思恩格斯文集》第 3 卷，人民出版社，2009，第 602 页。

第三，马克思的整个世界观不是教义，而是方法。马克思主义的方法论主要包括辩证法、唯物史观、阶级分析方法和社会结构分析方法等。就研究方法而言，主要是从现象去探求本质，从过程去揭示规律；就叙述方法而论，主要是用本质去阐释现象，用规律去说明过程。马克思主义不是包医百病的"药方"，不是到处可以套用的"公式"和随处任意粘贴的"标签"，而是坚持静态分析与动态分析、科学方法与价值方法的统一。所谓科学方法，是指从客观的角度，通过经验和实证的分析揭示客观规律的方法。所谓价值方法，是指从人的角度考察问题的方法，即考察经济社会发展对人的意义。

科学方法与价值方法的统一内在要求：在理论张力方面注重"现有"与"应有"的统一；在历史观方面注重人的历史活动的"合目的性"与"合规律性"的统一；在主体方面注重"主体能动性"与"客观制约性"的统一；在思维方式上注重"对象意识"与"自我意识"的统一。实际上，"马克思始终是以严谨的态度和方法来研究社会历史发展，而不是随意演绎社会历史发展，因而所作出的分析和所得出的结论基本上是经得住推敲的，是经得住实践检验的，尽管在新的形势下有的需要修正和发展"[1]。

第四，马克思是与时俱进的理论品格，这一理论品格决定了马克思主义能够随着时代和实践的发展而发展。马克思主义不是乌托邦空论，而是革命的科学。之所以是科学，主要在于它不是从"原则"出发，而是从"事实"出发，不是从"抽象的人"出发，而是从"现实的人"和历史的人出发，不是从"空想"出发，而是从"实践"出发。马克思主义不是自我欣赏、自我封闭、停滞僵化的学说，而是既注重自我批判、又强调与时俱进、具有开放性和不断对自己从前的信仰和理论进行自我清算以达到自我完善的学说。这种理论品格决定了马克思主义要接受来自不同时代、实践和理论的批评。马克思曾说："任何的科学批评的意见我都是欢迎的。"[2] 同时马克思也是善于质疑的人，"他的意见是和所有他的前人直接对立的。在

---

① 袁贵仁等主编《当代学者视野中的马克思主义哲学·中国学者卷》上卷，北京师范大学出版社，2008，第119页。

② 《马克思恩格斯文集》第5卷，人民出版社，2009，第13页。

前人认为已有答案的地方，他却认为只是问题所在"①。马克思对待前人的理论，尊重而不迷信；对待同时代人的理论，吸收而不忽视；对待自己的理论，珍惜而不固守。正是这种科学态度，最终促成马克思主义的批判和自我批判品格。

科学地对待马克思主义，既是以往历史经验的结论，也是马克思主义和社会主义发展的现实需要。当代中国马克思主义研究者要科学对待马克思主义，关键是要提升自身对马克思主义文本理解的准确性、增强时代的敏感性、加强自身学术研究的规范性，不唯书，不唯上，只唯实，在理论的丰富中自我完善，在理论的发展中应对挑战，在理论的创新中增强生命力。

第一，"完整准确"地理解马克思主义：纠正对马克思主义的错误理解，还马克思主义的本来面目。对待马克思主义唯一正确的态度，就是实事求是，这是完整准确地理解和运用马克思主义的根本态度。中国学者如果要无愧于"当代马克思主义者"这一称号，就必须关注现实、关注人民、关注时代，处理好哲学与政治、哲学与大众、哲学与时代的关系，在真正读懂马克思主义文本的基础上，善于吸纳一切优秀的学术成果，用马克思主义的历史观、价值观和方法论，而不是用它的个别结论，去分析当代世界和当代中国的重大现实问题。科学对待马克思主义，首先必须正本清源，还马克思主义的本来面目，理清它的源与流、基本价值和当代价值。不能把马克思主义停留在"书本"上，禁锢在"书斋"里，而应努力为时立言、为民立命、为国献策。反思当代马克思主义哲学陷入"边缘化"困境的一个重要原因，就是有的"哲学家们日益严重地沉溺于小格局的文本解读及其诠释技法之中，在学术化的口号中远离了现实生活，使哲学在书斋中更加思辨化、碎片化和个人化"②。

第二，"与时俱进"地发展马克思主义：推进马克思主义的中国化、时代化、大众化，使其达到时代和实践发展所要求的水平，并能破解当代中国问题、解释当今世界。从广义上说，马克思主义不仅仅是指马克思、恩

---

① 《马克思恩格斯文集》第6卷，人民出版社，2009，第21页。
② 《马克思恩格斯选集》第3卷，人民出版社，1995，第123页。

格斯创立的基本观点、基本理论的学说体系，也包括其继承者对它的发展与创新。马克思主义的生命力与马克思主义的本性息息相关。马克思主义的生命力在于其与时俱进的理论品质，在于其对"具体情况具体分析"，在于其坚持原则性与灵活性的统一。马克思主义在本质上不是套语和标签、大话空话，而是进一步研究问题的方法、思路与眼光。马克思主义的本质不能丢，但是要"讲新话"。马克思主义要想在当代的中国有所作为，就必须关怀"人民大众"、关心"时事政治"、关注"中国问题"，走"大众形态"、"政治形态"和"学术形态"相统一的发展之路。对于当代中国马克思主义研究者而言，就是要对中国经验和世界经验进行科学的概括总结，对中国传统文化和西方现代文化进行批判的汲取，并在此基础上建构体现时代性、把握规律性和富于创造性的中国马克思主义。只有不断提高理论思维水平，才能更加深刻地把握当代世界的本质特征、深层规律和发展趋向，也才能更加深刻地把握当代中国的历史方位、现实问题和未来走向。

第三，回归马克思主义的大众本性：让百姓听得懂，记得住，信得着，用得上。科学地对待马克思主义，必须尊重群众，尊重实践，根据时代和实践变化，创造性地运用和发展马克思主义，其核心是要增强马克思主义的穿透力和生命力，关键是马克思主义研究者不能迷失方向，不能丧失为时代立言、为大众立命的使命，不能丧失对当今时代的理解、批判、建设和引导的愿望和能力；创造性地运用马克思主义，最主要的是要做到理论同实践相结合、领导和群众相结合、拿来主义与独立自主相结合。在理论上，应站在民众的立场上发展马克思主义；在实践中，应在马克思主义指导下建设有中国特色社会主义。唯有如此，才能真正体现"坚持"与"发展"、"继承"与"创新"的有机统一，也才能从根本上增强马克思主义的吸引力和生命力。

然而这一胸怀、视野和未来指向正是伊格尔顿所达不到的里程碑。

第二章　马克思的绝对与相对

一　马克思（主义）是高峰，不是顶峰

马克思站在世界历史制高点，从人与人、人与自然的关系入手，把握人类社会发展的一般规律，可谓人类认识史上的一座思想奇峰、理论高峰。马克思（主义）永远流淌在人类认识历史的滚滚长河之中，没有终点，没有尽头，没有顶峰。这是由马克思（主义）的反思和批判的精神决定的。

马克思主义不是"单向度的学说"，直面"问题"的批判精神是马克思主义的理论本性。马克思主义一旦丧失反思的向度和批判的精神，也就不是马克思主义了。然而，在当今的学术界，存在两种倾向：一是相当一部分马克思主义学者在"学术凸显"的旗帜下过上了"与世无争"的学术生活；二是一部分人虽然自觉地意识到了作为一位马克思主义者的学术责任和历史使命，时刻关注着中国的现实，但这种认识实际上是把马克思思想工具化了，介入现实的方式单一，不是为现实做"注解"，就是为现实做"辩护"。

所谓"注解"，就是注解和论证给定的东西或既定的事实，缺乏一种敢于超越当下、前瞻未来、引领时代的宏大气魄和理性追求。当然，"注解"是必要的，但却不是足够的；"注解"仅仅是理论研究的一方面，而非其全部。停留于"注解"或者给"注解"做"注解"的层面往往导致马克思主义在对当代中国坚持和发展中国特色社会主义无所作为，在为"迷失方向的大众"提供实践智慧方面无能为力，在引领时代发展方面力不从心。所谓"辩护"，就是单纯地为现实唱赞歌，缺乏直面生活、干预现实的批判精

31

神。当然，"辩护"是必要的，却不是充分的。停留于"辩护"或"辩解"层面必然导致马克思主义理论魅力的消退而丧失大众的支持，导致马克思主义理论功能的弱化，导致马克思主义理论权威的旁落。

在坚持和发展中国特色社会主义伟大实践中，如何对待马克思主义，笔者认为大体应遵循以下两条原则。

一是"注解"与"前导"相结合。马克思主义理论研究必须是"我在思"，既要"思入文本的深处"，更要"思入时代的深处"，从被动干预现实转向主动引导现实。马克思主义应该像"高卢雄鸡"一样在黎明到来之前啼鸣报晓。毛泽东早就指出："马克思主义看重理论，正是，也仅仅是，因为它能够指导行动。"① 马克思主义理论研究既不能停留在对"经典"的注解层面，也不能停留在对党的理论创新成果的注解层面，尽管这样的"注解"是十分必要的。然而，更为重要的不是"注解"而是"引导"，马克思主义理论研究要注重"为时代立言"——为当代中国的发展提供核心理念；"为生民立命"——为当下人的诗意生存提供引导与启蒙；"为社会立法"——为建构理性的市民社会结构提供理性法则；"为未来立向"——为引领中国的未来发展确立方向。总之，马克思主义特别是马克思主义哲学应当以"哲学的方式"来关注现实，否则，马克思主义就有可能沦为工具性的"肯定性思维"，以此方式来关注现实，并不会真正有助于现实的跃迁和进步。遗憾的是，部分马克思主义理论工作者"不能站在社会车轮的前头充任向导的工作"，仅仅注重注解论证，醉心于自我直观，擅长于象牙塔式的寻章摘句，热衷于自由清静的窃窃私语，满足于脱离实际的高蹈论列，沉浸于生造术语的孤芳自赏，游荡于抽象思辨的概念王国，其结果是在活生生的现实面前，马克思主义却"失语"了，这与其说是被"边缘化"，还不如说是一种"自我放逐"。

二是"批判"与"辩护"相结合。马克思主义不是"单向度"的理论，不是价值中立的学说，不是毫无锋芒的"学术"，就其本性来说，它锋芒毕露。面对不合理的现实，马克思主义作为"真理像光一样，它很难谦逊"。马克思主义的唯物辩证法"在对现存事物的肯定的理解中同时包含对

---

① 《毛泽东选集》第 1 卷，人民出版社，1991，第 292 页。

现存事物的否定的理解……辩证法不崇拜任何东西，按其本质来说，它是批判的和革命的"①。马克思主义是在批判资本主义的过程中产生的，马克思终其一生一直在追问资本主义存在的合理性，探讨无产阶级解放的条件，直面现实的批判精神和"问题意识"始终是马克思主义的理论本性。"价值中立"是实证崇拜强加给马克思主义研究的一个"紧箍咒"。它使我们的哲学"保持了哲学的语词而丢掉了哲学的任务"②。马克思主义应该保持建构、批判、反思与超越的本性，既要为合理的现实作辩护，也要对不合理的现实展开批判，在批判中建构，在建构中批判，辩护与批判之间应该始终保持合理的张力。从我国当下的实际情况来看，马克思主义的建构与辩护的功能发挥得比较好，而批判与反思现实的功能则发挥得不好。如果我们的理论研究长期对"问题"视而不见，避而不谈，只忙于在概念和范畴上这样推导，那么"发展"和"创造"出来的理论是很难有世界话语权的。

二　马克思是人而不是神

我们从小到大一直被灌输马克思的理论，但是我们对马克思本人却并不真正的了解。我们总以为马克思思想是神圣不可侵犯的，在对马克思思想的态度上宁愿左一些，认为这样安全。其实，现在回顾、反思，发现这种态度和做法往往是对马克思已有荣誉的莫大损害。

1818 年 5 月 5 日，马克思出生在一个富裕的犹太人律师家庭。当马克思六岁时，他的家庭皈依了基督教，他早年是一名基督徒，信仰上帝……

1883 年，马克思与世长辞。在他生命的最后一刻，他或许饱含遗憾，也可能期待一位英雄，在他死后，能实现他的社会理想。而这个英雄，出现了。34 年后，他在彼得格勒领导了一场改变俄国和世界面貌的无产阶级革命。

马克思主义的创始人是马克思、恩格斯，但马克思确实曾说过这样一句话，即"我只知道我自己不是马克思主义者"。

---

① 《马克思恩格斯文集》第 5 卷，人民出版社，2009，第 22 页。
② 胡塞尔：《欧洲科学的危机和超验现象》，上海译文出版社，1988，第 17 页。

20 世纪 80 年代德国思想家梅林在《马克思传》里谈道：在马克思逝世前一年即 1882 年，当法国工人党表现出"幼稚病时，他对他的女婿们叙述他的思想的方式也感到不满"，于是他"脱口"而说"我本人无论如何不是一个马克思主义者"。据笔者后来所知，马克思 1883 年去世后，恩格斯不仅同梅林之间有多次书信交往，而且在他致其他友人的书信中还至少有 3 处引用过这句话。当然，马克思和恩格斯不会是真的认为自己不是马克思主义者，因为他们的一生是这个"主义"的奠基者和奋斗者。那么，晚年的马克思为什么要这么说呢？晚年的恩格斯为什么对这句话念念不忘呢？从恩格斯引述这句话的上下文来看，这句话是在批评德国、法国的无产阶级政党内部一些自称"搞马克思主义"的人，是这些人的言行让马克思、恩格斯感到不满、厌恶、愤怒，是为了同他们划清界限才这样表达的。

苏联、中国早些年出版的《马克思传》对原著删掉了马克思作为普通人的段落章节，而给他树立了一个"神"的形象。

马克思是人，是"凡人"，不是"神"，拿马克思自己的话说"人所具有的我都具有"。

从普鲁士政府暗探的一份报告中可以看出：在个人生活上，他极度没有条理、愤世嫉俗，是一个糟糕的家庭主人。他过着一种真正的吉卜赛人的生活。他极少清洗、修饰、换衣服，常常醉酒。虽然他经常一连几天都无所事事，但当他有大量工作的时候又会不知疲倦夜以继日地去做。他没有固定的作息时间。常常通宵达旦，然后中午就和衣躺在沙发上，一直睡到晚上，整个世界的运转都打扰不了这个房间。

《马克思传》关于马克思是人，不是"神"有过这样的描述：他的外表异常引人注目。有着浓黑的头发，毛茸茸的手，外衣的纽扣时常扣错；但是不论他在你面前是什么样子，也不论他做什么，他看起来像是有权利和力量来获得人们尊重。他动作笨拙，但自信、自立。其行为方式公然藐视人类规范的惯常成规，高贵并有些傲慢，他永远是用一种命令的言辞说话，不容许反驳，并且他用令人几乎感到痛苦的语调讲述所有的事情，从而使他的言辞显得更加尖锐。

在给他人以应有的评价方面，没有任何人比马克思更仁慈、更公正。他太伟大了，以至于不羡慕、不嫉妒、不爱慕虚荣。但他像憎恨任何形式的欺骗和伪装一样，极为憎恨由妄自尊大的无能和庸俗带来的造作的伟大和虚假的名声。

马克思曾经在社会科学学术领域里写下不朽巨著，但他依然是人，不是神——人就有七情六欲，人就可能犯错误——他对"资本主义和社会主义"的分期和预言都是在那个历史条件下人的预言——需要时间来检验的预言。"神"，是那些后来自己想当"神"的"造神"者们不可告人地造出的"神"。

在历史上，一种新的宗教、政治派别或者学说出现后，出于各自的目的，有人攻击诽谤妄图扼死于母腹，同时也有人崇拜歌颂甚至神话。当马克思的学说问世时，他自己并不神，"人所具有的我都具有"。别人也经常与马克思面对面地激烈争论"共产主义运动"理论和实践问题，在别人心目中他是人。法国"巴黎公社"的失败，是他"革命实践"的最大挫折，曾一度跌落低谷。

既然马克思是人，而不是神，我们就不难理解马克思（主义）是方法论，而不是教条，马克思就是绝对和相对的统一，而不可能是"神圣化了的绝对"。

三　马克思（主义）确实有一些值得反思的方面

作为教条主义的"马克思主义"在原苏东国家的社会主义实践中被证伪，以"马克思"为标识的意识形态在苏东国家和地区出现颓势，这一历史事件再次激起国内外一些学者、人士包括政要迫不及待地要去追悼"马克思"或者"马克思的幽灵"，并企图通过这种"追悼"来终结"历史"。特别是国内一些网络"名人"甚至主张要将"马克思"或者"马克思主义"只作为一个普通的学者或思想流派存放到西方思想史的演进中。难道马克思凡50多卷，句句都是真理吗？肯定不是，也不可能是。问世于19世纪40年代——工业革命初期的马克思（主义），在大数据、"互联网＋"时代，还能句句是真理，"岂不是完全做梦"！谁会相信？

为此，人们势必要问，马克思或者马克思主义在东欧剧变后是否真的开始从世界思想舞台中"溃退"了？

　　德里达在《马克思的幽灵》中似乎说过这样的话：一次次对马克思或者马克思主义的共谋，并没有杀死它们；一次次对马克思或者马克思主义的追悼，并没有送走它们的亡灵，相反它们的生命力却更加顽强。因为，马克思或者马克思主义正以自身所具有的理论特质和实践旨趣影响着我们所处的这个世界、社会和时代。

　　马克思或者马克思主义为我们揭示了存在的真实或者真实的存在。其一，马克思或者马克思主义揭示了社会存在的真实或者真实的社会存在。生产力决定生产关系，经济基础决定上层建筑；人类社会的发展是一个螺旋式上升过程，绝不是黑格尔式的或者神秘主义式的轮回过程；资本主义社会只是人类社会发展的一个阶段，当发展到一定程度时，必然裂变出自我否定的力量并在自我否定中被更为先进的社会所代替。其二，马克思或者马克思主义揭示了人之存在的真实或者真实的人之存在。同传统的所有制实行最彻底的决裂与生活资料的生产必然构成人之存在的物质前提，同传统的观念实行最彻底的决裂与精神的生产必然构成人之存在的精神前提；人的解放不仅包括由劳动解放、社会解放、政治解放等构成的物质解放，而且还包括由思想解放、宗教解放和哲学解放等构成的精神解放；解放不仅表达一种确定的结果，而且表达一种确定的过程；解放不仅表达一种外在作用过程及其结果，更为重要的是表达一种内在紧张过程及其结果。其三，马克思或者马克思主义揭示了现实的真实或者真实的现实。马克思所处的社会现实正是资本主义社会发展的特定阶段。资本主义社会是以资本对劳动的掠夺为基本特征和根本内容的社会。资本对劳动的掠夺必然以剩余价值为中介、目的和主要内容，由此必然导致资本主义社会出现诸多结构性对立，而对这些结构性对立的消解是资本主义社会本身所无能为力的。要消解这些结构性对立，必然出现"社会主义代替资本主义"的局面。

　　马克思主义之所以依然占据着世界思想舞台的制高点，还在于其自始至终把"群众原则"贯穿于自身的理论自觉和实践自觉之中。马克思以"群众原则"为根本原则区别了"消灭哲学"的两种方式；以"群众原则"为根本原则确立了其自身理论发展的基本走向；以"群众原则"作为根本原则阐释了其自身的历史观、实践观和整体观；一直深刻关切着包括无产阶级在内的广大人民群众的存在和命运，还亲自参与群众的社会实践活动并在实践活动中自觉把理论同实践进行有效对接。这就决定了：马克思主义理论绝不是脱离"群众"的抽象理论，绝不是脱离"群众"的狭隘实践理论，绝不是脱离"群众"的书斋理论，绝不是"什么都行"的实用主义，而是通过"群众的实践"来改变"群众的世界"，从而实现"群众的解放"和人的解放的理论。因此，通过根本变革"群众的世界"来实现人的解放就必然成为马克思或者马克思主义的基本诉求，也必然成为马克思或者马克思主义的基本理论旨趣。

马克思或者马克思主义从来不提供现存的答案和教条，它们只提供认识问题和解决问题的方法论，只提供认识世界和改变世界的世界观。这是由马克思或者马克思主义的方法论和世界观之基本要义和旨趣决定的。这至少包括三个方面：第一，历史发展是一个具体的人的活动过程及其结果。第二，对于"新唯物主义"来说，"全部问题都在于使现存世界革命化，实际地反对并改变现存的事物"①。第三，任何一个时代都有其自身的时代特征和语境，不同的时代特征和语境必然致使对"特定答案"抱有永恒性的期待沦落为妄想，也很可能导致"特定时代的答案"成为其他时代的教条。因此，对马克思或者马克思主义的方法论和世界观所具有的科学性、严谨性和有机性的充分认识和科学把握，必然是要从充分认识和科学把握马克思或者马克思主义的方法论和世界观之基本要义和旨趣开始。

到目前为止，有哪一个思想家或者理论流派能像马克思或者马克思主义那样深刻揭示存在的真实或者真实的存在？能像马克思或者马克思主义那样深刻关切包括无产阶级在内的广大人民群众的存在和命运？能像马克思或者马克思主义那样科学地为人们提供认识问题和解决问题的方法论、认识世界和改变世界的世界观？在一定意义上说，是没有的。

东欧剧变后，社会主义阵营的萎缩不是马克思或者马克思主义在世界思想舞台上的"溃退"甚或"退场"的明证，而只能是"教条主义"的"马克思主义"的证伪，只能是"被误读"的"马克思主义"的证伪，只能是"被歪曲"的"马克思主义"的证伪，只能是"偏离了正轨"的"马克思主义"的证伪。由此，东欧剧变恰恰证实了马克思或者马克思主义是

---

① 《马克思恩格斯文集》第1卷，人民出版社，2009，第527页。

不可成为教条主义的、不可被歪曲的、不可被误读的、不能偏离正轨的。

马克思（主义）所具有的理论创新及实践价值决定了马克思（主义）在21世纪的世界仍然是各种理论话语的中心。福柯的权力理论、利奥塔的力比多经济学、鲍德里亚的消费社会分析、拉克劳和墨菲的反政治霸权战略、赛义德的文化帝国主义批判、詹姆逊的文化政治诗学、沙夫的资本社会分析、德里达的马克思幽灵、哈贝马斯的社会交往理论、福山的历史终结论等，我们都可以从中感受到马克思（主义）依然作为话语中心或者中心话语存活在人们的视野和脑海里。用德里达的话来表述也许更为恰当和形象：今天，我们都是马克思或者马克思主义的幽灵，我们对马克思主义的无情驱除或者热情拥抱，都是对这位幽灵般的"父亲"的一种幽灵般的纠缠，"没有马克思，没有对马克思的回忆、没有马克思的遗产，也就没有将来"。

在此，笔者不得不提一件颇耐人寻味的事情：20世纪即将结束时，在英国BBC推举"千年思想家"的调查中马克思名列榜首。这或许就是对马克思或者马克思主义依然占据世界思想舞台中心的一种独到的历史印证。

第三章　马克思的担当与使命

人们在各种语境中讨论"时代"问题，因此对"时代"具有不同的概括或判断。有的认为现代社会是信息时代，有的认为是"后现代"，有的认为是"全球化"时代……其实，所有这些概括和判断大概都没有超越"现代"社会。

一　现代社会正在进行时

在马克思的著述中经常出现"现代"的概念，仅在《共产党宣言》中马克思就使用了以下带有"现代"的词句："现代资产阶级社会""现代资产者""现代资产阶级""现代的代议制国家""现代的国家政权""现代工业""现代大工业""现代的工人"等。他认为，所谓"现代社会"，就是"存在于一切文明国度中的资本主义社会，它或多或少地摆脱了中世纪的杂质，或多或少地由于每个国度的特殊的历史发展而改变了形态，或多或少地有了发展"①。"现代国家"却随国境而异。它在普鲁士德意志帝国与在瑞士不一样，在英国与在美国不一样。但是，不同的文明国度中的不同的国家，不管它们的形式如何纷繁，却有一个共同点：它们都建立在现代资产阶级社会的基础上，只是这种社会的资本主义发展程度不同罢了。所以，它们具有某些根本的共同特征。这里，马克思显然是将资本主义社会归入现代社会，在他眼里，现代社会又不仅指资本主义社会，还指 16 世纪以来尤其是西方工业革命以来在世界范围内出现的以现代工业和科学技术为动

---

① 《马克思恩格斯文集》第 3 卷，人民出版社，2009，第 444 页。

力所带来的、由资本主义生产方式所开创的与以往社会完全不同的新型社会。这个社会引起了传统农业社会向现代工业社会的巨大转变，引起了社会生活的全面变革，引起了新的文明出现。这个新型社会以现代资本主义社会为开端，也包括了社会主义社会和共产主义社会。恩格斯在《论俄国的社会问题》一文（马克思认为此文是恩格斯20世纪70年代为《人民国家报》撰写的论文中最重要的一篇）中指出："现代社会主义力图实现的变革，简言之就是无产阶级战胜资产阶级，以及通过消灭一切阶级差别来建立新的社会组织。为此不但需要有能实现这个变革的无产阶级，而且还需要有使社会生产力发展到能够彻底消灭阶级差别的资产阶级。"① 无论是现代资本主义，还是现代社会主义，就其大的社会类型来说，都属于现代社会。

如果说资本主义社会是一个封闭的、静止的社会，资产阶级所开创的现代社会则是一个开放的、处在不断变化和发展中的社会。与现代社会相比，现代社会的变化是系统的、全面的。

第一，社会生活的整体变革。现代社会的变化绝不是单纯的经济革命、政治革命、技术革命或文化革命，而是由生产方式的全面变革引起的社会生活的全面变革。

第二，全球性的社会变迁。现代社会所带来的改革不是区域性的，而是全球性的，它将所有的国家，无论是先进国家，还是落后国家都先后拖进了世界性的生产、交换、分配和消费，从而使得人类的历史进入了相互影响、相互联系的"世界历史"。

第三，传统文明的解体和现代文明的诞生。现代社会的出现，给传统的农业文明带来了毁灭性的打击，促使传统的血缘关系、伦理道德、价值观念不断趋向解体，催生以自我为轴心、以金钱为中心的个人主义价值观不断建立。

马克思认为，资本主义社会作为与以往社会根本不同的现代社会，具有一些共同的根本特征。核心是大工业生产成为基本生产方式。第一，大工业生产是以大机器生产为特征的。大机器的出现，使得社会劳动生产率得到突飞猛进的提高，社会经济获得日新月异的发展，因而使资产阶级能

---

① 《马克思恩格斯文集》第3卷，人民出版社，2009，第389页。

够在不到一百年的时间内创造的社会财富，比以往所有社会所创造的财富的总和还要多、还要大，从而为资本主义社会的扩大再生产准备了必要的条件。现代大机器、大工业生产稳固地奠定了现代社会的经济基础。第二，大工业的出现，使得生产的社会化成为可能，从根本上改变了传统社会封闭的、静止的、自给自足的小农经济方式，使得人与人之间在社会生产、社会生活中的依赖关系越来越紧密，强化和发展了现代社会人与人之间的生产关系和交往关系，奠定了现代社会的生产基础和生活基础。第三，大工业的出现，使得劳动者的素质及其在生产中的地位发生了根本的变化，奠定了现代社会的劳动主体基础。现代社会不同于传统社会，由于大机器生产的普遍采用，促使劳动者不断接受新知识、新技术，培养新技能，从而提高了自己的素质，使得劳动者在生产中的主动性和自由度不断提高，为现代社会奠定了主体基础。

"地球仿佛一颗心脏，如果切成两半就会死亡"，这种判断在现实社会中更加显示其真理性。现代大工业的出现，不仅使得一个国家的某一部门内部人与人之间、部门之间、地区之间的联系越来越频繁、越来越紧密，而且使得国家、民族之间的联系也越来越密切。大工业开辟了世界市场，使得"过去那种地方的和民族的自给自足和闭关自守状态，被各民族的各方面的互相往来和各方面的互相依赖所代替了。物质的生产是如此，精神的生产也是如此，由于一切生产工具的迅速改进，由于交通的极其便利，把一切民族甚至最野蛮的民族都卷到文明中来了"。现代资本主义社会"首先开创了世界历史，因为它使每个文明国家以及这些国家中的每一个人的需要的满足都依赖于整个世界，因为它消灭了各国以往自然形成的闭关自守的状态"。现代社会将整个世界联成一体，不仅物质生产活动变成了世界性的活动，而且人们的精神活动和精神产品也变成了世界性的了，整个世界越来越变成了一个互相联系的整体，任何人、国家、民族都不能企图脱离整个世界的影响而孤立地生产和生活，他们只能选择自己加入世界性活动的方式——积极主动地，或者消极被动地参与。

在马克思看来，现代科学技术的出现及其在生产中的应用是大工业生产的先决条件。科技的发展大大提高了社会的劳动生产率，促进了社会经济的发展。在现代社会，"现实财富的创造较少地取决于劳动时间和已耗费的劳动量，而是取决于科学的一般水平和技术进步，或者说取决于这种科学在生产上的应用"①。"资本是以生产力的一定的现有的历史发展为前提的——在这些生产力中也包括科学"②，"科学的力量也是不费资本家分文的另一种生产力"③。可见，马克思实际上已经提出了"科学是生产力"的论断。"随着资本主义生产的扩展，科学因素第一次被有意识地和广泛地加以发展、应用并体现在生活中，其规模是以往的时代根本想象不到的"④，科技成果的应用极大地促进了生产的发展，并引起了整个社会生活、政治生活的变化，"蒸汽和新的工具机把工场手工业变成了现代的大工业，从而使资产阶级社会的整个基础发生了革命。工场手工业时代的迟缓的发展进程转变成了生产中的真正的狂飙时期"⑤。

　　科技不仅是经济发展的强大推动力，也是社会变革的重要推动力量。在马克思看来，科学是一种在历史上起推动作用的、革命的力量，他"把科学首先看成是历史的有力的杠杆，看成是最高意义上的革命力量"。马克思深刻地指出："十七世纪和十八世纪从事创造蒸汽机的人们也没有料到，他们所造成的工具，比其他任何东西都更会使全世界的社会状况革命化"⑥，"这些发明推动了产业革命，产业革命同时又引起了市民社会中的全面改革，而它的世界历史意义只是在现在才开始被认识清楚"⑦。马克思认为，科学技术也是人的发展的标志和动力，"科学这种既是观念的财富同时又是实际的财富的发展，只不过是人的生产力的发展即财富的发展所表现的一个方面、一种形式"⑧。科学的发展过程既体现了人认识外部世界能力的发展过程，也体现了人改造世界能力的发展过程，最终体现的是人的主体能力的发展过程。总之，科技是经济发展、社会进步和人的发展的强大推动力量，科技的发展和大量应用是现代社会的一个重要标志。

---

①　《马克思恩格斯文集》第 8 卷，人民出版社，2009，第 195 页。
②　《马克思恩格斯文集》第 8 卷，人民出版社，2009，第 188 页。
③　《马克思恩格斯全集》第 47 卷，人民出版社，1979，第 553 页。
④　《马克思恩格斯文集》第 8 卷，人民出版社，2009，第 359 页。
⑤　《马克思恩格斯文集》第 3 卷，人民出版社，2009，第 533 页。
⑥　《马克思恩格斯全集》第 20 卷，人民出版社，1971，第 520 页。
⑦　《马克思恩格斯全集》第 2 卷，人民出版社，1957，第 281 页。
⑧　《马克思恩格斯文集》第 8 卷，人民出版社，2009，第 170 页。

市场在资源配置中日益发挥决定作用。现代社会的重要特点之一就是发达的商品经济，或者说市场经济取得的一定发展。市场经济不等同于商品经济，它不是与小农经济伴随的以物易物的小商品经济，而是现代比较发达的商品经济。马克思认为，现代社会就是借助于市场经济建立起来的，"家长制的，古代的（以及封建的）状态随着商业、奢侈、货币、交换价值的发展而没落下去，现代社会则随着这些东西同步发展起来"①。作为商品经济的较高发展形式，市场经济随着商业贸易的发展、货币变为资本、商品经济的发展而发展起来，促进了现代社会的形成和发展。

第一，加速了旧的社会形式、社会关系的解体，促进了现代社会形式和社会关系的建立。传统社会在生产方面的一个重要特点就是自给自足的自然经济占统治地位，在此状态下，市场的力量很小。随着商品经济的发展，市场的扩大，这种自然经济必然被突破。传统社会在社会生活方面的一个主要特点就是以血缘和地域为纽带的共同体成为人们相互之间的组织形式。商品经济的发展必然要求用物的联系、货币关系代替人的依赖关系，因而超经济的、血缘的、地域的联系必然会被取代。这就是说，随着商品经济、市场经济的发展，"人的依赖纽带、血统差别、教养差别等等事实上都被打破了，被粉碎了"②。

第二，加速为现代社会提供物质准备。现代国家制度的确立，从政治法律制度和社会伦理道德等方面确立了商品经济的地位。商品经济一定意义上就是求利经济，社会环境和社会氛围从各方面激励着人们占有货币、发财致富的欲望，货币成了"发展一切生产力即物质生产力和精神生产力的主动轮"③。正是借助于这个"主动轮"，"资本主义生产方式"才第一次使自然科学为直接的生产过程服务，资本主义生产才"第一次在相当大的程度上为自然科学创造了进行研究、观察、实验的物质手段"④，才"第一次把物质生产过程变成科学在生产中的应用"⑤。为了追逐财富，现代社会

---

① 《马克思恩格斯文集》第 8 卷，人民出版社，2009，第 52 页。
② 《马克思恩格斯文集》第 8 卷，人民出版社，2009，第 58 页。
③ 《马克思恩格斯全集》第 30 卷，人民出版社，1995，第 175 页。
④ 《马克思恩格斯文集》第 8 卷，人民出版社，2009，第 359 页。
⑤ 《马克思恩格斯全集》第 47 卷，人民出版社，1979，第 576 页。

不断地采用新的技术，发明并使用新的机器，从而大大提高了社会生产力。商品经济的发展为现代社会提供了充分的物质准备。

第三，加速现代人格和现代文化价值观念。在传统自然经济社会里，"单个人显得比较全面，那正是因为他还没有造成自己丰富的关系。"① 传统社会里成长起来的人们不仅封闭、保守、因循守旧，深受血缘、地域的限制，而且缺乏现代科学知识和技能。在现代资本主义社会里，随着商品经济的发展，人们生产、生活的范围不断拓展，视野不断拓宽，开放意识和创新精神不断增强，科技知识和专业技能不断提高，从而越来越适应商品经济的需要。在马克思看来，要满足现代商品经济的需要，就必须"培养社会的人的一切属性，并且把他作为具有尽可能丰富的属性和联系的人，因而具有尽可能广泛需要的人生产出来——把他作为尽可能完整的和全面的社会产品生产出来"②。商品经济的发展不仅促进了现代人格形成，而且在社会上促成了与经济发展相适应的文化价值观念，使得货币取代了等级特权，而成为社会中居支配地位的东西。

第四，加速世界性的联系和交往步伐。商品经济本质上是一种求利经济，只要有利可图，商品经济是没有地域限制的；商品经济是以交换为基础的，较高程度的商品经济更要依赖于市场的力量，如此必然会促进联系和交往的扩大。正是追求利润的需要，促使资本家采用现代科技，使用现代机器，开拓水陆交通，积极开拓市场，总之，想尽千方百计来提高劳动生产率，扩大产品销路，从而促进了世界性的生产、交往和生活，因而使整个世界的物质生活和精神生活都联系在了一起。

在马克思看来，城市化也是现代社会的一个重要特征。随着商品经济和大工业的发展，城市的出现成了必然，因为大工业"使城市最终战胜了乡村"③。"资产阶级使农村屈服于城市的统治。它创立了巨大的城市，使城市人口比农村人口大大增加起来，因而使很大一部分居民脱离了农村生活的愚昧状态。正像它使农村从属于城市一样，它使未开化和半开化的国家

① 《马克思恩格斯文集》第 8 卷，人民出版社，2009，第 56 页。
② 《马克思恩格斯文集》第 8 卷，人民出版社，2009，第 90 页。
③ 《马克思恩格斯文集》第 1 卷，人民出版社，2009，第 566 页。

从属于文明的国家，使农民的民族从属于资产阶级的民族，使东方从属于西方。"① 他指出："现代的［历史］是乡村城市化，而不像在古代那样，是城市乡村化。"② 在《资本论》中，他又指出："资本主义生产使它汇集在各大中心的城市人口越来越占优势，这样一来，它一方面聚集着社会的历史动力，另一方面又破坏着人和土地之间的物质变换。"③ 现代大工业生产的发展，使得生产的专业化程度越来越高，分工越来越细，各种行业越来越多，即使在同一行业内部，专业化分工也越来越细致、越来越具体。马克思指出："机器的采用加剧了社会内部的分工，简化了作坊内部工人的职能，集结了资本，使人进一步被分割"④，"现代社会内部分工的特点，在于它产生了特长和专业，同时也产生职业的痴呆"⑤。包括分工在内的社会分化是现代社会发展的必然结果，但分工有其重大的消极后果，"工场手工业把工人变成畸形物，它压抑工人的多种多样的生产志趣和生产才能，人为地培植工人片面的技巧，这正像在拉普拉塔各国人们为了得到牲畜的毛皮或油脂而屠宰整只牲畜一样。不仅各种特殊的局部劳动分配给不同的个体，而且个体本身也被分割开来，转化为某种局部劳动的自动的工具，这样，梅涅尼·阿格利巴把人说成只是人身体的一个片断这种荒谬的寓言就实现了"⑥。

　　现代社会是矛盾的统一体，在社会高度分化的同时，也存在着高度整合的趋势：一方面，从整合的范围来看，这种高度整合不仅表现在单个企业内部生产活动的高度组织性和劳动者之间的相互依赖、相互补充，也不仅表现在不同行业、不同地域之间的相互联系，更主要地表现在整个世界在生产、交换、分配、消费等经济活动和文化活动方面的相互影响和相互依赖，并从而形成了作为整体的世界历史。另一方面，从整合的程度来看，现代社会使得社会的经济、政治和文化生活密切联系在了一起。"资产阶级日甚一日地消灭生产资料、财产和人口的分散状态。它使人口密集起来，

① 《马克思恩格斯文集》第 2 卷，人民出版社，2009，第 36 页。
② 《马克思恩格斯文集》第 8 卷，人民出版社，2009，第 131 页。
③ 《马克思恩格斯文集》第 5 卷，人民出版社，2009，第 579 页。
④ 《马克思恩格斯文集》第 1 卷，人民出版社，2009，第 628 页。
⑤ 《马克思恩格斯文集》第 1 卷，人民出版社，2009，第 629 页。
⑥ 《马克思恩格斯文集》第 5 卷，人民出版社，2009，第 417 页。

使生产资料集中起来，使财产聚集在少数人的手里。由此必然产生的结果就是政治的集中。各自独立的，几乎只有同盟关系的，各有不同利益、不同法律、不同政府、不同关税的各个地区，现在已经结合为一个拥有统一的政府、统一的法律、统一的民族阶级利益和统一的关税的统一的民族。"① 现代社会使得"过去那种地方的和民族的自给自足和闭关自守状态，被各民族的各方面的互相往来和各方面的互相依赖所代替了"②，人类历史逐渐演变成了"世界历史"。

特别需要关注的是，在传统社会里，宗教天国、神灵崇拜在社会生活中占据着重要位置，现实生活之外的彼岸世界构成人们生活的重要部分。随着现代社会的出现和发展，人们的心灵世界和精神面貌发生了重大变化。"资产阶级在它已经取得了统治的地方把一切封建的、宗法的和田园诗般的关系都破坏了。它无情地斩断了把人们束缚于天然尊长的形形色色的封建羁绊，它使人和人之间除了赤裸裸的利害关系，除了冷酷无情的'现金交易'，就再也没有任何别的联系了。它把宗教虔诚、骑士热忱、小市民伤感这些情感的神圣发作，淹没在利己主义打算的冰水之中。"③ 总而言之，它用公开的、无耻的、直接的、露骨的剥削代替了由宗教幻想和政治幻想掩盖着的剥削，资产阶级抹去了一切向来受人尊崇的和令人敬畏的职业的神圣光环，把医生、律师、教士、诗人和学者变成了其出钱雇的劳动者。现代社会使得一切固定的僵化的关系及与之相适应的被尊崇的观念和见解都被消除了，一切新形成的关系等不到固定下来就陈旧了，一切神圣的、崇高的东西都被亵渎、被消解了，偶像被打翻了，人们从天国降到人间，开始冷静地、现实地、理智地、世俗地看待他们的生活地位和相互关系，开始了实实在在的世俗化生活。

现代生产方式的确立，不仅使文明程度较高的西欧等国家内部建立起新的文明，而且促使文明程度较低的落后国家也不断建立起适应资本主义生产方式的现代文明。"资产阶级，由于一切生产工具的迅速改进，由于交

---

① 《马克思恩格斯文集》第 2 卷，人民出版社，2009，第 36 页。
② 《马克思恩格斯文集》第 2 卷，人民出版社，2009，第 35 页。
③ 《马克思恩格斯文集》第 2 卷，人民出版社，2009，第 33 页。

通的极其便利，把一切民族甚至最野蛮的民族都卷到文明中来了。它的商品的低廉价格，是它用来摧毁一切万里长城、征服野蛮人最顽强的仇外心理的重炮。它迫使一切民族——如果它们不想灭亡的话——采用资产阶级的生产方式；它迫使它们在自己那里推行所谓的文明，即变成资产者。一句话，它按照自己的面貌为自己创造出一个世界。"① 马克思认为，文明是有高下的，传统农业文明与现代资本主义文明即现代工业文明相比不得不屈居下风。对于古老的印度文明所遭受的悲惨命运，马克思给予了人道主义的同情。他说，从人的感情上来说，亲眼看到这无数辛勤经营的宗法制的祥和无害的社会组织一个个土崩瓦解，被投入苦海，亲眼看到它们的每个成员既丧失自己的古老形式的文明又丧失祖传的谋生手段，是会难过的。

但是，马克思毕竟是唯物史观的创立者，生产力决定生产关系，经济基础决定上层建筑是他的基本结论。他知道，文明总是由一定物质生活条件决定的，总是要为物质生产和物质生活服务的。因此，与传统农业社会相适应的是传统农业文明，与现代工业社会适应的则是现代文明。他对印度的古老文明这样评论："这些田园风味的农村公社不管看起来怎样祥和无害，却始终是东方专制制度的牢固基础，它们使人的头脑局限在极小的范围内，成为迷信的驯服工具，成为传统规则的奴隶，表现不出任何伟大的作为和历史首创精神"②，"这种有损尊严的、停滞不前的、单调苟安的生活，这种消极被动的生存，在另一方面反而产生了野性的、盲目的、放纵的破坏力量，甚至使杀生害命在印度斯坦成为一种宗教仪式"，"这些小小的公社带着种姓划分和奴隶制度的污痕；它们使人屈服于外界环境，而不是把人提高为环境的主宰；它们把自动发展的社会状态变成了一成不变的自然命运，因而造成了对自然的野蛮的崇拜，从身为自然主宰的人竟然向猴子哈努曼和母牛撒巴拉虔诚地叩拜这个事实，就可以看出这种崇拜是多么糟蹋人了"③。情感体验和伦理评判不能作为评判历史进步的尺度，衡量历史进步主要看是否有利于社会生产力的发展。因此，马克思得出结论：

---

① 《马克思恩格斯文集》第2卷，人民出版社，2009，第35页。
② 《马克思恩格斯文集》第2卷，人民出版社，2009，第682页。
③ 《马克思恩格斯文集》第2卷，人民出版社，2009，第683页。

无论一个古老世界崩溃的情景对我们个人的感情来说怎样难过，但是从历史发展的角度来看，传统社会、传统文明被现代社会、现代文明取代是历史发展的巨大进步，因此我们有权对此放声高歌。

总之，在马克思看来，工业化、世界联系的整体化、现代科技的发展及其广泛应用（知识化）、商品经济的充分发展（市场化）、现代城市的出现和不断发展的趋势（城市化）、高度的社会分化和社会整合、现代文明的世俗化是现代资本主义社会共同的根本特征。这些特征自身具有两面性，有其不可避免的负效应，这是毋庸置疑的。但无论如何，要想从传统社会过渡到现代社会，就不能不积极采取措施，就不能不付出代价大力推进社会朝着这些方向进行变革——这是经济文化落后的传统国家向现代社会迈进的必经之路。

现代社会有那么多元素，那么多特性，可是贯穿现代社会始终的那条线是什么？或者现代社会的一切用什么解释呢？

二　现代社会关系的轴心体系

恩格斯对《资本论》进行了总评："自从世界上有资本家和工人以来，没有一本书像我们面前这本书那样，对于工人具有如此重要的意义。"[①]

1867 年《资本论》第一卷出版。次年，恩格斯为《民主周刊》做了题为《卡尔·马克思〈资本论〉第一卷书评》。在这篇书评中，恩格斯指出："资本和劳动的关系，是我们全部现代社会体系所围绕旋转的轴心"[②]。这里有几个关键词："资本""劳动""现代社会""轴心"，换言之，离开资本和劳动，全部现代社会体系都无法得到合理解释，或者说没有资本和劳动的支撑，全部现代社会体系存在与发展都难以维系。

关于人类解放何以可能的"新世界观"与"独立的哲学"的本质区别到底是什么呢？对此，马克思、恩格斯在《德意志意识形态》中已做出明确的回答："德国哲学从天国降到人间；和它完全相反，这里我们是从人间

---

① 《马克思恩格斯文集》第 3 卷，人民出版社，2009，第 79 页。
② 《马克思恩格斯文集》第 3 卷，人民出版社，2009，第 79 页。

升到天国。这就是说，我们不是从人们所说的、所设想的、所想象的东西出发，也不是从口头说的、思考出来的、设想出来的、想象出来的人出发，去理解有血有肉的人。我们的出发点是从事实际活动的人，而且从他们的现实生活过程中还可以描绘出这一生活过程在意识形态上的反射和反响的发展。"① 这明确告诉了我们，马克思主义的"世界观"与以往的全部"哲学"的根本性区别就在于，作为"世界观"的马克思主义哲学是以"实际活动的人"为自己的出发点的，而以往的"哲学"则是以"想象出来的人"为出发点。

正是以"实际活动的人"而不是以"想象出来的人"为出发点，马克思、恩格斯进一步明确地指出："在思辨终止的地方，在现实生活面前，正是描述人们实践活动和实际发展过程的真正的实证科学开始的地方。关于意识的空话将终止，它们一定会被真正的知识所代替。对现实的描述会使独立的哲学失去生存环境，能够取而代之的充其量不过是从对人类历史发展的考察中抽象出来的最一般的结果的概括。这些抽象本身离开了现实的历史就没有任何价值。"② 这就更为明确地告诉我们，区别于"独立的哲学"的马克思主义哲学，它的实质内容是"从对历史发展的考察中抽象出来的最一般的结果的概括"③，也就是关于"历史规律"的理论。正因如此，恩格斯在晚年所著的《路德维希·费尔巴哈和德国古典哲学的终结》中，对马克思主义做出这样的论断："关于现实的人及其历史发展的科学"④。

恩格斯的这个论断，不是一般性的论断，而是关于马克思主义哲学的根本性论断，也是关于《资本论》哲学思想的根本性论断。《在马克思墓前的讲话》中，恩格斯明确地提出，马克思的一生有两个伟大的发现，一是"发现了人类历史的发展规律"，一是"发现了现代资本主义生产方式和它所产生的资产阶级社会的特殊的运动规律"⑤。这"两大发现"，是马克思"毕生研究"的"伟大成果"，并凝结为马克思的《资本论》。因此，如何

---

① 《马克思恩格斯文集》第 1 卷，人民出版社，2009，第 525 页。
② 《马克思恩格斯文集》第 1 卷，人民出版社，2009，第 526 页。
③ 《马克思恩格斯文集》第 1 卷，人民出版社，2009，第 526 页。
④ 《马克思恩格斯文集》第 4 卷，人民出版社，2009，第 295 页。
⑤ 《马克思恩格斯文集》第 3 卷，人民出版社，2009，第 601 页。

看待马克思的"两大发现"与恩格斯所指认的"关于现实的人及其发展的科学"的关系,特别是如何看待马克思所研究的"资本"与"关于现实的人及其历史发展的科学"的关系,就成为如何理解马克思主义哲学与《资本论》的关系的根本性问题。

关于《资本论》所研究的"资本",马克思明确地指出,资本不是物,而是一定的、社会的、属于一定历史社会形态的生产关系,它体现在一个物上,并赋予这个物以特有的社会性质。对于为何必须以"资本"为对象,马克思说,"在一切社会形式中都有一种一定的生产决定其他一切生产的地位和影响,因而它的关系也决定其他一切关系的地位和影响。这是一种'普照的光',它掩盖了一切其他色彩,改变着它们的特点。这是一种特殊的以太,它决定着它里面显露出来的一切存在的比重"①。"资本是资产阶级社会支配一切的经济权力。它必须成为起点又成为终点。"② 正因为"资本"是决定现代生产关系以及由此构成的人的全部社会关系的"普照的光"、"特殊的以太"和"支配一切的经济权利",并因而决定"现实的人"及其"现实的历史",所以必须以"资本"为对象才能构建"关于现实的人及其历史发展的科学"③。

在马克思这里,从"物和物的关系"中揭示"人和人的关系",就是从"资本"的逻辑中揭示"现实的人及其历史发展"的逻辑。由此我们可以得出相互规定的两个结论:马克思主义的"关于现实的人及其历史发展的科学"就集中地、系统地体现为《资本论》;《资本论》所揭示的"人类历史的发展规律"④ 和"资产阶级社会的特殊的运动规律"就集中地、系统地展现了马克思主义的"关于现实的人及其历史发展的科学"⑤。因此,离开马克思主义的"关于现实的人及其历史发展的科学"就不能真正理解和把握《资本论》;离开《资本论》就不能真正理解和把握"关于现实的人及其历史发展的科学"⑥。《资本论》就是"改变世界"的"世界观","改变世

---

① 《马克思恩格斯文集》第 8 卷,人民出版社,2009,第 31 页。
② 《马克思恩格斯文集》第 8 卷,人民出版社,2009,第 31 页。
③ 《马克思恩格斯文集》第 4 卷,人民出版社,2009,第 295 页。
④ 《马克思恩格斯文集》第 3 卷,人民出版社,2009,第 601 页。
⑤ 孙正聿:《〈资本论〉与马克思主义哲学》,《学习与探索》2014 年第 1 期,第 13~18 页。
⑥ 孙正聿:《〈资本论〉与马克思主义哲学》,《学习与探索》2014 年第 1 期,第 13~18 页。

界"的马克思主义的"世界观"就集中地体现在《资本论》中。从"运用"的思路来看待马克思主义哲学与《资本论》的关系,并按照这种思路来"阐释"《资本论》的"哲学思想",这就从根本上割裂了马克思主义哲学与《资本论》的真实关系;与此相反,从"构建"的思路来看待马克思主义哲学与《资本论》的关系,并按照这种思路"阐释"《资本论》的"哲学思想",就会在马克思主义哲学与《资本论》的"互释"中重新理解马克思主义哲学,也就是把马克思主义哲学"定位"为"关于现实的人及其历史发展的科学"①。

首先,"关于现实的人及其历史发展的科学"从根本上改变了哲学研究的出发点:不是从"抽象的人"出发,而是从"现实的人"出发。因此,如何理解和阐释"抽象的人"与"现实的人",就成为对马克思主义哲学与《资本论》进行"互释"的根本性问题。什么是"抽象的人"和"现实的人"?马克思在《关于费尔巴哈的提纲》中提出:"人的本质不是单个人所固有的抽象物,在其现实性上,它是一切社会关系的总和。"② 体现在哪里?就体现在《资本论》所揭示的"商品""货币""资本"的"物和物的关系"中的"人和人的关系"。离开这些"经济范畴"体现的人的"社会关系",人就是"抽象的人",而不是"现实的人"。不是以"现实的人"而是以"抽象的人"作为哲学研究的出发点,当然就不是"改变世界"的马克思主义哲学,而是马克思、恩格斯所批判的"独立的哲学"。因此,不是《资本论》"运用"了马克思主义哲学,而是《资本论》"构建"了马克思主义哲学。

关于"现实的人",恩格斯在马克思的墓前的讲话中指出,这个"现实"在于"人们首先必须吃、喝、住、穿",因此"直接的物质的生活资料的生产",构成"现实的人及其历史发展"③ 的"基础"。把握这个"基础"的"经济范畴",就成为把握"现实的人"的最为根本和最为重要的"哲学"范畴。对此,马克思在《〈政治经济学批判〉导言》中做出这样的说

---

① 孙正聿:《〈资本论〉与马克思主义哲学》,《学习与探索》2014 年第 1 期,第 13~18 页。
② 《马克思恩格斯文集》第 1 卷,人民出版社,2009,第 505 页。
③ 《马克思恩格斯文集》第 4 卷,人民出版社,2009,第 295 页。

明：“抛开构成人口的阶级，人口就是一个抽象。如果我不知道这些阶级所依据的因素，如雇佣劳动、资本等等，阶级又是一句空话。而这些因素是以交换、分工、价格等等为前提的。比如资本，如果没有雇佣劳动、价值、货币、价格等等，它就什么也不是。因此，如果我从人口着手，那么，这就是关于整体的一个混沌的表象，并且通过更贴近的规定我就会在分析中达到越来越简单的概念；从表象中的具体达到越来越稀薄的抽象，直到我达到一些简单的规定。于是行程又得从那里回过头来，直到我最后又回到人口，但是这回人口已不是关于整体的一个混沌的表象，而是一个具有许多规定和关系的丰富的总体了。”①马克思的论述表明，从本身出发去考察人，只能是抽象的理解；只有从关于人的各种规定——首先最重要的经济范畴——出发，才能形成对人的具体的理解；只有展现经济范畴所构成的“具体”，才能揭示“现实的人”的“本质”，即“一切社会关系的总和”。

构成《资本论》的出发点的经济范畴是“商品”，而《资本论》所揭示的商品本质则是商品的二重性。“商品首先是一个外界的对象，一个靠自己的属性来满足人的某种需要的物。”②“物的有用性成为使用价值”③，因此“商品体本身”就是使用价值。商品的使用价值是其交换价值的物质承担者，而“交换价值”则表现为“一种使用价值同另一种使用价值相交换的量的关系或比例”④。由此就构成了商品的使用价值与交换价值如下的矛盾：“作为使用价值，商品首先有质的差别”⑤。商品作为用来交换和出卖的劳动产品，它的使用价值与交换价值的二重性的根据何在？它的使用价值的质的差别和交换价值的量的差别的根据何在？这就是《资本论》所揭示的“理解政治经济学的枢纽”即劳动的二重性。正是这个“枢纽”点，构成《资本论》破解“现实的人及其历史发展”的秘密的切入点。

在马克思对商品的分析中，人类的“现实的历史”——劳动在商品的二重性中凸显了自己的二重性，这就是创造商品使用价值的“具体劳动”

---

① 《马克思恩格斯文集》第 8 卷，人民出版社，2009，第 24 页。
② 《马克思恩格斯文集》第 5 卷，人民出版社，2009，第 47 页。
③ 《马克思恩格斯文集》第 5 卷，人民出版社，2009，第 48 页。
④ 《马克思恩格斯文集》第 5 卷，人民出版社，2009，第 49 页。
⑤ 《马克思恩格斯文集》第 5 卷，人民出版社，2009，第 50 页。

和商品作为劳动产品的"抽象劳动"。正是《资本论》所揭示的劳动的二重性，为理解"现实的人"提供了现实的而不是抽象的切入点——人自身的自然性与社会的二重性。

人首先是自然的存在。作为自然的存在，人首先需要自然的满足，而这种自然的满足是通过人自身的对象化活动——劳动——实现的。商品的使用价值，就在于商品是"靠自己的属性来满足人的某种需要的物"①。人的具体劳动，就是以各种具体形式创造出满足人的各种需要的"物"，也就是把外部自然变成"合目的性"的存在。因此，商品的使用价值和人的具体劳动，正式在"现实的历史"中体现了人是"对象性的存在物"。这表明，在商品中所体现的人的自然性，已经不再是抽象的与自然无关的自然性。由商品的二重性和劳动的二重性形成的对人的存在的理解，其重大的理论意义在于：那种"把人对自然界的关系从历史中排除出去"因而"造成了自然和历史之间的对立"的旧哲学，在《资本论》的烛照下，它对"存在"（包括人和自然）的理解的非现实性被暴露出来；与此同时，人的自然性的历史性即"现实的人及其历史发展"的真实基础，也在《资本论》的商品分析中被确定下来。这是马克思的"经济范畴"深刻的"哲学内涵"。

人的自然的历史性或人的历史的自然性，表明人既是自然的存在，又是历史的存在，这是人的存在的二重性。人的存在的二重性，即人的自然性和社会性，深刻地体现为商品的二重性及其所蕴涵的劳动的二重性。从商品的交换价值来看，商品只是表示"在它们的生产上耗费了人类劳动力，积累了人类劳动"②，商品价值就是"作为它们共有的这个社会实体的结晶"③。"把劳动产品表现为只是无差别人类劳动的凝结物的一般价值形式，通过自身的结构表明，它是商品世界的社会表现。因此，它清楚地告诉我们，在这个世界中，劳动的一般的人类的性质形成劳动的独特的社会的性质。"④ 劳动的社会性质表明，人的社会性与人的自然性一样，并不是抽象的存在，而是首先体现在商品的交换价值及其所蕴涵的人的抽象劳动

---

① 《马克思恩格斯文集》第 5 卷，人民出版社，2009，第 47 页。
② 《马克思恩格斯文集》第 5 卷，人民出版社，2009，第 51 页。
③ 《马克思恩格斯文集》第 5 卷，人民出版社，2009，第 51 页。
④ 《马克思恩格斯文集》第 5 卷，人民出版社，2009，第 83 页。

之中。商品的交换，本质上是劳动的交换；劳动的交换，则构成人的"全部社会关系"的基础。由此，我们可以看到，马克思在《关于费尔巴哈的提纲》中提出的关于"人的本质不是单个人所固有的抽象物，在其现实性上，它是一切社会关系的总和"① 这个著名论断，正是并且只是在《资本论》所阐述的"理解政治经济学的枢纽"② 点，即劳动的二重性中才获得了真实的思想内涵。《资本论》的"劳动的二重性"理论为破解"现实的人及其历史发展"的秘密奠定了现实的基础。

马克思破解"现实的人及其历史发展"秘密的现实基础是劳动，而马克思破解劳动的秘密的直接对象却不是劳动而是劳动所创造的商品。通过阐发商品的二重性来揭示劳动的二重性，通过揭示劳动的二重性而凸显人的存在的二重性，进而揭示物和物的关系中所掩盖的人和人的关系，这深切地体现了马克思睿智的哲学思想："感性具体" 只是"关于整体的一个混沌的表象"③，从"感性具体" 出发无法直接达到把握现实的"理性具体"；与此相反，只有从"理性抽象" 即"最简单的规定" 出发，才能达到"理性具体" 即"具有许多规定和关系的丰富的总和"。因此，只有通过对具体的"经济范畴" 的分析去理解全部的历史，才能真实地展现物和物的关系掩盖下的人和人的关系，从而破解"现实的人及其历史发展"的秘密。这深刻地体现了马克思的存在论、认识论和逻辑学相统一的理论自觉，深刻地体现了《资本论》的唯物史观与辩证法的统一，因而深刻地体现了《资本论》的"经济范畴" 的"哲学内涵"。对此，西方马克思主义的重要人物之一科西克曾指出："如果经济范畴是社会主体的'存在形式'或'生存的决定因素'，那么对这些范畴的分析和辩证的系统化就能揭示社会存在，就能在经济范畴的辩证展开中把社会存在再现出来。这又从另一个角度说明，《资本论》的经济范畴不能以事实性历史的演进或形式逻辑推衍的方式加以系统化，说明辩证的展开是社会存在的唯一可能的逻辑结构。"④

---

① 《马克思恩格斯文集》第 1 卷，人民出版社，2009，第 505 页。
② 《马克思恩格斯文集》第 5 卷，人民出版社，2009，第 55 页。
③ 《马克思恩格斯文集》第 8 卷，人民出版社，2009，第 24 页。
④ 孙正聿：《〈资本论〉与马克思主义哲学》，《学习与探索》，2014 年第 1 期，第 13 ~ 18 页。

三　马克思的历史使命尚未完成

按照马克思的辩证法思想去理解一切事物都是过程的合体，马克思的时代终将成为历史，但社会发展到今天，马克思使命还没有完成。因为有它，社会科学才真正变成科学。而社会形态理论则是唯物主义历史观的一个核心思想。没有这个思想便不会有唯物主义历史观。

但是，一个时期以来，理论界有些人对马克思的社会形态理论提出不少质疑，否定社会规律的客观性，认为"以所谓生产力决定生产关系这个'规律'来说，在人类历史实际进程中根本就不存在，找不出任何一条历史事实来支持这个规律存在，因此它纯粹是一种思辨的思维运动"①。有的论者明确地把历史规律说成是"认识的产物"，是"人的思想和意志所创造的"②，这是对历史规律的客观性和普遍性的否定。有的人说马克思的五种社会形态理论仅仅囿于西方社会，不赞成用马克思的五种社会形态理论分析和研究我国社会的历史发展。所以，弄清楚马克思社会形态理论的产生及其科学价值是非常必要的。

综观人类思想史，人们在改造客观世界的过程中，在对自然认识的同时开始了对自身的认识。而对后者的认识比前者的认识要困难得多、复杂得多、漫长得多。人类对自身历史的认识，经历了一个从"神"到"人"，再到用物质生产和社会关系去说明社会历史的、漫长的、曲折的发展进程。回溯人类的自我认识史便会发现，历史越是久远，人们对自己历史的认识越是带有浓重的神秘色彩。在一个相当长的历史时期内，人们既不能正确说明自然界，更不能正确解释社会现象，而把这一切都归之于一种超自然的神秘力量，或者用"神"和"上帝"，或者用一种"抽象的人"来附会人类历史的发展。尽管在历史上也有过不少关于社会现象和历史发展的观点和描述，但总的来说，人类历史观的演进经历了从神学历史观到人道主

---

① 靳辉明：《马克思社会形态理论的科学性与客观性》，《中国社会科学报》2010年6月，第2版。

② 靳辉明：《马克思社会形态理论的科学性与客观性》，《中国社会科学报》2010年6月，第2版。

义历史观再到唯物主义历史观的发展过程。

马克思在历史观上的伟大变革就在于，他在继承前人已取得的思想成果的基础上，把唯物主义推广到社会历史领域，用唯物辩证的观点去认识和说明社会历史现象，揭示了人类社会的发展规律，从而把人们对社会历史的认识奠定在科学的基础之上。应当说，这在人类认识史上具有破天荒的意义。

马克思主义之所以是科学就在于它始终与时代相联系，紧扣时代脉搏。马克思主义历史使命的时代性特征就在于实现马克思主义的历史使命是一个漫长而曲折的历史过程，要完成最终解放全人类的历史使命必须首先完成每个历史阶段、每个时代的特殊使命，脱离或者超越现阶段的历史任务是不可能实现最终的历史使命的，这就是马克思的唯物辩证法。正因为如此，每位学者在谈到马克思主义的历史使命时，总是要和一定的时代相结合、相联系。

马克思主义是一个开放的发展的科学的理论体系，它必将随着时代的变化而不断地增添新的时代内容。马克思主义的历史使命从长期来说是埋葬资本主义、建设社会主义、实现共产主义，解放全人类，但就历史各阶段、各时期而言会有不同的新情况、新问题、新任务。我们必须立足于现时代、现阶段，解决最贴近的现实问题，这是迈向最终目标的必经的阶段。我们每一个马克思主义者都必须贴近生活、贴近现实，研究解决最迫切的问题，并善于将经验上升为理论、用新的理论指导新的实践。否则就会脱离实际，就会背离马克思主义，与马克思主义的神圣使命背道而驰。作为生活在当代的马克思主义的追随者，我们必须时刻洞察世界的风云变幻、把握时代脉搏、掌握资本主义发展的最新动态，解决社会主义建设中的新情况、新问题，不断地发展马克思主义，践行马克思主义的神圣而庄严的历史使命。

马克思关于五种社会形态思想的理解和表述也经历了一个不断走向成熟的演进过程。最早在《德意志意识形态》中，马克思基于对社会分工的分析，把以往的"部落所有制""古代公社所有制和国家所有制""封建的或等级的所有制""资产阶级所有制"①，作为人类社会演进的几个历史时期，并对未来共产主义社会的特征进行了富有预见性的分析，初步形成了

---

① 靳辉明：《马克思社会形态理论的科学性与客观性》，《中国社会科学报》2010 年 6 月，第 2 版。

关于人类社会历史发展的五种社会形态的思想。其后，马克思在《共产党宣言》《雇佣劳动与资本》《1857～1858 年经济学手稿》《政治经济学批判》《资本论》等著作中，继续深入探讨，使五种社会形态理论逐步走向成熟。最后，马克思晚年集中力量研究了史前社会和东方社会，摘录形成了有着丰富思想的"人类学笔记""历史学笔记"等理论成果，最终揭开了人类史前社会的秘密，阐明了五种社会形态依次演进理论中所蕴含的丰富的辩证思想。

从马克思社会形态理论的形成和成熟的过程来看，这个理论是马克思考察了整个世界历史，研究了大量历史资料，包括人类史前史的资料，经过多年科学研究后确立起来的。它不是马克思的主观臆断，而是经过长期刻苦研究得出的科学结论；它不是人的思维规律，而是对社会历史发展客观规律的科学揭示；它不是仅仅适用于欧洲的，而是普遍适用于世界历史的发展进程。所谓社会形态，通常理解为经济基础与上层建筑的统一，是一个社会的经济基础、政治机构和观念上层建筑的有机统一而构成的社会机体。社会形态是一个整体概念，它既有稳定的质的规定性，又是一个活的机体。生产力和生产关系的矛盾运动，推动着社会形态不断地从低级向高级发展变化。

马克思之所以能够创立社会形态理论，关键是他通过对人类社会的横向剖析，从一切社会关系中划分出生产关系这个决定其他一切关系的最基本和最原始的关系，并将社会生产关系归结于生产力发展的高度，从而揭示了社会形态的性质及其矛盾运动的规律，并将社会历史进程理解为生产力推动下生产关系不断生成与被取代的自然历史过程。如前所述，生产关系思想是马克思唯物史观和社会形态理论形成的关键所在，也是区分不同社会形态的重要依据。马克思在最早表述社会形态的思想时使用的是"所有制形式"，一直到后来也是通过研究"亚细亚的所有制"、"东方式的所有制"和"西方式的所有制"概念，最终确立起关于社会形态的理论。可见，在马克思思想中，生产关系和所有制观念居于至关重要的地位。从理论上看，生产关系和所有制关系是生产力发展的结果和测量器，是生产得以进行的物质载体，具有一种稳定性。它可以把不同性质的社会和社会形态区别开来，所以，不同的生产关系和所有制关系是区分不同社会和社会形态的质的规定性。

社会形态理论的价值在于，它基于经济的、客观的事实去分析研究人类历史，从客观事实的分析中，而不是从观念中得出结论，从而把人们对社会历史的认识真正建立在科学的基础之上。正如马克思所说的，这样就"可能用自然科学的精确性指明（社会历史——作者注）的变革"，也才可能基于生产力与生产关系的辩证关系，把人类社会发展"理解为一种自然史的过程"①。这是人类历史观的伟大变革。列宁将马克思的唯物史观和社会形态理论称之为"科学思想中的最大成果"②，是"唯一的科学的历史观"，是"社会科学的同义词"③，是对马克思思想的最中肯、最恰当的评价。

但我们必须指出，马克思批判资本主义，重建社会，实现人的自由全面发展的"共产主义社会制度"的终极关怀，还没有变成现实，"现代性"仍在"续写"，马克思的历史使命尚未完成，马克思（主义）的生命力还在积蓄能量，马克思（主义）还没有寿终正寝，还将以其各种形态蓬勃于现代社会。

---

① 《马克思恩格斯文集》第 5 卷，人民出版社，2009，第 10 页。
② 《列宁专题文集——论马克思主义》，人民出版社，2009，第 68 页。
③ 靳辉明：《马克思社会形态理论的科学性与客观性》，《中国社会科学报》2010 年 6 月，第 2 版。

第四章　马克思的立场与情怀

一　马克思的基本立场

马克思的立场观点方法，是马克思主义科学思想体系的精髓所在，掌握和坚持马克思主义，最根本的就是坚持和运用其立场观点方法研究解决实际问题。划清马克思主义同非马克思主义的界限，基本前提是澄清在马克思主义立场观点方法上的模糊认识。

马克思主义始终具有鲜明的政治立场，这就是始终站在人民大众立场上，诚心诚意为人民谋利益。为什么人的问题，是一个根本的问题、原则的问题。实际上，相信谁、为了谁、依靠谁，是否站在最广大人民的立场上，是区分唯物史观和唯心史观的分水岭，也是判断真伪马克思的试金石。《共产党宣言》庄严宣布："过去的一切运动都是少数人的或者为少数人谋利益的运动。无产阶级的运动是绝大多数人的、为绝大多数人谋利益的独立的运动。"① 马克思主义的全部理论都立足于实现和维护最广大人民的根本利益，把全人类解放和人的全面发展作为最高价值追求。正因为这样，马克思主义理论才成为对人民大众最有吸引力的强大思想武器。

马克思的《第六届莱茵省议会的辩论》（第三篇论文），评述了省议会关于林木盗窃法的辩论。这是一个"极其重要的真正的现实生活问题"②。在这篇文章和随后发表的《摩塞尔记者的辩护》等文章中，马克思公开捍卫政治上、社会上受压迫的贫苦群众的利益。

---

① 《马克思恩格斯选集》第 1 卷，人民出版社，1995，第 283 页。
② 《马克思恩格斯全集》第 1 卷，人民出版社，1956，第 135 页。

当时，德国正处在资本原始积累阶段。德国资本原始积累的主要形式之一，就是地主阶级对森林、草地和从前由农民公共使用的土地进行大规模掠夺。农民为了反对掠夺，便到处砍伐树木。1836 年，在普鲁士邦所有 20 万件刑事案件中，与私伐林木、盗捕鱼鸟有关的就有 15 万件。

在第六届莱茵省议会中，对所谓"林木盗窃"问题进行了激烈的辩论。地主阶级和新兴资产阶级的代表，在省议会中坚决维护林木占有者的利益，要求对一切私伐林木的行为处以重刑，甚至要求把捡拾枯枝的行为也当作"盗窃"来惩治。

马克思利用省议会的辩论记录，揭露了林木占有者的贪图私利和省议会维护剥削者利益的阶级实质。指出，林木占有者的本性是"愚蠢庸俗、斤斤计较、贪图私利"。他们为了自己的利益，一方面，把斧头和锯子区分开来，要求对用锯子代替斧头砍伐林木者加重治罪；另一方面，又把捡拾枯枝和盗窃林木这两个根本不同的行为混为一谈，要求对捡拾枯枝的人也按"盗窃"论罪。他们为了幼树的权利而牺牲人的权利，为了枯死的树枝，不惜把许多无辜的贫苦群众"从活生生的道德之树上砍下来，把他们当作枯树抛入犯罪、耻辱和贫困的地狱"①。

马克思坚决捍卫"政治上和社会上备受压迫的贫苦群众的利益"②，反对剥夺群众使用公共树木的权利。他指出，许多世纪以来，贫苦群众都在利用自然界的产物，这是他们的习惯权利。这种习惯权利是完全合法的，它比法律更有力量。贫苦群众使用林木，就是这种习惯权利之一。因此，禁止贫苦群众使用林木，就是损害他们的习惯权利，也就是对他们赤裸裸的剥夺。他坚决要求保留贫苦群众的习惯权利，"但并不是限于某个地方的习惯权利，而是一切国家的穷人所固有的习惯权利"③。

通过分析"林木盗窃法的辩论"，马克思指出，等级国家的法律，是为了剥削阶级的利益服务。在等级国家里，"法律不但承认他们的合理权利，甚至经常承认他们的不合理的非分要求"④。等级国家不过是大私有者统治

---

① 《马克思恩格斯全集》第 1 卷，人民出版社，1995，第 243 页。
② 《马克思恩格斯全集》第 1 卷，人民出版社，1956，第 141 页。
③ 《马克思恩格斯全集》第 1 卷，人民出版社，1956，第 142 页。
④ 《马克思恩格斯全集》第 1 卷，人民出版社，1995，第 250 页。

和掠夺人民的工具，私人利益就是国家机关的灵魂，一切国家机关都不过是大私有者的耳、目、手、足，为大私有者的利益探听、窥视、估价、守护、逮捕和奔波。

等级议会也是保护私人利益的工具。马克思写道："我们的全部叙述指出，省议会是怎样把行政当局、行政机构、被告的生命、国家的思想、罪行和惩罚降低到私人利益的物质手段的水平。"[①] 省议会对待每个问题的态度，都是以剥削阶级的利益为转移的，它践踏了法律，袒护了特定的私人利益，并把私人利益作为最终目的。

一切剥削阶级都是自私的、虚伪的两面派。马克思通过分析地主、资产阶级的代表在省议会的发言，深刻揭露了他们两面派的嘴脸。马克思写道："（从省议会的辩论中），我们看到，自私自利用两种尺度和两种天平来评价人，它具有两种世界观和两副眼镜，一副把一切都染成黑色，另一副把一切都染成粉红色。当需要别人充当自己工具的牺牲品时，当问题是要粉饰自己的两面手法时，自私自利就带上粉红色的眼镜，这样一来，它的工具和手段就呈现出一种非凡的色彩；它就用轻信而温柔的人所具有的那种渺茫、甜蜜的幻想来给自己和别人催眠。它脸上的每一条皱纹都闪耀着善良的微笑。它把自己敌人的手握得发痛，但这是出于信任。然而突然情况变了：现在已经是关于本身利益的问题……这时，精明而世故的自私自利便小心翼翼而疑虑重重地带上深谋远虑的黑色眼镜，实际的眼镜。自私自利像老练的马贩子一样，把人们细细地从上到下打量一遍，并且认为别人也像它一样渺小、卑鄙和肮脏。"[②]

评论莱茵省议会关于林木盗窃法辩论情况的论文，虽然主要的不是从经济方面，而是从政治和法律方面揭露剥削阶级的本性，但是，在这篇文章中，马克思已经初步按照人们的经济地位来研究他们之间的相互关系，并且看出国家和法不过是私有者的工具，公开表明自己站在备受压迫的贫苦人民一边。

像其他论文一样，马克思这篇文章也得到德国先进人士的热烈赞扬。

---

① 《马克思恩格斯全集》第 1 卷，人民出版社，1956，第 176 页。
② 《马克思恩格斯全集》第 1 卷，人民出版社，1956，第 176 页。

1843 年 2 月 28 日,《曼海姆晚报》对这篇文章作了如下评论:"这篇长文的读者还都很清楚地记得,作者在钻入代表们的空论以后从内部加以摧毁时所表现的那种机敏和果断的智慧,那种真正令人敬佩的辩证法;具有这样的势如破竹的摧毁力的批判的智慧是不常见的。"①

马克思担任《莱茵报》主编的第二天,就与一家反动报纸《奥格斯堡总汇报》在共产主义问题上展开论战。

在马克思担任主编前,《莱茵报》曾转载魏特林《年轻一代》的一篇关于柏林家庭私宅的短评,又曾在关于斯特拉斯堡社会学家会议的报道中加上如下一段按语:"现在,一无所有的等级要求占有目前掌握法国大权的中等等级的一部分财产。现代的中等等级在免遭突然袭击方面比 1789 年的贵族优越得多,它应该相信,问题会通过和平的方式求得解决。"②《奥格斯堡总汇报》在德国乃至整个欧洲都有一定影响,而它关于共产主义的攻击完全是无中生有,是对共产主义的歪曲,因此,马克思立即对它进行批驳。

马克思指出,共产主义是当前具有欧洲意义的重要问题。《奥格斯堡总汇报》鼓吹把共产主义放在君主政体的控制之下,这完全是异想天开。随着中等等级战胜封建贵族而成为社会的统治阶级,它也面临着享有特权的贵族在法国革命时的情况。那时中等等级要求享有贵族的特权,现在一无所有的等级要求占有中等等级的一部分财产,这是"曼彻斯特、巴黎和里昂大街上有目共睹的事实"③。英国的宪章运动,法国 1831 年和 1834 年的工人起义,就是这种要求的反映。《奥格斯堡总汇报》企图以愤恨和沉默来推翻和规避眼前的事实,是根本办不到的。

但是,当时流行的共产主义,无论是圣西门、傅立叶、欧文及其弟子的空想社会主义,还是魏特林的平均共产主义,或者是蒲鲁东的理论,都不是科学的社会主义,都存在许多空想的、不科学的内容。例如,傅立叶竟宣告私有财产是一种特权。这个结论当然不能同意。因此,马克思明确指出:"'莱茵报'甚至在理论上都不承认现有形式的共产主义思想的现实

---

① 《马克思恩格斯全集》第 1 卷,人民出版社,1960,第 156 页。
② 《马克思恩格斯全集》第 1 卷,人民出版社,1956,第 131 页。
③ 《马克思恩格斯全集》第 1 卷,人民出版社,1995,第 293 页。

性，因此，就更不会期望在实际上去实现它，甚至都不认为这种实现是可能的事情。'莱茵报'彻底批判了这种思想。"①

马克思说，我们没有本事用一句空话来解决那些正在由英法等民族解决的问题。要解决这些问题，必须进行深入的研究。像勒鲁、孔西得朗的著作，尤其是蒲鲁东的著作，不能仅凭一时的想象做出肤浅的批判；要对它进行批判，必须进行不断的、深入的研究。后来马克思回顾这段历史时写道："当时他对共产主义理论的实际知识远远不够，不容许他对这些理论加以评论。"②

于是，马克思开始认真研读各种社会主义、共产主义理论，参加关于社会主义问题的讨论会，不久就获得了这方面的丰富知识。1845年初，他计划与恩格斯共同编辑出版一套《外国杰出的社会主义者文丛》。从保存下来的关于出版文丛的计划中可以看出，马克思那时已经熟悉包括圣西门、傅立叶、欧文、摩莱里、马布利、巴贝夫、邦纳罗蒂等许多社会主义理论家的著作。

1843年初，马克思在《莱茵报》上发表了《摩塞尔记者的辩护》，对封建社会制度和普鲁士官僚国家进行无情的批判，再一次捍卫了贫苦农民的利益。

在此之前，《莱茵报》未加署名发表该报记者科布伦茨的通讯，叙述摩塞尔河沿岸葡萄种植者的贫困处境，批评政府对他们不加任何帮助。莱茵省总督冯·莎培尔对这篇通讯十分不满，指责记者造谣中伤、诽谤政府和引起敌意。官方对《莱茵报》提出直接的挑战。作为《莱茵报》主编，马克思立即起而应战。1843年1月15～20日，《莱茵报》发表了他的重要论文：《摩塞尔记者的辩护》。

马克思指出："在研究国家生活现象时，很容易走入歧途，即忽视各种关系的客观本性，而用当事人的意志来解释一切。但是存在着这样一些关系，这些关系决定私人和个别政权代表者的行动，而且就像呼吸一样地不以他们为转移。只要我们一开始就站在这种客观立场上，我们就不会忽此

---

① 《马克思恩格斯全集》第1卷，人民出版社，1956，第133页。
② 《马克思恩格斯全集》第13卷，人民出版社，1962，第8页。

忽彼地去寻找善意或恶意，而会在初看起来似乎只有人在活动的地方看到客观关系的作用。"① 这就是说，摩塞尔河农民的贫困状况，既不是由自然原因造成，也不应该从个别官员的过失中找到解释；国家对摩塞尔河农民的贫困处境无动于衷，不加任何帮助，也不应该归罪于个别官员的恶意。这一切都是由"各种关系的客观本性"②，首先是由当时的封建生产关系和普鲁士专制制度决定的。这样，马克思就把批判的矛头直接指向普鲁士的社会政治制度。

针对莱茵省总督莎培尔关于"歪曲事实、诽谤政府"的指责，马克思列举大量材料，说明摩塞尔河农民的贫困状况是无法否认的："谁要是明白葡萄酒酿造者目前的悲惨境况已经在他们的家庭生活中、在他们的业务活动方面、甚至在他们的精神状态上引起了怎样的（愈来愈厉害的）变化，那么，当他想到这种贫困状况将继续保持下去，甚至还会变本加厉时，他一定会大吃一惊。"③ 但官员们不愿承认农民的贫困，认为这是夸大其词。当这种贫困状况已尽人皆知的时候，则把过错推给农民，好像贫困和灾难是由他们自己造成的；在官僚们看来，农民的贫困与政府无关，不必进行帮助。这样，他们就充分暴露了自己的利益与农民的利益相对立的真面目。

这篇文章是尖锐的。马克思对遭受压迫的贫苦农民十分同情，对傲慢的官僚进行严厉的鞭挞。当他亲自接触农民，深入了解了他们的贫困状况的时候，更坚决地摒弃了德国哲学那种喜欢幽静孤寂、闭关自守并醉心于淡漠的自我直观和玄妙的自我深化的风格。他说："谁要是经常亲自听到周围居民因贫困压在头上而发出的粗鲁的呼声，他就容易失去美学家那种善于用最优美最谦恭的方式来表述思想的技巧。他也许还会认为自己在政治上有义务暂时用迫于贫困的人民的语言来公开地说几句话，因为故乡的生活条件是不允许他忘记这种语言的。"④ 作为人民的代言人，他的文章从内容到形式，都反映了人民的呼声。他的文章受到人民的欢迎，却吓坏了反动派。关于《摩塞尔记者的辩护》，马克思原计划写五篇长文。但只发表了

---

① 《马克思恩格斯全集》第1卷，人民出版社，1956，第216页。
② 《马克思恩格斯全集》第1卷，人民出版社，1995，第363页。
③ 《马克思恩格斯全集》第1卷，人民出版社，1956，第221页。
④ 《马克思恩格斯全集》第1卷，人民出版社，1956，第210页。

两篇，其余各篇被书报检察官禁止发表，手稿也没有保存下来。

为了写作这篇文章，马克思收集和查阅了大量文献资料，到摩塞尔河沿岸农村进行实地调查。同以往其他文章比较起来，这篇文章更多地接触了经济问题。后来他一再说过，关于摩塞尔河农民状况的论战，是促使他从纯粹研究政治转而研究经济问题的重要原因。

坚持马克思主义立场，就是要坚持一切为了人民、一切相信人民、一切依靠人民。站在人民大众立场上，首先是对人民群众有真挚的感情，关键是诚心诚意为人民谋利益，根本是为人民掌好权用好权。毛泽东同志曾深刻指出，要"站在最大多数劳动人民的一边"，"如果不帮助人民，就是背叛马克思主义"。人们常说，延安革命根据地政权"是陕北人民用小米哺育出来的"，淮海战役"是人民用独轮小车推出来的"，改革开放"是适应人民愿望、根据群众创造搞起来的"①。历史一再启示我们，人民是历史的创造者，只有始终坚持人民利益高于一切，切实做到权为民所用、情为民所系、利为民所谋，才能获得人民群众的衷心拥护，才能拥有取之不尽、用之不竭的力量源泉。

而所有这些基本观点都定点在普通劳动者和最广大人民的根本立场之上，他在选择二者关系时，主张为人民利益而奋斗，他在发现唯物史观时主张人民是历史的创造者，他在阐释社会发展运动的基本规律时，主张人民革命，失去颈上铁链，得到的是整个世界。他在论证自己哲学价值时，主张哲学是劳动者的思想武器。他在发现剩余价值学说时，主张工人、劳动者剥夺剥夺者是"物归原主"。

马克思主义的立场、观点、方法是相互联系、不可分割的，统一和贯穿于马克思主义的科学理论体系中。只有从立场观点方法的统一中把握马克思主义的精髓和实质，才能完整准确地掌握和运用马克思主义。

二 马克思的理想追求

人类追求理想生活的可能性源于人类的意识具有一种构建指向未来的

---

① 《划清马克思主义同反马克思主义之间的界限》，《人民日报》2010年8月23日。

观念的能力，这也是人的自觉生活区别于动物本能活动的一个内在标志。正如恩格斯曾说的："人离开狭义的动物越远，就越是有意识地自己创造自己的历史，未能预见的作用、未能控制的力量对这一历史的影响就越小，历史的结果和预定的目的就越加符合。"① 这"预定的目的"也就是理想，它能被主体构建并以观念的形式存在于人的头脑。当然，主体所构建的理想要以一定的客观现实为前提，因而绝不能把理想与现实割裂开来。然而，由于理想总是以主观的愿望、希冀和向往作为自己的表现形式，因此人们又往往很难直接看出理想与现实的内在联系，从而常常把理想和现实对立起来。

西方哲学史上，康德曾典型地表现了这一倾向。康德的哲学是以"现象世界"和"彼岸世界"的割裂为特征的，这样一个特征也影响和规定了他对理想和现实这一矛盾关系的解决只能是彼此之间的割裂。因此，马克思在谈到康德的社会理想时曾这样批判过："康德认为，共和国作为唯一合理的国家形式，是实践理性的要求，是一种永远不能实现但又是我们应该永远力求实现和牢记在心的目标。"② 在中国古代，陶渊明的《桃花源记》也表露了这种把理想与现实对立起来的思想：理想的桃花源只存在于"迷离恍惚"之处，在现实生活中"不复得路"。

于是，我们要讨论的问题便是，在对理想生活的追求中，理想与现实的关系注定只能是非此即彼地对立的吗？对这个问题的合理解决必须考察理想的科学性问题。事实上，真正科学的理想必须植根于现实之中，必须把握现实发展的未来趋势。因而在科学性的构建中，理想与现实的关系是内在统一的。

正是从这样的理解出发，我们可以把理想大致定义为：人对客观现实可能性的一种超前反映。理想之所以是理想，理想生活之所以可能，就是因为理想包含现实发展规律提供的可能性。这种可能性因为是现实发展的客观规律所提供的，因而又是一种必然性的东西：它以潜在的尚未实现的形式存在于现实之中，却又预示着现实发展前途的客观必然趋势。理想生

---

① 《马克思恩格斯文集》第 9 卷，人民出版社，2009，第 421 页。
② 《马克思恩格斯文集》第 2 卷，人民出版社，2009，第 152 页。

活的可能性源于人的类本性，这种本性使人类必然要构建指向未来的理想以实现自己的类价值。而在这个过程中，对理想的科学性的确信不疑形成了科学信仰。这种科学的信仰又必定形成人的意志、决心等坚定性的情感品质，从而在主体那里生成一种强大的精神力量。正是这种精神力量和物质手段的结合，才使理想向现实的转化得以顺利地进行。而人类追求理想生活的可能性也由此变成了一种现实性。

作为类的一种本质规定，人的理想生活不仅是可能的，而且是必要的。事实上，理想生活的必要性源于人类对幸福生活的追求。追求幸福是人类每一个个体生活的原动力。显然，人生如果不追求幸福，生活就毫无意义而且不可想象。但究竟什么是幸福却是一个歧义纷生的问题。关于幸福对人生的意义，费尔巴哈曾这样说过："人的任何一种追求也都是对于幸福的追求。"①但是对于"何为幸福"的问题，他却没有给予明确的解说。其实，古往今来每个人都按照各自的方式在追求幸福，而且人们对幸福的理解和感受始终同特定条件中的特定个体生活相联系。幸福究竟是主观的还是客观的、是感性的还是理性的、是动态的还是静态的，这些问题历来使诸多研究者产生意见分歧。在我们看来，幸福可以被定义为人在追求及实现理想的过程中体验到的自我愉悦和欣慰的感受，而不幸则是这种追求遭到否定或阻碍时所产生的痛苦体验。从这一理解出发，我们甚至可以说，如果在现实生活实践中，一个人根本没能有效地确立一种生活理想，那无疑是人生最大的不幸。有意义的还在于，如果把幸福视为在对人生理想的追求与实现过程中获得的一种愉悦感受，那就可以理解为什么马克思在回答女儿的提问时认为"斗争就是幸福"：因为理想的实现从来都需要以对现实的抗争和奋斗作为手段。理想之所以为理想本身就表明它与现实是不等同的，现实存在着的诸种"惰性"力量必然要阻挠理想的实现。这样，当一个人意识到这一斗争有着崇高的目的和价值时，他甚至可以在牺牲自己生命的同时，也依然体验到人生真正的幸福。

一旦我们把幸福理解为在对理想的执着追求过程中体验到的自我愉悦和欣慰的感受，我们也就可以廓清在幸福问题上的一些认知迷障：一些人

---

① 《费尔巴哈哲学著作选集》上卷，商务印书馆，1984，第536页。

把幸福理解成物质生活的充分享受。其实，由于幸福是对理想追求过程中的一种价值体验，所以绝不能把幸福和充分的物质生活享受等同起来。对人生理想的追求并不总是带给我们物质享受，在更多的情形下这是人生旅途中一场艰苦而曲折的、需要极大意志力和忍耐力作为保障的长途跋涉。但只要我们心中拥有一个确定的理想，并因此有着一个坚定的信仰，那么再艰难困苦的跋涉也会是一种幸福。所以，当人生理想实现时我们固然可以体验到幸福，但在更多的时候对人生理想的执着追求本身就是一种幸福。幸福如果只被理解成肉体感官上的享受与快乐，那就正如古希腊哲人赫拉克利特所讽刺的那样："如果幸福在于肉体的快感，那么就应当说，牛找到草料吃的时候是幸福的。"[①]

我们当然必须承认，在生活中每个人都需要获得一定的物质利益，否则难以生存。但生活并不是为了占有利益。与此相反，占有利益是为了生活，否则利益的意义无法理解。利益的典型表现形式是金钱和权力，这些东西只有在生活中被用来追求某种理想时才发生效用。这意味着利益永远是手段，永远是一种中转方式。而幸福却是生活的目的，一切都是为了幸福，我们不能想象幸福还为了什么。因此，利益只是实现理想追求目的的一个条件，而幸福则是理想追求的目的得到实现的结果。正因为存在着这一区别，所以充足的利益也不能必然地保证幸福，或者说，并不蕴涵幸福的必然根据。也因此，我们认为时下经济学家热衷讨论的所谓幸福指数其实并不存在。

理想的追求往往使人产生幸福感，从而使人生拥有真正的幸福。从马克思关于人的类本质理论来看，这一点其实是不证自明的。因为这是人在实现自己类本质或印证自己类价值的过程中必然会体验到的。既然拥有真、善、美的理想追求是人的类本质与特性，是人区别于动物的又一个本质规定。那么，以人的方式实现和印证自己，自然会产生一种成为真正的人的幸福感。这种幸福感绝不是肉体感官上的快感，因为肉体快感其他动物也有。这种感觉也不是虚无缥缈的天国世界里属于神的东西，因为它是切实存在于现实人生中的。在我们拥有理想追求的目标并为这种目标而奋斗的

---

① 《古希腊罗马哲学》，商务印书馆，1961，第18页。

过程中，我们所希望并追求的生活是超越现实的，因此它必然是崭新的、有活力的、激动人心的。而这就是人生幸福的所有奥妙。只要我们拥有理想并为这个理想不懈地努力，我们就会拥有幸福的真实体验。没有理想的生活是没有意义的生活。也因此，我们可以说追求理想的人们首先需要一个能够激励理想追求的社会。

既然理想生活的追求是人的类本质的规定，那么，作为对人类生存境遇进行理性思考的哲学对理想问题的关注就是必然的。哲学作为世界观的学说，固然要提供关于客观世界的最一般的知识，但世界观绝不应该是单纯知识的逻辑体系，它同时也应该是对客观世界的信念、价值和愿望的理想体系。只有这样的哲学才既是人类认识世界和改造世界的科学理论和方法，又是人类生活实践的安身立命之本，从而真正体现"天道"和"人道"的统一。正是在这样的意义上，我们才说哲学是"人学"。以这样的方式来理解马克思主义哲学，我们就不能仅仅把马克思主义哲学视为关于世界最一般规律的知识体系，而应将其视为人类走向未来的理想指南。马克思主义哲学若是能在指引人类不断克服现实与理想的对立中高扬理想主义的旗帜，它就必然会使自己获得蓬勃发展之生机。

同样重要的还在于，我们的哲学在高扬理想主义旗帜、把理想主义教育视为自己的重要使命时，还必须为当代中国人在现时代克服物欲的逼迫、实现自我解放提供重要的理论启迪。马克思把个人理想追求与对社会理想追求统一起来，把人的全面可持续发展与"中国社会"统一起来。当年马克思在论及人的解放问题时，曾经提出过"这个解放的头脑是哲学"①的著名命题。

三 马克思的劳动情怀

在中国理论（学术）界，有人将马克思全部理论归结为劳动论。这在一定意义上是合理的。

马克思曾指出："只要社会还没有围绕着劳动这个太阳旋转，它就绝不

---

① 《马克思恩格斯文集》第 1 卷，人民出版社，2009，第 18 页。

可能达到均衡。"① 劳动是人类创造物质和精神财富的活动。没有劳动者的劳动，人类就不能生存和发展。早在 1868 年，马克思就说过："任何一个民族，如果停止劳动，不用说一年，就是几个星期，也要灭亡，这是每一个小孩都知道的。"② 劳动观是马克思一生中"两个伟大发现"的基石。

马克思把劳动上升到哲学高度，把劳动升华为"实践"，并通过把认识论、实践论与辩证法相结合，实现了人类思想史上的伟大变革。

马克思主义实践观最鲜明地体现在马克思的《关于费尔巴哈的提纲》之中，其实质是强调社会实践的重要作用。马克思认为，凡把理论神秘化的东西，都可以在实践中和对这个实践的理解中得到合理解决。理论认识很重要，但不能仅仅局限于理论认识，不能在理论自身中判断理论认识的正误，离开实践谈认识是一个"纯粹经院哲学"的问题。因此，认识的源头是实践，最终仍要回到实践中接受检验，并在实践中发挥变革世界的作用。

社会历史就其整体而言，是一定的群体（集体、阶级、民族乃至全人类）的认识活动和实践活动及其产物的演进过程，是以一定的物质生产方式为基础的社会形成和演进过程。

早在 19 世纪 40 年代中期，马克思、恩格斯同当时的德国青年黑格尔派代表人物鲍威尔兄弟进行论战时就曾批评指出，历史中起决定作用的不是鲍威尔兄弟所认为的"英雄"的精神，人民群众不是历史中的惰性因素；相反，"历史活动是群众的事业"③，决定历史发展的是"行动着的群众"。换言之，社会历史发展过程虽然无法与包括英雄在内的个体的活动相割裂，但整体的社会历史并非个体历史的简单堆砌。"无论历史的结局如何，人们总是通过每一个人追求他自己的、自觉预期的目的来创造他们的历史，而这许多按不同方向活动的愿望及其对外部世界的各种各样作用的合力，就是历史。"④ 社会历史就其整体而言，是一定的群体（集体、阶级、民族乃至全人类）的认识活动和实践活动及其产物的演进过程，是以一定的物质

---

① 《马克思恩格斯全集》第 3 卷，人民出版社，1964，第 627 页。
② 《马克思恩格斯文集》第 10 卷，人民出版社，2009，第 289 页。
③ 《列宁全集》第 10 卷，人民出版社，1987，第 338 页。
④ 《马克思恩格斯文集》第 4 卷，人民出版社，2009，第 302 页。

生产方式为基础的社会形成和演进过程。这表明了马克思首创的历史唯物主义的基本立场。

在各种社会发展动力中，人民群众是核心。之所以如此说，是因为，第一，人民群众作为一个历史范畴，从实质上说是指一切对社会历史发展起推动作用的人们，从数量上说是指社会人口中的绝大多数。在不同的历史时期，人民群众有着不同的内容，包含不同的阶级、阶层和集团，其最稳定的主体部分始终是从事物质资料生产的劳动群众及其知识分子。第二，从生产力的构成要素上看，生产力包括劳动者、劳动资料和劳动对象。其中，劳动资料和劳动对象结合起来就构成生产资料，这是生产力中的客体性要素，而劳动者是生产力中的主体性要素，即生产力中最积极、最活跃的要素。劳动者是象征劳动力发展水平的劳动工具，包括科学技术的研发者和操控者，劳动者的智慧和能力的发展决定着对物质资源开发和利用的深度和广度。从这个意义上讲，劳动者是生产力的第一推动力，而人民群众是劳动者的母体，可谓生产力的原动力。第三，马克思认为社会基本矛盾是社会发展的根本动力，生产力是社会基本矛盾中最基本的动力因素，是人类社会发展和进步的最终决定力量，这就相当于说，人民群众是社会基本矛盾中最基本的动力因素，是人类社会发展和进步的最终决定力量。第四，因为整个人类历史上的物质财富和精神财富都是由人民群众及其知识分子创造的，一切社会变革的生力军和决定力量也是劳动群众及其知识分子。凡此种种皆表明，劳动群众是社会发展的核心动力。

从本体论的角度来讲，作为社会发展核心动力的劳动群众在社会历史领域是当仁不让的最高存在。所以，在遵循生态可持续发展原则的前提下，在社会生活中，劳动群众的利益与需求是第一位的。无论在哪个历史时期，这都是社会经济生产、政治管理、文化建设等一切社会活动应当遵循的指导原理，也应是一切社会活动的终极目标。劳动群众是否满意，是评价政府施政纲领和行为成败的最高标准。一个国家的大政方针、法律制度、路线措施在实践中的施行效果如何，其最终的判断权属于劳动群众。进一步来讲，国家和政府理当为劳动群众谋福祉，这是其本体归属和真正价值所在。这样的本体论认知兼具重大的理论意义和现实意义：其理论意义在于有助于丰富或强化马克思的历史唯物主义观点；其现实意义则在于有助于指导和谐、公平、正义、有序、稳定的社会的建立与发展，有助于推进社会变革目标的实现，有助于达到真正意义上的社会进步。

劳动群众对社会发展的核心推动作用已在人类悠久的历史上无数次为胜于雄辩的史实所证明，其中包括民心向背对一个王朝、政党、国家、重大历史变革的命运与前途的决定性作用。所谓"得道者多助，失道者寡助。寡助之至，亲戚畔之；多助之至，天下顺之"。当年在物资、装备、设施、军力极其匮乏的条件下，中国共产党能够带领全国人民彻底击溃比自己强大得多的敌人，拯救中华民族于水火之中，使中国人民重新站立起来，使中华民族伟大复兴迎来曙光，制胜的法宝就是党在新民主主义革命时期制定的群众路线：一切为了群众，一切依靠群众，从群众中来，到群众中去。

相反，历史上鱼肉人民、自断其命脉的愚者也大有其人，放言"在我死后哪怕洪水滔天"的法国国王路易十五正是此类典型。劳动群众是社会发展的核心动力，是历史的真正创造者，这个定律的绝对正确性不容置疑，违背浩荡的历史洪流，波旁王朝必然会在一定程度上被反映人民意志的法国资产阶级革命浪潮所淹没。俱往矣，前车之鉴，后事之师。历史的天空留有无尽可供借鉴的宝藏与启示，劳动群众是历史的剧中人，更是剧作者。马克思对劳动群众历史主体地位的经典描述，切中了历史发展的脉搏，呈现了历史唯物主义基本立场的本真风貌。

第五章 马克思的境界与方法

一 马克思的唯物史观

从人类认识的长河来看，历史唯物主义作为关于社会历史本质和发展规律的哲学理论，对旧的社会历史观实现了超越，达到历史认识的新高度。在马克思的视野中，社会关系生产和再生产是人类生存和发展的基本前提和保障，建立和谐有序并为物质生产和精神生产等提供协调发展动力的现代社会关系，是人类适应、依赖和改变社会的自觉能力的重要标志。社会关系发展、变革和演进既是一种自然的历史过程，又是社会主体参与、设计、建构的创造过程。在社会工程视域下，现代"社会关系生产"的社会工程形态，合乎马克思"社会关系生产"形态的演进逻辑。现代"社会关系生产"的社会工程形态具有整体性、人本性、开放性和历史性等时代特征。科学精神与人文精神的统一、合规律性与合目的性的统一、全球化与地域化的统一，构成现代"社会关系生产"的基本向度，以尊重社会规律为前提、以追求公平正义为旨归、以构建民主和谐社会制度为目标是现代"社会关系生产"的三个价值取向。

当代哲学领域一直存在"实践唯物主义"与辩证唯物主义之争。这种争论由来已久，从西方到东方，从南斯拉夫到东欧和苏联，然后进入中国。我们重视实践在马克思主义哲学变革中的地位，也重视多年来学者们在讨论实践唯物主义与辩证唯物主义关系中的积极成果，但坚决反对少数学者以所谓"实践唯物主义"来取代和反对辩证唯物主义。

有些人不理解在"实践唯物主义"同一名称中可以隐藏着截然不同的

观点。他们望文生义，以为"实践唯物主义"就是重视实践的唯物主义。既重视实践又坚持唯物主义，这有什么不对？其实，实践唯物主义主张者的观点各异。我所尊敬的一位著名学者虽然倡导实践唯物主义，但并不否定辩证唯物主义。他主编的《实践唯物主义研究》，明确反对"唯实践主义"的观点，强调马克思主义的辩证唯物主义和历史唯物主义，是唯物主义哲学发展最彻底、最科学的形态。

然而，西方"实践唯物主义"的倡导者另有其说。中国极少数追随者也另有其说。他们所要坚持的是否定辩证唯物主义的"实践唯物主义"。这是一种有唯物主义之名无唯物主义之实的"唯实践主义"，笔者称之为"实践唯心主义"。这些学者把"实践唯物主义"与辩证唯物主义对立起来，认为只有他们主张的"实践唯物主义"才是正确的，而辩证唯物主义是恩格斯主义、斯大林主义，是旧唯物主义哲学的复活。这实际上是在"实践唯物主义"的旗号下，咀嚼西方重复过无数次的马克思和恩格斯的对立、马克思主义哲学与马克思本人哲学思想的对立的残渣剩饭。别的不说，以西方马克思学者中鼓吹马恩对立的最起劲者——诺曼·莱文为例，他把恩格斯说成是马克思思想的伪造者；还说马克思主义不同于马克思本人的思想，本质上是苏联同义语，斯大林的辩证唯物主义是对马克思本人的历史阐述方法的侵蚀，而毛泽东延续了斯大林主义的马克思主义，沿袭了斯大林的辩证唯物主义。很明显，马克思是他们心目中那种"实践唯物主义"哲学路线的首创者，而恩格斯、列宁、斯大林、毛泽东则是辩证唯物主义。他们制造马克思主义理论分裂的图谋，显而易见。

以马克思没有使用过"辩证唯物主义"为据来否定辩证唯物主义，是没有道理的。从哲学史来看，一种哲学的名称往往不是由创立者本人确定的。康德批判哲学、费希特哲学、黑格尔的绝对观念的哲学等，都是同时代或后人对他们思想的本质和主要观点的概括。其他如唯理论、经验论、实用主义、逻辑实证主义、后现代主义、后马克思主义之类的名称也并非都是理论首创者的自我定名。任何一个思想家的哲学体系都是先有思想，随后才逐渐出现名称的。辩证唯物主义是否是马克思和恩格斯的世界观，取决于马克思和恩格斯本人的文本中是否包含关于世界的唯物主义和辩证法的观点，而不是以"辩证唯物主义"这个名称是否由他们首先定名为据。

　　任何一个稍微读过马克思和恩格斯著作的人，都可以从他们的著作中列举出许多有关世界的唯物主义和辩证法的论述。马克思在致恩格斯的信中明确说过："当我们真正观察和思考的时候，我们永远也不能脱离唯物主义。"① 只有把根本没有的东西如实践本体论、实践一元论、人本主义的自然观和历史观之类的观点强加于马克思和恩格斯，才是伪造。

　　辩证唯物主义是马克思主义哲学世界观。如果马克思主义的世界观不是辩证唯物主义，那是什么？难道是非辩证非唯物主义的世界观？是唯心主义？是形而上学？肯定不是。世界观具有时代性，是处于一定时代条件下对人与世界关系的时代把握。不同时代的世界图景可能不同，但有一点是相同的，即世界观不能离开自己面对的客观物质世界。当然，马克思主义的辩证唯物主义世界观是立足于实践的新世界观。

　　说辩证唯物主义是世界观，不等于它只是自然观，是一种把人排除在外的关于世界本质的自然观。人不仅生活在自然环境中，同样生活在社会中。自然观和社会历史观都是世界观，而且在理论上是相互渗透、相互支撑的。马克思主义哲学中不能没有自然观，更不能没有社会历史观。辩证唯物主义世界观在研究自然的客观本性时，并不排除人和人类社会，而是在人与自然关系中，在自然与社会关系中研究自然的客观本性。这种研究并不是对无人世界的研究，因为人只能面对人类的世界。但它并不停留于此，它必须进一步追问：现实的自然界即人化自然界何以可能？人化自然与自在自然如何在实践基础上转化和统一？辩证唯物主义世界观是最无片面性的世界观，它既不是对无人的自在自然界的研究，又不同于把现实自然界局限于人化范围而排除"外部自然界的优先地位"② 的自然观。

　　人不可能从虚无中创造人化自然，否则只能走向神创论。因此承认自然界的优先地位，承认自在自然与人化自然是统一的物质世界的相互区别但又相互联系的两个部分，这对坚持辩证唯物主义是非常重要的。人化自然以自在自然为前提，这是辩证唯物主义关于物质世界的基本观点。尽管辩证唯物主义的实践观点高于和不同于旧唯物主义，但它之所以仍然被称

---

① 《列宁全集》第 58 卷，人民出版社，1990，第 466 页。
② 《马克思恩格斯文集》第 1 卷，人民出版社，2009，第 529 页。

为唯物主义，属于唯物主义派别的原因就在于此。它并没有因为有人化的现实自然而否定非人化自然的存在；也没有因为应该从主体角度观察客体，而否定从客体自身观察客体的合理性和必要性。观察的客观性永远是辩证唯物主义一条重要的方法论原则。这条原则在中国化的马克思主义中，就是中国共产党倡导的"从实际出发"和"实事求是"原则。因此，把马克思主义自然观仅仅归结为人化的现实自然观，就是在为客体依存于主体的唯心主义自然观帮忙。

无论当代哲学中存在多少种转向，在任何一种转向中都会有一个无法回避的基础性问题，这就是人类面对的世界究竟是不是客观物质世界。这个问题如影随形，永远在哲学研究的问题中以不同的方式存在。世界的客观性问题，从根本上决定了哲学家对自己所转向的问题的研究方向。

"实践唯物主义"的主张者，似乎反对的只是辩证唯物主义而不反对历史唯物主义，相反特别重视历史唯物主义。实际上在马克思主义哲学中，辩证唯物主义与历史唯物主义是相互渗透、相互支撑的。哲学史证明，历史观上的唯心主义者可以是自然观上的唯物主义者；而自然观上的唯心主义者，其历史观必然是唯心主义的。如果一个哲学家否定世界的物质性，否定唯物主义的自然观，怎么可能期待他在历史观上产生唯物主义观点呢？"从历史运动中排除掉人对自然的理论关系和实践关系，排除掉自然科学和工业"①，就不可能达到"对历史现实的认识"②。如果没有一个客观自然作为前进的基础，作为人与自然现实关系的前提，历史观永远无法跨越唯心主义的栏栅。

如果否定辩证唯物主义，在历史观上只能重新回到所谓人本主义的历史观。人、人的本质、人性等问题，在文学、美学、艺术、伦理、政治等几乎各种人文社会科学中都有影响，但它从根本上说是哲学问题，是历史观问题。但不同的历史观对人、人的本性、人的本质、人道主义可以有截然不同的观点，可以表现为两种不同的历史观。历史唯物主义并不否认西

---

① 《马克思恩格斯全集》第 2 卷，人民出版社，1957，第 191 页。
② 赵民：《从异化劳动理论到"实践的唯物主义"——科学的世界观和社会革命理论的产生》，《兰州学刊》2004 年第 6 期，第 59～61 页。

方启蒙学者人本主义思想的进步性，也不否认人道主义的价值。马克思主义需要人道主义，但它是以马克思主义基本理论为依据的人道主义，可称之为马克思主义的人道主义或社会主义人道主义。因为它是从历史唯物主义的高度来考察人、人的本质和人性等问题，并为人类真正实现人道主义创造条件和开辟道路的。社会主义和共产主义并不是人道主义的最高体现，而只有社会主义和共产主义才能真正实现人道主义。

历史唯物主义之所以被称为唯物主义历史观，不能被称为人本主义历史观，是因为在马克思主义科学体系中，它不是用人性的异化和复归、用人的本质解释历史，也不是用我们都是"人"之类的抽象说法来掩盖社会的阶级对立和利益对立，用人道主义来否定阶级斗争和革命的必要性。即使是马克思主义人道主义，也是人道主义从属于马克思主义，而不是马克思主义从属于人道主义。马克思主义是科学整体，而人道主义是其中的重要原理和价值取向。历史唯物主义之所以被称为唯物主义，是由于它把物质资料生产方式作为全部社会结构和社会发展的基础。只有在这个基础上才能科学地理解人、人的主体地位、人的本质和人们相互关系等问题。

如果脱离历史唯物主义关于人民群众的基本观点，脱离中国共产党人一贯主张的群众观点和群众路线，就容易把"以人为本"混同于西方的人本主义，把一个不同历史观有截然不同看法的人道主义、人本主义等哲学问题，变为对马克思主义历史观本质的定性用语，把历史唯物主义变为人本主义历史观或人道主义历史观。这个事实说明，只要否定辩证唯物主义，历史唯物主义就难以立足。列宁说它们是"一块整钢"，并不是因为后者是前者的推广和应用，而是因为在马克思主义哲学中自然观与历史观是不可分割的，贯穿其中的是同一个原则——以实践为基础的辩证法与唯物主义相统一的原则。

"意识在任何时候都只能是被意识到了的存在，而人们的存在就是他们的现实生活过程。"① 这个论断意味着存在论上的一个革命性变革。只有把这一变革的全部结果牢牢地植入当代哲学的意识中，我们才有可能真正理解马克思对整个现代形而上学（黑格尔哲学是其完成）的决定性超越，并

---

① 《马克思恩格斯全集》第 3 卷，人民出版社，1960，第 29 页。

且才有可能真正领会经过马克思的批判性变革之后才开始同我们照面的社会现实本身。对于从属于外部反思的主观思想来说，社会现实还根本未曾在其视野中呈现；对于思辨唯心主义来说，社会现实只是在理念自身的运动中获得其颠倒的反映，并最终被溶解在抽象的思想中——现有经验在哲学上的分解和恢复。而对于历史唯物主义来说，社会现实乃是在人们的生活——实践过程中形成和实现的全部社会关系。马克思说："人的本质不是单个人所固有的抽象物，在其现实性上，它是一切社会关系的总和。"① 这就意味着：人的本质，进而人类历史的本质，是建立在这样一种社会现实的基础之上的，并且是从这种社会现实获得基本规定的。因此，历史唯物主义的真实核心、从而历史唯物主义作为历史科学方法论的根本要义就在于：充分而彻底地把握住客观的社会现实，并在此基础上来描述人类的历史运动，来理解各种各样的历史事变和历史现象。"在思辨终止的地方，在现实生活面前，正是描述人们实践活动和实际发展过程的真正的实证科学开始的地方。"② 事实上，历史学的理论与实践已在一些基本观点上（或多或少，或者这样或者那样，或者自觉或者不自觉地）占有和吸收了这一方法论的若干要素：在它们反对思辨形而上学的斗争中是如此，在它们将诸历史事实联系到社会现实的某些方面时也是如此；在罗素治西方哲学史的过程中是如此，在雷蒙·阿隆概括社会学理论的要点时也是如此。

社会现实是一总体，是一个有机联系起来的总体。在这个意义上，社会现实的观点不能不要求一种总体性的观点。由前面的讨论不难得出，黑格尔的总体性观点最终是依循精神的自我运动，以及在此基础上的思辨的辩证法来定向的；而马克思的总体性观点从根本上来说则是依循人们的实践活动，以及在此基础上的物质的社会关系来定向的。如果说，总体性的观点将立即引导出一个总体与个体的关系问题，那么，按照伽达默尔的概括，上述两种总体性的区别就在于：对于黑格尔来说，问题在于"个人如何同世界精神发生关系"；对于马克思来说，问题在于"个人在何处发现自

---

① 《马克思恩格斯文集》第 1 卷，人民出版社，2009，第 505 页。
② 《马克思恩格斯文集》第 1 卷，人民出版社，2009，第 526 页。

己处于作为人类社会基本结构的生产关系之中"①。

所谓总体，就其最古老也是最一般的含义而言，就是亚里士多德的说法：总体大于它的部分之和。即使是在这个最一般的含义中，也已经提示出在认识活动中，总体的理解对于部分的认识来说的本质重要性。诚然，总体性并不仅仅存在于社会现实的领域中。例如，我们会说某一历史时期是一总体，某一历史事变是一总体，某种思想观点是一总体。甚至一个文本、一个句子也不能不是一个总体，因为正像一个词的含义总是在一个句子中获得规定一样，对一个句子的意义领会也需经由文本的总体方始其成为可能。较为切近地来说，特别是就其对于历史科学方法论的重要性来说，黑格尔和马克思在总体性观点的发挥上可以说是居功至伟。所以当卢卡奇在《历史与阶级意识》中试图履行"恢复马克思主义的黑格尔传统"这项"迫切的义务"时，他便突出地强调了"总体"在方法论上的核心地位，"总体范畴，整体对各个部分的全面的、决定性的统治地位，是马克思取自黑格尔并独创性地改造成为一门全新科学的基础的方法的本质……总体范畴的统治地位，是科学中的革命原则的支柱"②。

总体性观点在历史科学方法论上的重要性首先在于：关于社会现实的观点从一开始就不能不是总体性的观点。在黑格尔的《逻辑学》中，与总体问题有关的内与外的关系、整体与部分的关系等，构成由"存在"到"现实"的辩证过渡。在这一过渡中，经由诸多环节的形式之被扬弃而建立起来的是："它们是一个绝对的总体"；而"内与外的这种统一是绝对的现实"③。按照这种总体性——现实性的观点，生成表现为存在的真理，过程表现为事物的真理；并且正因为如此，历史发展的倾向构成比经验事实更高的现实。这样一来，孤立的经验事实与社会现实的关系就表现为："只有在这种把社会生活中的孤立事实作为历史发展的环节并把它们归结为一个总体的情况下，对事实的认识才能成为对现实的认识。"卢卡奇由此得出这样的结论："具体的总体是真正的现实范畴。"④

---

① 〔德〕伽达默尔：《哲学解释学》，上海译文出版社，2004，第114页。
② 〔匈〕卢卡奇：《历史与阶级意识》，杜章智等译，商务印书馆，1992，第76页。
③ 〔德〕黑格尔《逻辑学》下卷，商务印书馆，1977，第177～178页。
④ 〔匈〕卢卡奇：《历史与阶级意识》，杜章智等译，商务印书馆，1992，第56、58页。

因此，当总体性的观点同社会现实的观点重合起来时，它便再度表现为同主观思想的批判的脱离。那种同样是作为外部反思的主观思想以"事实"——孤立的、个别的事实——的名义，拒斥总体性本身（就像它们曾经以这样的名义拒斥社会现实一样），把它看成是虚假的、形而上学的哲学"构造物"，或至少是否定总体对于部分——现实对于事实——的优先权或统摄权。这种主观思想的理论表现，被黑格尔称为"形式的知性"或"反思的知性"；而被马克思称为"抽象的经验论"。它在与实证主义相联系的历史学中得到其当代形式的种种反映。

在黑格尔看来，所谓反思的知性，一般是指"进行抽象的、因而是进行分离的知性"，即要求超出具体的直接物之上，并且规定它和分离它；但反思的知性在它的分离活动中却僵化起来，执着于这种抽象的分离本身了①。这样一来，知性便只是把孤立的、分离的因而是抽象的片段看作真正的实在，殊不知这种脱离了总体的片段不仅不可能反映现实，而且连它自身作为片段的实在性也消失了。正如亚里士多德早已说过的那样，肌体上的各器官肢体，只是由于它们的统一性，并且由于它们和统一性的内在联系，方才是其所是：从身体上割下来的一只手，虽然按照名称仍可叫作手，但按其实质来说，已不再是手了。"形式的知性并不深入于事物的内在内容，而永远站立在它所谈论的个别实际存在之上综观全体，这就是说，它根本看不见个别的实际存在。"②反思的知性或形式的知性之所以连"个别的实际存在"也根本看不见，是因为它疏离并且拒斥现实的总体。如果说，在这里进行抽象和分离的知性还不满足于孤立的"事实"并且继续要求着"对全体的综观"，那么这种综观只不过是"知识脱离了内容而退回到自己的一种反思"而已——于是我们在这里就再度遇见前文中所谈到的那种纯全外部反思的主观思想了。在这个意义上并且就这一点而言，马克思同样尖锐地批评了例如体现在古典政治经济学中的抽象知性及其外部反思："粗率和无知之处正在于把有机地联系着的东西看成是彼此偶然发生关系的、

---

① 〔德〕黑格尔：《逻辑学》下卷，商务印书馆，1977，第26页。
② 〔德〕黑格尔：《精神现象学》上卷，贺麟、王玖兴译，商务印书馆，1979，第36页。

纯粹反思联系中的东西。"① 这里所谓的纯粹反思联系，就是指那种由脱离现实总体的外部反思"综观"地建立起来的抽象联系。

因此，主观思想对于整体或总体的否定，就不仅表现在它似乎是直接建基于单纯的"事实"之上，而且它可以不顾内容本身把一般的原则运用到任何事实之上。

历史唯物主义认为，由于受到资本主义生产方式的规定，现代性意义下的解放只是形式的、抽象的解放。资本主义生产中的剥削关系本质地反映着资本统治体系的不公正，而不断爆发的危机论证了资本统治的不科学与不合理。为了打破这种不正当性和不科学性，历史唯物主义主张通过暴力革命推翻资本主义统治，实现人的真正解放，将人从异化状态中解放并带进全面自由的发展状态。以批判资本为核心的理论，深刻揭示了现代性意义下解放的历史局限性，并且抵达了当时历史和思想条件所许可的理论高度。然而，相对于马克思的时代，如今资本原则在国家、社会等各个方面的全面渗透达到了登峰造极的程度，由资本原则主导的社会发展，深度地触及了人类存在的自然和社会底线，由资本引发的问题早已不再只是异化现象存在与否的问题，而是人类是否能够继续存在的根本性问题。

在历史唯物主义经典作家们所生活的年代里，没有人类自我毁灭现实可能性的深切体验，那是因为当时资本主义还没有发展到摧毁人类现实存在的程度。如今，人类自我毁灭的现实可能性不仅通过暴力和战争表现出来，而且还在环境资源不断被破坏和消耗中日益得以显现，江河湖泊黯然失色，已不能使人心旷神怡。历史唯物主义只有结合这一当代变化，才能实现理论和实践上的自我转化，才有可能成为时代精神的精华，成为贴近当今时代的主题思想。

在人类可能自我毁灭的历史境况中，对历史唯物主义的理论叙事进行扩展和深化，是对资本可能带来的人类历史"终结"的深入理解。通过这一深化，历史唯物主义超越资本主义文明的理论叙事就具备了双重基础，即历史唯物主义不再是风雨如磐时代只以革命方式实现人类解放的理论，而是一种唤醒人类超越资本主义文明形态以维系人类存在的发展理论。在

---

① 《马克思恩格斯选集》第 2 卷，人民出版社，1995，第 6 页。

历史唯物主义视域下，不管是解放还是救亡，未来理想社会的出现都不能建立在自发的客观必然性之上，更不应被看成是机械自然必然性的生成，未来必然地充满了诸多风险可能性。人类为了自由，而且也为了存在，必须以坚强的实践意志指向应然的可能性，从而促成理想的实现。由此，可能性意识必须取代机械必然性意识，唯有如此，实践意志才不至于被消解，才能真正激起历史担当的激情。

面对现代资本逻辑批判遭遇中国传统精神反思的历史新境遇，如何弘扬崇正义、尚和合、求大同的中华民族优秀文化，将中华民族的伟大复兴与超越现代资本限度这一重任历史而有机地结合在一起，需要我们在认识上避免传统原则对现代的反思演变成简单的保守主义。需要坚持将中国传统文化与历史唯物主义功能进行当代语境下的转化，从而为中华民族的伟大复兴提供坚强而有力的理论支撑。

在唯物史观看来，社会现实乃是在人们的感性活动中生成和实现的全部物质关系的总和。这在哲学上就意味着：一切社会历史事实、事件、现象等，归根到底是以人们的物质生活关系为基础的，因而是从这种社会现实获得其基本规定的。唯物史观在方法论上的优越性在于：按其本质来说，它在思想建制和方法论上的根本目标就是切中社会现实本身。海德格尔认为马克思的历史观点已"深入到历史的本质性中去了"[①]；而现今的所谓"哲学"只是满足于跟在知性科学后面亦步亦趋，却完全误解了我们这个时代的两重独特现实，即经济发展及这种发展所需要的架构，但马克思主义懂得这双重的现实。

对当今的社会科学而言，要能够真正揭示并切中社会现实仍然绝非易事。在现代形而上学依然具有普遍支配力的情形下，社会现实的隐匿就会成为一种顽固的常态。如果人们过于轻易地来想象"社会现实"，那么真正的现实在这里就根本没有出现，也根本不可能出现。如此这般的想象说到底无非是出自抽象的和无批判的实证主义。在这种情形下，对自身的哲学预设完全缺乏反省的实证主义便开始拒斥哲学本身，并以其全部天真性来反对一切哲学方法论的介入。

[①] 孙周兴：《海德格尔选集》上卷，上海三联书店，1996，第383页。

中国社会正在全面深化改革，发展和完善中国特色社会主义，实现国家治理体系和治理能力现代化。在这样的语境下，唯物史观的方法论特征突出地表现在以下三个方面。一是社会现实的发现与揭示。这意味着一切社会现象总是依照人们的实践活动及其物质的社会关系来定向的；因而这里的问题总在于："个人在何处发现自己处于作为人类社会基本结构的生产关系之中。"① 二是历史之总体的观点。生成表现为存在的真理，过程表现为事件的真理，因而历史发展的客观倾向构成比经验事实更高的现实。三是具体化的路径与实行。唯物史观的方法论纲领按其本性来说不是既成的和自我封闭的，即在其抽象性上是适合于外部反思的，它只是开辟了一条通过深入于现实本身来理解社会历史现象的道路。唯物史观因此而成为真正科学的方法论。

二 马克思唯物辩证的思维方法

唯物辩证法，是一种研究自然、社会、历史和思维的哲学方法；是辩证法的三种基本历史形式之一；是由马克思首先提出，经其他马克思主义者发展而形成的一套世界观、认识论和方法论的思想体系。

唯物辩证法认为："与万物普遍联系"和"按自身规律永恒发展"是世界存在的两个总的基本特征，这从总体上揭示了世界的辩证性质；唯物辩证法的基本规律和各个范畴，从不同侧面揭示了这两个基本特征的内涵和外延；矛盾的观点是唯物辩证法的核心。

黑格尔认为，世界历史的进程由心灵"正、反、合"的"对反、重复、超越"原则支配，这是辩证法。费尔巴哈则提出"唯物质才是真实"的世界观，这是唯物主义。马克思结合黑格尔、费尔巴哈的学说而创造出"唯物辩证法"。马克思主义哲学认为唯物辩证法是关于自然、社会和思维的最一般规律的科学。

唯物辩证法试图回答的问题是"世界的存在状态问题"。在这个问题上，唯物辩证法认为世界存在的基本特征有两个：一个是世界是普遍联系

---

① 〔德〕伽达默尔：《哲学解释学》，上海译文出版社，2004，第114页。

的，另一个是世界是永恒发展的。

唯物辩证法用普遍联系的观点看待世界和历史，认为世界是一个有机的整体，认为世界上的一切事物都处于相互影响、相互作用、相互制约之中，反对以片面或孤立的观点看问题。

唯物辩证法认为：联系具有客观性、普遍性和多样性。联系的客观性：联系是事物本身所固有、不以人的主观意志为转移的，既不能被创造，也不能被消灭。联系的普遍性：联系包括横向的与周围事物的联系，也包括纵向的与历史未来的联系。一切事物、现象和过程，及其内部各要素、部分、环节，都不是孤立存在的，它们相互作用、相互影响、相互制约。但事物又存在着相对独立性，即任何事物都同其他事物相区别而相对独立地存在。事物的普遍联系和事物的相对独立存在是互为前提的。联系的多样性：从大的方面说，联系可分为内部联系和外部联系、本质联系和非本质联系、必然联系和偶然联系、主要联系和次要联系、直接联系和间接联系，等等。

矛盾是事物普遍联系的根本内容。所谓矛盾，在辩证法中是指"事物内部或事物之间的对立统一的辩证关系"；矛盾的双方总是"相比较而存在，相斗争而发展"[1] 的。恩格斯认为："运动本身就是矛盾。"[2] 毛泽东更强调："存在于事物发展的一切过程中，又贯串于一切过程的始终。"[3] 换言之，矛盾无处不在，无时不有。矛盾是事物存在的深刻基础，也是事物发展的内在根据。从一定意义上说，事物就是矛盾，世界就是矛盾的集合体；没有矛盾就没有事物或世界，没有矛盾就没有事物或世界的发展。

唯物辩证法认为：世界是一个过程，过程是由状态组成的，状态是过程中的状态；世界上没有永恒的事物，有生必有灭，无灭必无生；旧事物灭亡的同时，就意味着新事物的产生。所谓发展，是指事物由简单到复杂、由低级到高级的变化趋势，其实质是新事物的产生和旧事物的灭亡。一个事物的发展往往是一个"不平衡→平衡→新的不平衡→新的平衡"的波浪

---

① 《毛泽东文集》第 7 卷，人民出版社，1999，第 230 页。

② 《马克思恩格斯文集》第 9 卷，人民出版社，2009，第 127 页。

③ 《毛泽东选集》第 1 卷，人民出版社，1991，第 307 页。

式前进、循环往复式上升的过程，而一个个有限的过程就组成了无限发展的世界，换言之，世界也可以被看作是永恒发展的"过程"的集合体。

规律是事物本身所固有的、本质的、必然的、稳定的联系，是发展的必然趋势。规律具有客观性、稳定性、可重复性和普遍性。换言之，规律不依赖于人的主观意识，既不能被人创造，也不能被人消灭，只要条件具备就一定要发生作用，所以必须尊重规律。但辩证法也强调人类主观能动性的重要性：其一，在认识世界时，由于规律隐藏在事物的内部，只有发挥主观能动性才能透过现象，把握规律；其二，在改造世界时，也要依靠主观能动性，根据实践的目的、因势利导地改变规律赖以起作用的条件。

唯物辩证法的基本规律有三条，即对立统一规律、质量互变规律、否定之否定规律。关于这三条基本规律的内在关系，一般认为对立统一规律揭示了事物发展的源泉和动力，质量互变规律揭示了事物发展的状态，否定之否定规律揭示了事物发展的趋势和道路。

而唯物辩证法的五对基本范畴，即现象和本质、内容和形式、原因和结果、可能性和现实性、偶然性和必然性。

必须指出的是，马克思的唯物辩证的思维方法，不是脱离或者游离于劳动（实践）的担负的辩证法，或者说在马克思的视野中，唯物辩证法本身就是劳动的辩证法、生活的辩证法、实践的辩证法，否则，我们就很难理解人类社会，特别是现代社会的演化、变迁与发展以及人类对这一演化、变迁、发展的哲学把握。

历史进入 21 世纪，和平与发展成为时代主题。改革、开放已经成为时代进步的动力和灵魂。在科学技术已经成为第一生产力的科技时代、信息时代，大数据、云计算、数字化已经成为现代社会的基本生产生活，任何保守、自满都可能会导致落后，因此我们不能停留于现有的成果，唯物辩证法也必须随着自然科学每一个划时代变革而不断改变自己的存在形式。

中国共产党自"十八大"以来，习近平把唯物辩证方法运用于中国特色社会主义伟大实践中，用唯物史观解释中国经济、政治、文化、社会、生态建设，创造性地提出了全面建成小康社会、全面深化改革、全面依法治国、全面从严治党"四个全面"战略布局，提出了创新、协调、绿色、开放、共享的"五大发展理念"，提出了战略思维、系统思维、法治思维、辩证思维、底线思维等新思维方式。所有这些都是对马克思唯物辩证法的应用和发展。

20世纪20年代，列宁在《论战斗唯物主义的意义》一文中，号召马克思主义理论工作者要努力研究和宣传辩证法。他说，马克思把辩证法运用得非常成功，现在占世界人口大多数、包括中国在内的东方新兴阶级日益觉醒奋起斗争的事实，越来越能证明马克思主义的正确性。改革开放以来，中国的发展和中国特色社会主义的巨大成功，再一次证实了列宁的英明论断。当世界社会主义运动陷入低潮时，有的西方理论家一度宣称，历史已告终结，自由主义战胜了马克思主义，资本主义战胜了社会主义。如今，连宣称者也看到，历史的发展无情地驳斥了"历史终结论"。

三　马克思的群众史观

从本质上讲，马克思的唯物主义历史观是"劳动历史观"，而劳动历史观在一定意义上可以说，就是劳动群众历史观。人民群众是任何时代的永恒主体，是历史的创造者。著名歌唱家吕继宏在歌曲《咱老百姓》中这样唱道："都说咱老百姓是那满天星，群星簇拥才有那个月呀月光明。都说咱老百姓是那黄土地，大地浑厚托起那个太阳太阳红。都说咱老百姓是那原上草，芳草连天才有那个春呀春意浓。都说咱老百姓是那无边的海，大浪淘沙托起那个巨呀巨轮行。天大的英雄也来自咱老百姓，树高它千尺也要扎根泥土中。是好人都不忘百姓的养育恩，鞠躬尽瘁为了报答这未了情。都说咱老百姓是那原上草，芳草连天才有那个春呀春意浓。都说咱老百姓是那无边的海，大浪淘沙托起那个巨呀巨轮行。家道它盼富裕，国运它盼昌盛。老百姓咱盼的是祥和万事兴，谁只要为了咱老百姓谋幸福，浩浩青史千秋那个万代留美名。"

恩格斯说，马克思一生有两个最主要的贡献：一个是唯物史观，另一个是剩余价值学说。而唯物史观中一个极其重要的内容就是人民群众创造历史的群众史观理论。但是，群众史观理论在整个马克思主义哲学特别是唯物史观理论的全部学说内容中，究竟占有什么样的理论地位？群众史观理论的基本内容究竟是什么？其方法论意义究竟是什么等有关问题，不是每一个从事马克思主义理论研究和宣传工作者都非常清楚的问题。而且在最近出版的有关马克思主义哲学著作中，群众史观理论有越来越被弱化的倾向。

我们知道，唯物史观理论的创立首先是从科学的实践观的提出开始的。马克思在《关于费尔巴哈的提纲》一文的第一条中，首先针对以费尔巴哈为代表的所有旧唯物主义的主要缺陷，即对事物、感性、现实只是从客体或直观的方面去理解，马克思提出了要从实践方面去理解，从主体方面去理解。而从主体方面去理解，唯心主义已经做到了，但唯心主义抽象地发展了人的能动性方面，因为唯心主义当然不知道真正的感性活动和实践。马克思在这里提出了要用实践的观点理解和把握世界。而实践有两个最大特点：一是它的物质性，二是它的主体性。旧唯物主义不懂得实践的观点，主要是不懂得实践的主体性，而唯心主义不懂得实践的观点主要是不懂得实践的物质性特征。马克思提出用实践的观点理解我们周围的世界包括人自身，就是要从主体性和物质性的统一理解和把握我们周围的世界，理解人类社会包括人本身。马克思还特别针对费尔巴哈没有把人的实践活动当作感性世界的内容，提出实践活动在人类社会生活中的巨大意义。马克思正是根据这一思想，提出了"社会生活在本质上是实践的"① 思想，这奠定了唯物史观中关于人类社会是一个由物质因素决定的有客观规律的历史发展过程的思想。马克思后来在《资本论》中阐发的"社会经济形态的发展是一种自然历史过程"② 的思想与这一思想是完全一致的。马克思沿着这样的思路具体揭示了社会结构理论和社会基本矛盾原理等关于历史发展客观规律性的一系列思想。

马克思从科学的实践观的物质性出发，不仅阐发了历史发展的客观规律性的一系列思想，而且也从科学的实践观的主体性出发，揭示了人民群众在历史发展中的决定作用的思想。马克思认为，人类的实践活动也是具有主体性的活动。那么人类实践活动的主体是谁？历史的主体是谁？这是马克思所有的历史理论必须回答且不能回避的问题。旧唯物主义和唯心主

---

① 《马克思恩格斯文集》第 1 卷，人民出版社，2009，第 505 页。
② 《列宁专题文集——论辩证唯物主义和历史唯物主义》，人民出版社，2009，第 157 页。

义在自然观的回答中是对立的两个极端，然而在历史观上，它们却走到一起了。旧唯物主义正是在人与自然的关系上看不到人的主体性，导致他们在历史观上看不到历史的客观规律性。由此导致同唯心主义一样，在历史观上，只看到人的主体性，而看不到客观性。但是旧唯物主义和唯心主义在历史观方面所看到的主体性只是少数人的主体性，大人物的主体性，权力者的主体性，思想家、理论家的主体性，而大多数的特别是直接从事物质生产实践活动的劳动者、被剥削被压迫者却从来没有主体性。他们在大人物和权力者面前，永远是被动的受支配者和受宰割者。这种观点的典型表现就是马克思在《关于费尔巴哈的提纲》第三条中所批判的法国唯物主义的环境决定论思想。这种思想认为，绝大多数的人只能受环境的支配，改变了的人是改变了的环境的产物，而改变环境的人只能是少数人。马克思说，这种观点有两个要害错误：一是它们忘记了环境正是由大多数人改变的，二是这种学说把人分为两部分，其中少数人高于多数人之上。也就是说这种学说的实质是少数人创造历史的英雄史观思想。马克思用实践的观点理解世界，而实践的主体主要就是直接进行物质生产实践活动的绝大多数的劳动者，他们不仅能够改造自然环境，也能够改造社会环境。所以马克思主张是大多数人改变环境，创造历史。大多数人也就是我们今天所讲的人民群众。

马克思的唯物史观的理论和逻辑前提是科学的实践观。由科学的实践观出发，派生出两个支脉：一个支脉就是历史发展的客观规律性问题，另一个支脉就是人民群众创造历史的问题。这两个支脉的解决正是马克思的历史观理论的根本变革所在。恩格斯在《路德维希·费尔巴哈和德国古典哲学的终结》一书第四章阐述唯物史观的基本原理时，第一个原理就是阐发历史发展的客观规律性问题。他说，历史进程是受内在的一般规律支配的。第二个原理就是群众史观理论。他说，如果要去探究那些隐藏在——自觉地或不自觉地，而且往往是不自觉地——历史人物的背后并且构成历史的真正的最后动力的动力，那么问题涉及的，与其说是个别人物，即是非常杰出的人物的动机，不如说是使广大群众、使整个民族，并且在每一个民族中间又是使整个阶级行动起来的动机。后面阐发的几个原理实际上是前面两个原理的具体化和深化。也正是如此，列宁在谈到以往历史观的两个主要缺陷时说，一是仅仅停留在人物动机上说明历史，二是没有说明人民群众的活动。从正面意义上理解列宁的话，马克思唯物史观的最主要变革就表现在：一是阐发历史发展客观规律性问题，二是阐发人民群众创造历史的观点。

唯物史观理论有许多重要原理，但有两个最重要的原理即历史发展客观规律性原理和群众史观原理。这两个基本原理构成了唯物史观全部原理中的两大基本支柱，由此撑起唯物史观理论的全部内容。其他全部原理都是从这两个基本支柱派生出来的，是这两个基本原理的具体化和深化。而历史发展的客观规律性的原理是哲学发展史上唯物主义发展线索的必然产物。而群众史观原理则是哲学发展史上人道主义发展线索的必然产物。以往马克思主义哲学原理的教科书对历史发展的客观规律性这条支脉或支柱阐发较多，研究成果也相当丰富。而对于群众史观这个线索、支脉或支柱研究成果少之又少。其重要原因就是把群众史观只是看作唯物史观理论中一个普通的一般的原理，而没有提高到同历史发展规律性原理并列的唯物史观中的两大基本支柱之一的高度来认识。如果我们把群众史观真正看作唯物史观全部理论中的两大基本支柱之一，那就会发现，群众史观理论的内容极其丰富，需要研究和深化的问题也相当多。

现有教材关于群众史观理论的主要内容是：群众史观与英雄史观的对立，人民群众的含义及其在历史发展中的作用，人民群众创造历史的历史制约性，个人、历史人物、杰出人物在历史发展中的作用，个人和群众的关系，阶级、政党、领袖、群众之间的关系等。应该说，所有这些内容确实是群众史观理论的基本内容，观点上是没有错误的。但是如果把群众史观看作唯物史观理论中的两大基本支柱之一，从这样的高度来认识群众史观，现有群众史观理论的内容就显得较为肤浅、贫乏和空洞。其主要缺陷有如下几点。

一是没有讲清楚群众史观与人的本质、人的价值、人的解放理论之间的关系，自觉和不自觉地把群众史观同人的本质、人的发展理论割裂开来，导致目前理论界有大量关于人的发展理论的研究文章中基本不涉及群众史观问题。二是在阐发群众史观与英雄史观对立的内容中，只是讲到欧洲哲学发展史上的英雄史观的表现，而没有结合中国的实际，来批判中国历史上的英雄史观的理论及其在现实生活中的表现。三是在阐发个人在历史发展中的作用的观点中，阐述杰出人物的作用较多，阐述普通个人的作用的内容较少。四是人民群众在历史发展的进程中究竟怎样自觉成为历史的主体和创造者，究竟应该怎样处理与杰出人物之间的关系等基本上没有涉及。五是把群众史观同认识论割裂开来，没有真正揭示认识论与群众史观之间的内在逻辑联系。

马克思在《关于费尔巴哈的提纲》中以科学的实践观为出发点，也阐发了马克思主义的人的本质的观点，即大家所熟悉的人的本质"在现实性上，是一切社会关系的总和"① 的思想。这一思想的核心内容就是要把人看作在一定的社会关系中劳动实践的人，或在劳动实践中结成以经济关系为主的多种社会关系。劳动实践是具体的发展变化的，人的社会关系也是具体的发展变化的，人是具体的、历史的、处在一定的社会关系中进行劳动实践的人。正是因为人是具体的、历史的人，所以不同历史时期的人，不同社会关系、不同社会地位的人在社会发展中的作用是不同的。唯心史观正是抓住了社会生活中一部分人的巨大的社会作用，把这部分人的社会作用无限夸大，导致英雄史观理论。马克思主义从来不否认社会生活中少数人的巨大作用。但马克思主义学说看问题的方法不是停留在这种现象上，而是透过现象看本质。因为人是处在社会关系中的人，任何一个人的社会作用离不开其他人的作用。少数人的巨大作用离开了绝大多数人的社会作用，也就不可能有他们的社会作用。社会生活起决定作用的是物质生产方式，没有直接进行物质生产实践活动的劳动群众，就不可能有杰出人物的历史作用。而劳动群众也是具体的，在阶级社会中主要就是以物质生产的劳动者为主体的包括知识分子和一切进步势力的人口的绝大多数。

群众史观理论应该结合中国的国情，揭示中国封建文化中具有中国特色的英雄史观理论的具体内容及其在现实生活中的具体表现。

群众史观应该着重阐发普通个人在社会发展中的作用。目前教科书中的群众史观部分在谈到个人的社会作用时，谈杰出人物较多，普通人物的社会作用基本不谈。其实，创造历史的人民群众，不是一个抽象的脱离了

---

① 《马克思恩格斯文集》第1卷，人民出版社，2009，第505页。

普通个人的"群众"概念来创造历史，而是通过无数的普普通通的个人来创造历史。没有一个个的活生生的具体的个性极其突出的普通人的看似"微乎其微"的作用，就不可能有作为群体概念的"群众创造历史"的科学结论。正是无数个"微乎其微"的普普通通的个人的社会作用的总和、合力，才有马克思的"历史活动是群众的事业"①的著名论断。但是我们应该看到，马克思主义揭示的人民群众创造历史的结论是从归根结底的意义上来讲的。现实生活中并不是人们都能意识到自己是社会的真正主人，不仅统治阶级及其思想家没有认识到，绝大多数的普通群众也没有意识到。列宁说，马克思主义的任务就是教会了工人阶级的自我意识。这个自我意识就是做社会主人的意识。工人阶级和广大劳动者应该意识到，自己是社会的主人，自己能够成为社会的主人，自己应该为成为社会的主人而奋斗。但工人阶级和劳动者正是由无数个极普通的工人、劳动者和群众所组成的。只有一个个的普通工人、劳动者和群众都在自己的岗位和工作范围内最大限度地自觉地发挥了作用，作为集合概念的"群众"创造历史的社会作用才能真正体现出来。我们今天的马克思主义哲学原理教材中的群众史观部分不仅要讲归根结底意义上的人民群众创造历史，还要着重阐发作为人民群众中的普通个人怎样发挥作用，怎样自觉行使做社会主人的权利，怎样处理与社会环境之间的关系，怎样处理与权力者和大人物之间的关系，怎样体现出自身的真正的主体性来。社会生活中的任何杰出人物也不是天生的，他总是由普通个人转化而来的。

长期以来，人们把认识论内容放在辩证唯物主义部分中，而且把认识论只看作是纯粹认识的发展。这种看法是错误的。认识论应该是唯物史观理论的内容，认识的发展也不只是认识的发展，其实质是人的发展。而马克思主义哲学研究的人又是具体历史的人，其主要就是研究群众的发展，劳动者的发展。而发展的目标就是在主客体关系的处理上，人民群众怎样能够成为名副其实的社会主体、社会的主人。认识论是使绝大多数的普通个人自觉成为社会主体和社会主人的学说。从这个意义上来说，马克思主义的认识论内容应该放在唯物史观理论部分中的群众史观内容中。

---

① 《列宁全集》第10卷，人民出版社，1987，第338页。

社会历史就其整体而言，是一定的群体的认识活动和实践活动及其产物的演进过程，是以一定的物质生产方式为基础的社会形成和演进过程。

早在 19 世纪 40 年代中期，马克思、恩格斯同当时的德国青年黑格尔派代表人物鲍威尔兄弟进行论战时就曾批评指出，历史中起决定作用的不是鲍威尔兄弟所认为的"英雄"的精神，人民群众不是历史中的惰性因素；相反，"历史活动是群众的事业"①，决定历史发展的是"行动着的群众"②。换言之，社会历史发展过程虽然无法与包括英雄在内的个体的活动相割裂，但整体的社会历史并非个体历史的简单堆砌。"无论历史的结局如何，人们总是通过每一个人追求他自己的、自觉预期的目的来创造他们的历史，而这许多按不同方向活动的愿望及其对外部世界的各种各样作用的合力，就是历史。"③ 社会历史就其整体而言，是一定的群体（集体、阶级、民族乃至全人类）的认识活动和实践活动及其产物的演进过程，是以一定的物质生产方式为基础的社会形成和演进过程。这表明了马克思首创的历史唯物主义的基本立场。

在各种社会发展动力中，人民群众是核心。之所以如此说，是因为，第一，人民群众作为一个历史范畴，从实质上来说是指一切对社会历史发展起推动作用的人们，从数量上来说是指社会人口中的绝大多数。在不同的历史时期，人民群众有着不同的内容，包含着不同的阶级、阶层和集团，其最稳定的主体部分始终是从事物质资料生产的劳动群众及其知识分子（杰出的历史人物就是从其中脱颖而出的）。第二，从生产力的构成要素上来看，生产力包括劳动者、劳动资料和劳动对象。其中，劳动资料和劳动对象结合起来就构成生产资料，这是生产力中的客体性要素，而劳动者是生产中的主体性要素，即生产力中最积极、最活跃的要素。劳动者是象征劳动力发展水平的劳动工具，包括科学技术的研发者和操控者，劳动者的智慧和能力的发展决定着对物质资源开发和利用的深度和广度。从这个意义上来讲，劳动者是生产力的第一推动力，而人民群众是劳动者的母体，

① 《列宁全集》第 10 卷，人民出版社，1987，第 338 页。
② 《马克思恩格斯全集》第 2 卷，人民出版社，1972，第 104 页。
③ 《马克思恩格斯文集》第 4 卷，人民出版社，2009，第 302 页。

可谓生产力的原动力。第三，马克思认为社会基本矛盾是社会发展的根本动力，生产力是社会基本矛盾中最基本的动力因素，是人类社会发展和进步的最终决定力量，这就相当于说，人民群众是社会基本矛盾中最基本的动力因素，是人类社会发展和进步的最终决定力量。第四，因为整个人类历史上的物质财富和精神财富都是由人民群众创造的，一切社会变革的生力军和决定力量也是人民群众。凡此种种皆表明，人民群众是社会发展的核心动力。

这一伟大真理，不会因为时光的流逝而过时。

第六章 马克思的预测与科学

一 实事求是之辩

众所周知，按照列宁的说法，马克思主义有三个理论来源。其实，马克思主义的理论来源又何止三个。马克思主义问世以来，一直就在争论中演进，而整个演进过程，又不断地吸收、汲取人类文明成果。

马克思在《关于费尔巴哈的提纲》中，明确地提出和创立了马克思的新哲学——实践的唯物主义的独特思维方式："从实践理解一切相关哲学问题。"[①] 这种实践思维方式是马克思主义哲学超越整个西方传统的创新性思维方式。它是马克思主义理解、把握和评价人类世界文化的一切相关哲学问题的根本思维方式。方法问题不仅是属人世界中的问题，而且是人的活动的方式问题。因而，它是一个需要在实践中以及对这个实践的理解中得到合理解决的问题。那么，马克思的创立究竟是怎样的一种思维方式呢？从最根本的意义上来说是"实事求是"。

第一，以社会主体的实践为思维的视角和切入点。哲学的思维视角和切入点不同，其所规定着的哲学的视野、意蕴、境界和诉求就不同，对相关哲学问题的理解、把握和评价也不同。马克思主义哲学以实践为思维视角和切入点，把主体理解为受实践规定、在实践中生成和发展的社会化的人、实践的人；把世界理解为受实践规定、在实践中生成和发展的主体对象化的世界、人化世界、属人世界或人类世界。相应地，它把人类世界中

---

① 《马克思恩格斯选集》第 1 卷，人民出版社，1995，第 56 页。

94

的人的社会理解为受实践规定、在实践中生成和发展的实践的社会、人类社会或社会化了的人类。马克思主义哲学思维的实践转向，为人类哲学的发展开拓出前所未有的新视野和新境界。

第二，以社会主体的实践为思维的立足点、出发点和归宿点。哲学思维的立足点不同，其所规定着的哲学思维的出发点、归宿点就不同，对相关哲学问题的理解、把握和评价也不同。马克思主义哲学思维方式的立足点是受实践规定、在实践中生成和发展的人类社会或社会化的人类。它的出发点是实践，即实践中生成和发展的人、人的世界和人的社会；归宿点也是实践，即在实践中生成和发展的人类社会的必然趋势——人的彻底解放和自由全面发展。

第三，以社会主体实践的内在本性作为理解相关哲学问题的规则、途径和方法。主体的实践是人的生成方式、存在方式和发展方式，它规定着人怎样做人的本质；主体的实践方式即主体在实践展开过程中的历史的生成、存在和发展方式，既是现实的人的做人方式，也是现实的人的存在方式。人的存在方式即人的生成和发展方式（主体的实践方式），规定着人思考、把握、理解、评价属人存在的思维方式。如果按马克思的实践思维方式思考，以实践为思维的视角、切入点、立足点、出发点和归宿点，那么哲学思维所把握的存在无一不是属人存在；即使是人的意识、思维、认识、方法的存在，也只是实践存在的形式上的区别，本质上都是属人的存在，所以应从实践去理解、评价它们。主体实践具有十分丰富、复杂的内在的矛盾本性和规律，它是主观性和客观性的统一，主体性和客体性的统一，普遍性和特殊性的统一，合规律性和合目的性的统一，原则性和灵活性的统一，本然和应然的统一，理想和现实的统一，真善美的统一。马克思的实践思维方式，自觉地把外部存在——实践的内在本性和规律，内化为思考、理解、评价和解决一切相关哲学问题的思维方式的内在的规则、规律、途径和方法。这表征着马克思的新哲学把握的存在与以往哲学把握的存在的根本不同，马克思主义哲学的实践思维方式与以往哲学的思维方式的根本区别。

实践思维方式是马克思主义哲学的根本思维方式，规定着我们要像马克思那样思考问题：对马克思思考过的问题是这样，对马克思没有思考过的问题，如关于实事求是方法的问题，也应该是这样。

方法的实践根源与马克思主义哲学从实践理解方法的客观要求是一致的，这决定了我们对作为马克思主义哲学基本方法的实事求是方法的诠释，必须立足于马克思主义哲学的实践思维方式，才能阐释出这一方法的深刻的理论意蕴和境界。这是新唯物论即实践的唯物主义对实事求是方法的释义。然而，曾经长期在我国学界居主导倾向的，是对实事求是方法的旧唯物主义认识论的释义。

其一，把"实事"解释为实际，是指主体之外"客观存在着的一切事物"①；或者更直接地把"实事"解释为"客体"；或者把"实事"解释为主体之外的客观事物的规律性。这种理解正是马克思曾批判过的旧唯物论从直观的或客体的形式来理解"实事"的思维方式。这样的理解既没有关注到和体现出毛泽东在谈论"实事"时有关主体方面的"实事"或"实际"的思想，更没有体现出马克思的新唯物主义视野中："实事"无论作为认识活动还是实践活动的出发点，均必须从主客体统一的"真实情况"去理解。

"实事求是"一词源于班固所著的《汉书·河间献王传》：班固称赞河间献王刘德"修学好古，实事求是"。其原义是指做学问一定要占有充分的实际材料，才能从中求取到真实可靠的结论。后来被引申理解为泛指从客观实事中求是的认知态度和思想方法，即所谓"言必有征""取实予名""格物致知"。这里的"实事求是"是对治学、做事方式的一种价值评价，强调的是一种"求是"的态度，倡导的是一种务实求真的治学态度和方法，而不应把它误解为从实事中求"真"。

按马克思主义哲学的实践思维方式，"求是"应是求取人的活动（认识和实践）的主观性和客观性的统一，主体性和客体性的统一，普遍性和特殊性的统一，合规律性和合目的性的统一，原则性和灵活性的统一，本然和应然的统一，理想和现实的统一，真善美的统一，等等。

"实事求是"作为方法，是毛泽东对马克思认识论的创造性发展。在知行统一的实践论基础上，毛泽东对中国传统文化中的"实事求是"进行了

---

① 《邓小平文选》第2卷，人民出版社，1994，第116页。

改造，把它升华为马克思主义哲学方法论的一个重要的基本方法。他说："'实事'就是客观存在着的一切事物，'是'就是客观事物的内部联系，即规律性，'求'就是我们去研究。我们要从国内外、省内外、县内外、区内外的实际情况出发，从其中引出其固有的而不是臆造的规律性，即找出周围事变的内部联系，作为我们行动的向导。"①

其实，关于"实事求是"，一方面，毛泽东肯定了作为"实事"的客观事物存在发展的客观性、规律性和可知性，这是我们求"是"的客观前提和根据；另一方面，更重要的是毛泽东确立了要以从实事中探求到的"是"（具有客观性的规律）来指导人的实践的方法论原则。这样的思想方法和工作（实践）方法，体现了知和行、真和善、本然和应然统一的中国优秀传统文化中关于实事求是思想的精华。由之，就可建构马克思主义哲学与毛泽东哲学思想的视界的交融，把握它们在理解实事求是方法的理论意蕴和精神实质上的统一性。从这个意义上说，把毛泽东的"实事求是"仅仅理解为认识上的从实事中求"真"等，是有偏差的。

也就是说，"实事"在马克思、毛泽东视野中，是被当作人的感性活动，被当作实践来理解的"实事"，而不是旧唯物主义的感性直观。

"实事"即"实际"。"一切从实际出发"，是正确处理主观与客观、理论与实践的关系，实现主观和客观、理论和实践统一的实事求是方法的出发点，是人们做好认识和实践活动的方法论的首要前提。由于马克思主义哲学是从实践的角度来理解问题的，所以作为马克思主义哲学实事求是方法的出发点的"实际"，也必须从认识方法和实践方法的统一去理解。

从认识和实践方法来看，"一切从实际出发"中的"实际"究竟指的是什么？这是一个必须要搞清楚，并且必须要从实践的角度去理解的问题。在有些人看来，"实际"就是指认识的对象即客观事物。于是，"一切从实际出发"就被具体化为"一切从客观对象（客体）出发"。按照这种理解，我们在认识和改造客观对象时，只要不抱主观"偏见"、不抱个人"私心"，如实地反映客观对象的本来面目，据实地改造事物的面貌，就做到了"一

① 《毛泽东选集》第3卷，人民出版社，1991，第801页。

切从实际出发"。这种理解看起来是唯物主义的，却在不知不觉中把实践唯物主义的认识和实践的出发点降低到了旧唯物主义直观反映论和经验主义的出发点的水平。换言之，这种理解只坚持了客观性，而忽视了实践性，没有把客观性和实践性内在地统一起来。

其实，从实践的角度来理解，在人的活动中，主体和客体两个方面的真实情况构成了作为认识和实践的出发点的"实际"。

首先，"实际"是指认识和实践的客体自身的特性、本质和规律方面的真实情况。人类实践活动能够改造作为客体的客观世界，却不能改造和消灭客体运动的客观规律。"一切从实际出发"要求我们要认识、把握客体的本性、本质和规律，从我们的工作对象（被改造的客体）的本性、本质和规律的实际出发。坚持从这样的"实际"出发：其一，我们就能避免犯脱离实际的主观主义、教条主义错误。其二，我们对作为客观事物的实际就不会仅仅从客体的或直观的形式去理解，而是把它们当作人的感性活动、当作实践去理解。这就是说，事物的客观特性、本质和规律，总是被纳入实践的范围、按人的实践要求来认识和把握的；人对世界的实践的物质性改造，是以人对世界的认识的观念性改造为前提的。所以，①认识绝不是与实践无关的、简单的、直观的反映对象，而是一种受实践规定和制约的对客体的本性、本质和规律性的能动反映。②实践绝不是盲目的实践，而是在对客观对象（客体）的本性、本质和规律性把握的指导下的实践，是人的自由自觉的、合规律性和合目的性相统一的活动。坚持这种实践的唯物主义，不仅可以避免主观主义和唯意志论，还可以避免从片面的客观事物（客体）出发、从片面的客体（客观）规律出发，把人视为被动反应者的旧唯物主义、人法自然规律（人法自然）的自然主义。

其次，"实际"是指认识和实践的主体自身的生理条件和精神条件方面的真实情况。这里的主体自身的条件，在认识活动方面，主要是指主体的认识器官、认识的经验和水平；在实践活动方面，主要是指主体的劳动器官、劳动的技术和经验以及"实践观念"。在认识和实践活动中，如果不考虑到主体自身条件的实际，往往会不自觉地犯主观主义的错误。"精神条件"主要是指认识和实践的主体的理性结构和非理性结构，前者包括人的社会经验和知识结构，后者包括人的目的、情感、愿望、意志、信仰等。

主体的这种精神条件不可避免地渗透在人的认识和实践活动中，因此，"一切从实际出发"的"实际"，必须内含主体自身的精神条件这方面的"实际"。在实践活动的"实际"中，劳动技术和经验容易受人们重视，而"实践观念"则容易被人们所忽视。所谓"实践观念"，是指实践主体在进行具体的实践活动之前，把纯理论的认识成果与实践对象结合起来，在观念中对未来实践活动进行超前的规划和可行性论证，从而形成的计划、步骤、蓝图、手段、方法等具有可操作性的观念。

最后，"实际"是指特定的认识和实践活动赖以进行的物质技术条件、工具、手段和方法方面的真实情况。认识工具包括观察仪器、测量工具等物化工具和概念、公式、理论、逻辑、方法等主观工具。实践工具包括硬件的生产力的工具系统和软件的方法的工具系统。认识和实践的物质技术条件、工具、手段和方法，是由人类历史过程中实践所提供的社会科学技术条件所决定的。所以，在人们的认识和实践活动中，"一切从实际出发"，就必须从特定的认识和实践活动赖以进行的物质技术条件、工具、手段和方法所提供的完成特定认识和实践任务的现实可能性等方面的真实情况出发。

可见，无论是从认识方法、思想方法，还是从工作方法、实践方法来看，"一切从实际出发"的"实际"都包含着十分丰富的内涵，绝不能把它简单地理解为"一切从客体出发""一切从客体（对象、自然）规律出发"，而忽视主体自身的实际、主体活动规律的实际；尤其是忽视主体在自己的自由自觉的活动中追求主观和客观，主体和客体，本然和应然，合规律性和合目的性，真善美等统一的"实际"。

"起点"就是尚未展开的"终点"。实事求是方法的全部内容都以"萌芽"的形式包含在它的出发点——"实际"范畴之中。只要我们对"实际"范畴做如上的理解，就会懂得为什么实事求是方法内在地包括"理论与实践相结合"的重要思想内容。"理论与实践相结合"，就是要坚持理论以实践为基础，实践以理论为指导，达到理论与实践、知和行具体的历史的统一。

从认识活动来说，必须贯彻"理论和实践相结合"才能避免教条主义、唯意志论。理论以实践为基础，就是理论（主观）必须以实践（客观）为源泉、动力、目的和检验的标准。任何理论、路线、方针、政策等主观的东西，都只能来自社会实践。只有成为实践对象的东西，才能成为认识的对象。只有通过实践，才能促使事物发生变化，加速事物本质的暴露过程，从而达到对客观事物规律性的认识，进而形成理论、路线、方针、政策，等等。理论的发展必须以实践为动力，实践总是不断地提出新的认识课题，推动人们去研究解决，从而形成新的认识和理论。

在这里，认识活动取决于实践活动，实践是认识的源泉、认识发展的动力、检验认识真理性的标准和认识的最终目的，离开了实践活动就谈不上认识活动的产生和发展；认识活动总是在既定的理论知识的指导下进行的，感性反映中总是渗透着理性因素，感性认识上升到理性认识，更是离不开理论知识的指导；同时，实践活动也总是在既有认识（理论）指导下的人的自由自觉的活动，对实事的本然与应然、合规律性和合目的性统一的把握，是实践的自由和自觉的前提和基础。

"理论和实践相结合"，既指必须把认识和实践结合起来，又指必须实现"理论观念（认识）和实践的统一"①。前者是指认识活动和实践活动的结合，后者是指认识成果和实践活动的具体情况相结合。在这种"结合""统一"中，内在地包含和体现着"实践第一"的观点。

从实践活动来看，"理论和实践相结合"，才能避免经验主义和教条主义。马克思主义认为，第一，实践活动是科学的理论指导下的创造性活动。人的实践活动与动物活动的根本区别在于，后者是盲目地适应客观自然界的本能活动，而实践活动则是在科学理论指导下的有目的、有意识的自由自觉的能动活动。离开了科学理论的指导，我们就不可能形成正确的实践观念，从而也就不可能有正确的实践活动。第二，实践活动虽然是在理论指导下的创造性活动，但它必须尊重、遵循客观规律才可能取得成功，否则就会导致失败。从这个意义上来说，"理论和实践相结合"② 是从人们实践的经验教训中总结出来的基本规律。

---

① 《列宁全集》第 38 卷，人民出版社，1959，第 236 页。
② 《邓小平文选》第 2 卷，人民出版社，1994，第 118 页。

二 解放思想之思

马克思解放思想，摆脱、批判了包括黑格尔、费尔巴哈等先哲的思想理论，创立了马克思主义，实现了人类认识史上的一次伟大变革；列宁解放思想，创立了世界上第一个社会主义制度；毛泽东解放思想，创立了毛泽东思想，建立了中国社会主义制度；邓小平解放思想，创立了邓小平理论，开辟了中国特色社会主义制度。

"解放思想"近些年来被理解为思想解放的新发展，其包括与时俱进、求真务实，因而也被理解为思想路线上的三重里程碑。实际上，解放思想、与时俱进、求真务实等，都是实事求是的必然逻辑和"推论"。

在人类社会发展史上，任何历史上的进步和重大突破，都是从不断打破传统观念，突破旧的思维定式，不断解放思想，实事求是中获得的。马克思主义科学体系的发展亦是如此。马克思主义创立和发展的历史，就是革命导师不断运用解放思想、实事求是的科学方法论去探索社会真理，改造现实世界的历史。马克思、恩格斯虽然没有明确提出"解放思想、实事求是"的概念，但是他们创立科学社会主义学说的全过程，已生动地诠释了这八个字的方法论意义。马克思、恩格斯生活的年代，宗教神学和资产阶级意识形态在德国和欧洲大陆盛行，如果没有解放思想，他们就不会超越黑格尔、费尔巴哈的思想写出《德意志意识形态》《政治经济学批判》等一批经典作品，创立马克思主义哲学世界观；如果没有实事求是的原则，马克思、恩格斯就不会运用辩证唯物主义和历史唯物主义的观点，解剖封建社会、资本主义社会，写出《共产党宣言》《资本论》等一批深刻揭示人类社会发展客观规律的划时代的作品，就不可能从资本主义社会的现实中总结出其发展规律，认识劳动群众的地位和历史使命，使社会主义从空想变成为科学，为人类指明社会主义必然取代资本主义的历史大趋势。总之，没有解放思想、实事求是，他们就不可能在资本主义社会里创造出无产阶级的意识形态。解放思想、实事求是是在马克思主义学说创立过程中形成的科学方法论原则。

列宁是第一位成功地运用解放思想、实事求是的方法论原则对马克思主义做出重大发展的革命导师。他深刻地把握了马克思主义唯物辩证法的精髓实质，坚决反对来自"左"、右两个方面对马克思主义的攻击，强调必须本着解放思想的态度创造性地发展马克思主义。他认为马克思主义的学说不是教条，而是行动的指南。如果忽视了这一点，就会把马克思主义变成片面的、畸形的、僵死的东西，就会抽掉马克思主义活的灵魂，就会破坏它的根本的理论基础——辩证法，就会破坏马克思主义同时代的一定实际任务之间的联系。因此，我们绝不能把马克思的理论看作某种一成不变的和神圣不可侵犯的东西，而是应当根据实际生活，在各方面把这门科学推向前进。坚持解放思想、实事求是，使列宁总结出了资本主义经济和政治发展不平衡的规律，首次提出社会主义可能首先在少数甚至在单独一个资本主义国家内获得胜利的重要结论，并将这一理论成功地付诸实践，对马克思主义关于无产阶级革命的理论和实践做出了重大贡献。同时根据这一方法论原则，列宁对落后国家建设社会主义的道路也提出了许多具有重要指导意义的思想。

在中国共产党的历史上，毛泽东将马克思列宁主义的基本原理运用于中国革命和建设实践，形成了中国化的马克思主义——毛泽东思想。毛泽东思想使马克思主义理论在中国获得了多方面的创新性发展：在坚持解放思想、实事求是中，毛泽东深刻研究了中国革命的特点和规律，开创了农村包围城市的革命发展道路；在我国这样一个农民和其他小资产阶级占人口大多数的国家里，建立起了一个马克思主义理论武装的无产阶级政党；在军队建设中解决了以农民为主要成分的革命军队如何建设成为一支无产阶级性质的、具有严格纪律的、同人民群众保持紧密联系的新型人民军队的问题；依据新民主主义革命胜利后中国的经济政治条件，从理论和实践上完成了在中国这样一个经济文化落后的大国建立社会主义制度的艰难任务。所有这些具有鲜明中国特色的理论与实践，都是马克思主义与中国实际相结合的产物，在马克思主义经典著作中，都没有现成的表述和答案。习近平则把马克思主义基本原理与中国实际和时代特征相结合，坚持和发展中国特色社会主义，创造性地提出了关于治国理政的新理念、新思维、新战略，这实际上是对实事求是原则的运用，是当代中国马克思主义最基本的体现，是中国特色社会主义理论体系的最新成果，也是实事求是的最新成果。

三　马克思主义中国化的哲学蕴境

马克思主义中国化的哲学思考：马克思主义何以需要中国化？马克思主义何以能够中国化？马克思主义何以实现中国化？等等。这些问题实际都具有哲学性质，都是马克思主义中国化问题中带有哲学性质的一般问题。

1. 马克思主义何以需要中国化

毛泽东同志曾经多次指出："十月革命一声炮响，给我们送来了马克思列宁主义。"[①] 这已经成为绝大多数中国人"人尽皆知"的基本常识。可是很少有人深入地去思考，十月革命给我们送来的马克思主义是什么样的马克思主义。90 多年过去了，现在我们是否可以这样认识和理解：俄国十月革命给中国送来的马克思主义，是产生于 19 世纪 40 年代西欧和德国并作为当时一种社会思潮的马克思主义，或者是经过俄国人诠释、阐发、"改造"了的马克思主义，是一种虽然揭示了人类社会发展的一般规律，但某些具体原则又不适合中国国情的马克思主义。

因此，从这个意义上说，对马克思主义采取简单搬用的态度是不正确的。列宁说过：马克思主义一般原理的应用，"具体地说，在英国不同于法国，在法国不同于德国，在德国又不同于俄国"[②]。同理，中国既不同于俄国、更不同于欧美，我们必须把马克思主义基本原理同中国革命和建设的具体实际相结合，使之中国化。所以，在马克思主义传入中国不久，20 世纪 30 年代初，中国共产党的优秀代表毛泽东等同志就发现了这个问题，并且及时提出要"反对本本主义"，提出马克思主义基本理论要与中国革命实际相结合，中国问题要由了解中国情况的中国人自己来解决，后来在 1938 年党的六届六中全会上，毛泽东首次明确提出了"马克思主义中国化"的命题。

换个角度来思考，如果马克思主义通过"拿来主义"，就可以在中国发挥指导作用，那么，中国共产党人何以提出理论与实践相结合的问题，何

---

① 《毛泽东选集》第 4 卷，人民出版社，1991，第 1471 页。
② 《列宁选集》第 1 卷，人民出版社，1995，第 274 页。

以提出"马克思主义中国化"的命题，又何以在这个问题上耗费那么多精力，去开展那么多次"解放思想"的运动？如果马克思主义"拿过来"或者"搬过来"就可以发挥作用的话，那么，中国共产党人为马克思主义的中国化所做出的一切努力就变得很不合逻辑了！

然而，中国共产党人的选择不仅合乎理论逻辑，而且合乎历史逻辑。我们应当看到，马克思主义理论具有巨大的、内在的理论张力。马克思主义创始者们从来没有说过他们的理论放之四海而皆准，反而总是无数次强调和告诫人们，他们的理论是方法论，是进一步认识问题的出发点，而不是教条，是历史哲学，具有超越历史性。这就是说这个理论可以用，但不能照搬，更不能套用，必须加以科学地运用，适时地创新，也就是必须实现马克思主义中国化。正如列宁生前指出："马克思主义的全部精神，它的整个体系，要求人们对每一个原理只是（α）历史地，（β）只是同其他原理联系起来，（γ）只是同具体的历史经验联系起来加以考察。"① 这就是马克思主义需要中国化的一个理论和历史根据。

2. 马克思主义何以能够中国化

自古以来，西方文化就有一个鲜明的特点，就是学派林立，学说繁多。马克思主义作为19世纪40年代欧洲学者创造的理论——人类思想史上的一次伟大理论创新，为什么可以实现中国化？这也是一个需要解决的理论问题。

如前所述，马克思主义首先是德国的、西欧的，因而，毋庸讳言，马克思主义具有地域性、民族性。但是也应当明确，马克思主义的视阈不仅是西欧，还是整个人类历史和世界全局，就其本质而言，马克思主义不是地域性理论，而是世界性理论，马克思主义的基本原理不只是对西欧情况的概括，而是对整个世界历史发展过程及其规律的概括和总结。特别是马克思的世界观和方法论，是整个人类认识史观的总计、总和与结论，对人类社会具有普适性。

1883年3月14日，恩格斯用英文在马克思墓前发表演说："正像达尔文发现有机界的发展规律一样，马克思发现了人类历史的发展规律"②。

---

① 《列宁全集》第47卷，人民出版社，1990，第464页。
② 《马克思恩格斯文集》第3卷，人民出版社，2009，第601页。

从恩格斯的论断中我们不难理解，马克思主义作为对人类社会一般规律的认识，就其本质而言是一种历史哲学，它包含着马克思主义的政治立场——马克思主义政党的一切理论和奋斗都应致力于实现最广大人民的根本利益；哲学世界观——辩证唯物主义和历史唯物主义的世界观和方法论；崇高的社会理想——实现物质财富极大丰富、人民精神境界极大提高、每个人自由而全面发展的共产主义社会。

从认识论视角来观之，马克思主义基本理论有必要，也必须实现从一般向个别、从共性向个性的转化。作为历史哲学，马克思主义基本理论来源于历史和现实，但它本身又是对历史与现实的超越，正如马克思所说："使用一般历史哲学理论这一把万能钥匙，那是永远达不到这种目的的，这种历史哲学理论的最大长处就在于它是超历史的"①。因此，马克思主义作为一种历史哲学，不应该、也不能够不加改造地套用；因为它不是教条，而是一种认识论和方法论，它给后人留下了一个广阔的思维和理论创新的空间。这是问题的一个方面。

另一方面，一般（共性）有待于转化为个别（个性），这还不等于说共性已经转化、正在转化和自然而然转化为个性。这种转化是在社会主体人的实践活动（认识世界和改造世界）中实现的。从认识论视角来考察，共性向个性的转化是共性的目的与实现，是主体的需要与理想，是理论创新的系统工程。马克思说："理论在一个国家实现的程度，总是取决于理论满足这个国家的需要的程度。"② 深入理解马克思的这句至理名言，我们不难发现，马克思作为马克思主义的主要创始人，他自己也认为，它的理论有一个"实现"的问题，不是理论本身就意味着"实现"，更不是理论本身就等于"实现"。同时，"实现"还有一个程度的问题，如果"理论"能满足这个国家的需要，那么"实现"就彻底一点，如果一点也不能满足，那就一点也"实现"不了，如果彻底满足了需要，那就彻底地"实现"了理论。显然，这个实现的程度决定于马克思主义被民族化、被时代化、被地域化、被大众化的程度。

① 《马克思恩格斯文集》第3卷，人民出版社，2009，第467页。
② 《马克思恩格斯文集》第1卷，人民出版社，2009，第12页。

　　按照此逻辑，一方面，理论在"生长"过程中有必要实现共性向个性的转化；另一方面，现实生动的社会实践又需要共性向个性的转化，这种转化是理论指导实践、理论应用实践、实践检验理论、实践创新理论的过程。这是同一个问题的两个方面，这种理论与实践具体的历史联系，使马克思主义中国化的社会实践从理想变成现实，使马克思主义的理论创新从可能变成现实。换言之，马克思主义中国化的本质，是中国共产党结合当代中国实际和时代特征，推进马克思主义理论创新，进而构建马克思主义的中国形态，并指导当代中国社会实践的一种现实要求，是一个波澜壮阔的理论创新过程。

　　3. 马克思主义何以实现中国化

　　如前所述，马克思主义中国化的过程，既是马克思主义与中国具体实际相结合的过程，又是推进马克思主义理论创新和中国实践创新的过程；既是运用马克思主义世界观、方法论来解决中国问题进而推进中国发展的过程，又是用中国的方式实践马克思主义进而推进马克思主义的发展过程，其本质就是探索或寻找马克思主义在中国的实现形式，其根本目的在于把中国的事情办好。

　　一是把握基本理论的哲学特征与现实生活之间的张力，推进马克思主义现实化。就是把马克思主义与中国现实相结合，注重运用马克思主义的世界观和方法论来分析和解决具有根本性的中国问题。例如，什么是社会主义？怎样建设社会主义？贫穷不是社会主义，那么社会主义如何摆脱贫穷？没有民主不是社会主义，那么社会主义如何发展民主？进而从政治或者意识形态上做出解释并确立指导中国长远发展的根本理念。

　　二是把握基本理论的地域特征与中国国情之间的张力，推进马克思主义民族化。就是把马克思主义与中华民族优秀传统文化相结合，注重研究并汲取"中华文化"的精粹，从中寻找解决中国问题的中国方式或者马克思主义的中国实现方式。比如，毛泽东把马克思主义的唯物论原则鲜明地概括为"实事求是"；邓小平把马克思主义认识论原则鲜明地概括为"解放思想"；新一届党中央把马克思主义历史观、发展观的核心鲜明地概括为"以人为本"。这就是具有中国风格、中国气派的马克思主义，这就是为什么在中国坚持中国特色社会主义理论体系就是坚持马克思的逻辑依据。

三是把握基本理论的历史特征与中国时代发展之间的张力，推进马克思主义当代化。偏离时代发展轨迹，背离时代发展要求，马克思主义理论就将失去活力，甚至失去存在的理由和根据。马克思主义问世于 160 多年前，毫无疑问，时代已经发生了深刻变化，那个历史背景下的理论与 21 世纪的时代特征、历史趋势迥然有别。当前，怎样建设中国特色社会主义，只能由当代中国共产党人讲新话，以反映新情况，解决新问题。

四是把握基本理论的学理特征与接受方式之间的张力，推进马克思主义大众化。就是把马克思主义与中国大众思维、大众习惯相结合，注重马克思主义的中国表达方式，使马克思主义与当代中国大众的社会心理、接受方式相适应、相衔接，成为影响中国人民生活方式、生产方式、情感方式的思维方式，为中国最广大人民群众所理解、所认同。

总结改革开放 30 多年来马克思主义中国化进程，至少有三个基本载体。

其一，学术载体。就是用马克思主义的世界观、方法论来深入分析"中国问题"，进而从学理上建构当代马克思主义的中国形态。现在中共中央组织由 300 位著名专家组成的马克思主义理论教材编写组织所从事的马克思主义理论研究和建设工程，就是马克思主义中国化的学术载体。

其二，政治载体。就是用马克思主义的世界观、方法论分析"中国问题"，把马克思主义作为中国共产党的"指导思想的理论基础"，把马克思主义及其中国化的最新理论成果写在自己的旗帜上，从而在政治或意识形态上确立当代中国发展具有指导地位和作用的马克思主义。我们党的十七大文件以及新时期党的基本理论、基本路线、基本方针、基本政策都是马克思主义中国化的主要政治载体。

其三，生活载体。就是用马克思主义世界观、方法论分析"中国问题"，把马克思主义的一般历史哲学还原到现实生产、生活、生态当中，关注"现实中的个人"①。这里的"人"，既不是长期以来一些官员视野中的"民"，也不是中国近现代史以来人们心目当中与敌人相对应的"人民"，而是马克思视野中的"现实的个人"。对现实的个人的关注，在尊重人、发展人的前提下，创新社会政策、创新社会体制，切实解决"现实的个人"的

---

① 《马克思恩格斯文集》第 1 卷，人民出版社，2009，第 524 页。

实际困难和问题。中共中央决定学习实践科学发展观，强调以人为本，就是马克思主义中国化的现实生活载体。

值得注意的是，在研究马克思主义中国化的问题时，有人提出这样的疑问，马克思主义中国化以后还是不是马克思主义，或者说中国化了的马克思主义还是不是马克思主义？对此，我们认为，中国化的马克思主义不是原生形态的马克思主义。实际上曾经被苏联人翻译和解释的马克思主义也不是原生形态的马克思主义。如果还是原生态的马克思主义，那么，所谓苏联化、所谓中国化也就失去了意义。因此，需要肯定的是，列宁主义、毛泽东思想和中国特色社会主义理论体系，它们首先是"马克思主义"，是次生或再生形态的马克思主义，具体地说是马克思主义在不同历史发展阶段的不同理论形态和表现形式。正是在这个意义上，我们肯定，它们和马克思主义是一脉相承的。

从马克思主义中国化的必要、可能、现实等诸多视角来考察我们发现，马克思主义没有过时，深层次原因是因为马克思主义可以具体化。其实，我们还可以进一步分析，马克思主义具体化本身就是一个重大哲学命题。

近年来，马克思主义中国化问题的研究已经超越了马克思主义理论一级学科的界限，成为中国哲学社会科学各学科普遍关注的重大课题。但归纳起来，我们发现，一个时期以来人们对马克思主义中国化的关注大多集中在：马克思主义中国化的基本规定、马克思主义中国化的历史溯源、马克思主义中国化的文化背景、马克思主义中国化的经验规律等，更多的研究则是对马克思主义中国化的阶段、过程、成果本身的讨论与考究。在我看来，这些研究是不无价值的，但这种研究往往只关注马克思主义中国化本身，或者只限于某学科的话语体系，而忽视了马克思主义中国化的整体性。当今世界正在发生广泛而深刻的变化，当代中国正在发生广泛而深刻的变革，在这种时代背景下，研究马克思主义中国化问题，不仅要凸显整体性方法，而且应当"跳出"马克思主义中国化本身，从马克思主义中国化与时代的关系方面来思考和把握马克思主义中国化的本质和宗旨。马克思主义中国化本身就是当代一个重大的哲学命题。

1. 哲学是文化的活的灵魂

我们把马克思主义中国化上升到哲学层面来思考，明确做出"马克思主义中国化是一个重要哲学范式"① 的判断，并不是内心激动的产物，而是在对哲学的基本品格和马克思主义中国化的根本旨趣深入分析的基础上得出的基本结论。众所周知，早在 19 世纪 40 年代，马克思就曾经明确指出："哲学就其性质来说，从未打算把禁欲主义的教士长袍换成报纸的轻便服装。然而，哲学家并不像蘑菇那样是从地里冒出来的，他们是自己的时代、自己的人民的产物，人民的最美好、最珍贵、最隐蔽的精髓都汇集在哲学思想里。"② 他认为："任何真正的哲学都是自己时代精神上的精华，因此，必然会出现这样的时代：那时哲学不仅在内部通过自己的内容，而且在外部通过自己的表现，同自己时代的现实世界接触并相互作用。那时，哲学不再是同其他各特定体系相对的特定体系，而变成对世界的一般哲学，变成当代世界的哲学。"③ 马克思这一精彩论断并不是在讨论哲学一般，而是基于当时德国哲学脱离变革现实世界的纯粹思辨形式而深入阐明他关于"世界的哲学"的思想。这一重要思想与其"哲学世界化"和"世界哲学化"、"消灭哲学本身"和"使哲学变成现实"的思想联系紧密。正如马克思自己所言："各种外部表现证明，哲学正获得这样的意义，哲学正变成文化的活的灵魂，哲学正在世界化，而世界正在哲学化——这样的外部表现在一切时代里曾经是相同的。"④

其一，19 世纪 40 年代德国哲学——思辨形而上学的超现实性、超历史性以及外在干瘪的抽象性已经窒息了哲学的生命。当时的德国哲学把一个需要说明的孤立的"事情"或"论断"作为不证自明的逻辑前提——全部学说由此出发的逻辑基础，或"先从事实得出一个抽象概念，然而宣称这个事实是以这个概念为基础的。这是给德国人的深思的和思辨的姿态的一种最便宜的方法"⑤。马克思在批判青年黑格尔派时说："如果哲学家以思辨的方式说出这些存在物，那他就是说出了非同寻常的东西。他创造了一个奇迹，他从'果品'这个非现实的理智本质中造出了现实的自然的实物——苹

---

① 《李达文集》第 4 卷，人民出版社，1988，第 32 页。
② 《马克思恩格斯全集》第 1 卷，人民出版社，1995，第 219 页。
③ 《马克思恩格斯全集》第 1 卷，人民出版社，1995，第 220 页。
④ 《马克思恩格斯全集》第 1 卷，人民出版社，1995，第 220 页。
⑤ 《马克思恩格斯全集》第 3 卷，人民出版社，1960，第 569 页。

果、梨等等，也就是说，他从他自己的抽象的理智（即他所设想的在他身外的一种绝对主体，在这里就是'果品'）中创造出这些果实。"① 马克思指出："人类的历史变成了抽象精神的历史，因而也就变成了同现实的人相脱离的人类彼岸精神的历史。"②

其二，19世纪40年代德国文化上的民族主义遮蔽了人们的世界视野。马克思在1845～1846年的《德意志意识形态》中指出："18世纪末德国的状况完全反映在康德的《实践理性批判》中。康德的善良意志完全符合德国市民的软弱、受压迫和贫乏的情况，他们的小眼小孔的利益始终不能发展成为一个阶级的共同的民族的利益，因此他们经常遭到所有其他民族的资产阶级的剥削。与这利小眼小孔的地方利益相适应的，一方面是德国市民的现实的地方性的、省区的褊狭性，另一方面是他们的世界主义的自夸。"③ 马克思则站在整个欧洲，甚至站在世界历史维度去研究和批判德国哲学的强烈地域主义和民族主义，尖锐地指出："为了正确评价这一套甚至在可敬的德国市民心中唤起他们引以为快的民族感情的哲学骗局，为了清楚地表明这整个青年黑格尔派运动的渺小卑微和地方局限性，特别是为了揭示这些英雄们的真正业绩和关于这些业绩的幻想之间的啼笑皆非的对比，就必须站在德国以外的立场上来考察一下这些喧嚣吵嚷"④。在马克思看来，实现哲学变革必须实现把握德国社会甚至把握整个世界的基本方式、基本视角的历史性转换。

其三，19世纪40年代德国哲学、文化的纯粹思辨性和狭隘民族主义特点，决定了它只是以不同的方式解释世界。马克思则批判了德国思辨哲学，并主张"消灭哲学本身"，进而找到打开通向"世界的哲学"大门的钥匙。马克思"站在德国以外的立场"，确立回归经验事实的科学方法论，"在思辨终止的地方，在现实生活面前，正是描述人们实践活动和实际发展过程的真正的实证科学开始的地方。关于意识的空话将终止，它们一定会被真正的知识所代替。对现实的描述会使独立的哲学失去生存环境，能够取而

---

① 《马克思恩格斯文集》第1卷，人民出版社，2009，第279页。
② 《马克思恩格斯文集》第1卷，人民出版社，2009，第292页。
③ 《马克思恩格斯全集》第3卷，人民出版社，1960，第211页。
④ 《马克思恩格斯选集》第3卷，人民出版社，1965，第20页。

代之的充其量不过是从对人类历史发展的考察中抽象出来的最一般的结果的概括。这些抽象本身离开了现实的历史就没有任何价值。它们只能对整理历史资料提供某些方便，指出历史资料的各个层次的顺序。但是这些抽象与哲学不同，它们绝不提供可以适用于各个历史时代的药方或公式。"①

2. 哲学范式的基本视野

回溯马克思19世纪40年代对德国哲学的批判，对哲学这种把握世界基本方式的特殊本质的揭示，我们不难发现，在马克思的视野中，哲学范式具有三个基本品格。

第一，哲学范式以面向世界为基本观察视野。哲学就其本质而言，是世界哲学，"哲学不是在世界之外，就如同人脑虽然不在胃里，但也不在人体之外一样"②，"哲学不再是同其他各特定体系相对的特定体系，而变成面对世界的一般哲学，变成当代世界的哲学"。③ 这是马克思主义最基本的哲学观，不能以西方哲学、文化，否认非西方哲学、文化，反之亦然。德国哲学家施韦策曾经智慧地认为："只有当西方思想走出自我，懂得寻求包括它自己在内的一个具有全人类普遍性世界观时，它的觉醒才是完全的。我们过久地关注我们自己的哲学体系的发展，而没有注意到一个事实，即存在着一种世界哲学，我们西方哲学不过是它的一部分——我们西方哲学，如果根据它自己最近宣称的标准来判断，则要比我们自己所承认的幼稚得多。我们没有感觉到这一点，那仅仅是因为我们已经掌握了学究式地表达简单事实的技巧。"④ 从这个意义来说，马克思主义中国化，就是马克思的世界哲学观在中国20世纪30年代的生动展现。

第二，哲学范式以改变世界为基本价值取向。在被恩格斯称为"包含着新世界观的天才萌芽的第一个文件"的《关于费尔巴哈的提纲》中，马克思曾经明确地将自己的哲学称为"新唯物主义"。而"新唯物主义""新"就"新"在它把哲学的根本使命定格在对现实世界的改造上。可以肯定的是，这里的世界绝不是那种与人分离和与人无关的世界，而是与人的

---

① 《马克思恩格斯文集》第1卷，人民出版社，2009，第526页。
② 《马克思恩格斯全集》第1卷，人民出版社，1995，第220页。
③ 《马克思恩格斯全集》第1卷，人民出版社，1995，第220页。
④ 清华大学思想文化研究所编《世界名人论中国文化》，湖北人民出版社，1991，第265页。

生存与发展有着现实性联系的世界，即人所面对并与人构成现实的对象性关系的感性世界，马克思将其称为"对象、现实、感性"。这种"对象、现实、感性"既包括人所面对的感性自然世界，又包括人在其中的社会世界。而那种在人之前与人之外的所谓"对象、现实、感性"的非感性世界虽然是一种自在性的存在，但由于这种非感性世界没有与现实的人的意识与行为发生对象性关系，因而对于现实的人来说，对于哲学来说就是"无"。正如马克思在批判费尔巴哈的旧唯物主义时尖锐指出的那样："他没有看到，他周围的感性世界决不是某种开天辟地以来就直接存在的、始终如一的东西，而是工业和社会状况的产物，是历史的产物，是世世代代活动的结果。"① 换言之，哲学视野中的感性世界不是一种天然世界，而是一种属人的世界或人类学意义上的世界，是在人的实践活动中生成、演化和变革的世界，是自然向人的生成和人向自然的生成的产物。也正是在这个意义上，马克思说："哲学家们只是用不同的方式解释世界，而问题在于改变世界。"② 这就深刻地揭示了感性世界生成变革的本质、革命实践活动的本质和哲学范式的本质。

第三，哲学范式以关注现实为基本经验科学基础。马克思认为，"经验的观察在任何情况下都应当根据经验来揭示社会结构和政治结构同生产的联系，而不应当带有任何神秘和思辨的色彩"③。与此相关联，"历史向世界历史的转变，不是'自我意识'、世界精神或者某个形而上学幽灵的某种纯粹的抽象行动，而是完全物质的、可以通过经验证明的行动"④。因而，哲学从来也不承认普遍的"药方或公式"⑤。

3. "马克思主义中国化"命题的哲学价值

发人深省的是，哲学范式的这些基本品格在"马克思主义中国化"这一命题中无不得到了充分的展示。首先，"马克思主义中国化"是"时代精神的精华"。从世界历史视角来审视，"马克思主义中国化"问世的 20 世纪

---

① 《马克思恩格斯文集》第 1 卷，人民出版社，2009，第 528 页。
② 《马克思恩格斯文集》第 1 卷，人民出版社，2009，第 506 页。
③ 《马克思恩格斯文集》第 1 卷，人民出版社，2009，第 524 页。
④ 《马克思恩格斯文集》第 1 卷，人民出版社，2009，第 541 页。
⑤ 《马克思恩格斯文集》第 1 卷，人民出版社，2009，第 526 页。

30 年代末以来的历史时代，是人类社会从传统的农业社会向现代工业社会转变的时代。众所周知，初期工业化或古典式工业化肇始于 18 世纪后半期欧洲工业革命引起的工业化浪潮，现代意义上的工业化始于 19 世纪。20 世纪中叶，西欧、北美等国家和地区已经进入成熟的高度工业化阶段。在这样一个历史时代，工业化、现代生产方式已经把单个国家、民族、地区的历史活动纳入"世界历史性的共同活动"，每个文明民族、国家以及这些国家的一切需要的满足都无不依赖于整个世界，彻底消灭了在人类漫长历史中自然形成的各国孤立状态。"新的工业的建立已经成为一切文明民族的生命攸关的问题"①，遗憾的是，那时中国的工业化还在步履蹒跚。但是，马克思则预言："工业较发达的国家向工业较不发达的国家所显示的，只是后者未来的景象。"②

这是历史向世界史的转变的必然趋势。马克思主义中国化恰恰是在历史向世界史转变的背景下，在西方工业化、现代化高度发展的时代中提出的重大理论命题，其深刻的哲学涵义已经成为重构现代性时代"最美好、最珍贵、最隐蔽的精髓"③。这一重大哲学命题，让马克思主义植根于中国土壤，聚焦了中国人的世界眼光，探索了中国重构现代性的革命和建设的特殊规律。

其次，马克思主义中国化是"改变世界"的哲学。从历史过程来考察，马克思主义中国化是马克思主义基本原理同中国革命和"重建社会"实际相结合。从哲学视角来考察，"马克思主义中国化"即是改造和重建中国社会的新哲学。这里至少有四层深刻内涵：一是马克思主义的历史化，即把马克思主义与中国历史方位相结合，运用马克思主义的基本方法研究中国在世界历史背景中的"历史方位"，对中国所处的历史方位给予准确的判定，进而探究这一历史方位中的"中国化马克思主义"；二是马克思主义的现实化，即把马克思主义与中国社会现实相结合，运用马克思主义的世界观和方法论把握具有根本性的"中国问题"，进而从政治或意识形态上做出

① 《马克思恩格斯文集》第 2 卷，人民出版社，2009，第 35 页。
② 《马克思恩格斯文集》第 5 卷，人民出版社，2009，第 8 页。
③ 《马克思恩格斯全集》第 1 卷，人民出版社，1995，第 219 页。

解释并指导中国现代性重构的"中国化马克思主义";三是马克思主义的民族化,即把马克思主义与中华优秀文化传统相结合,研究并汲取"中华文化"的精粹,从中寻求解决中国问题的哲学方法论和马克思主义基本价值的中国实现方式,这是具有中国风格和中国气派的"中国化马克思主义";四是马克思主义的大众化,即把马克思主义与大众思维相结合,注重马克思主义的"中国表述",使马克思主义与当代中国大众的社会心理与接受方式相适应,成为影响中国人民生活方式的思维方式,成为中国最广大人民群众所理解、所认同的"中国化马克思主义",所有这些集中到一点,就是面向中国现实,解决中国问题,探索中国现代化模式,是马克思主义中国化的根本要义和哲学使命。最后,马克思主义中国化是面向现实的方法论。马克思主义中国化是对马克思主义的发展历史、理论品质、政治立场、实践特征和社会理想等多个向度的哲学反思,是对马克思主义在中国传播、应用近百年历史的理论总结。这种反思与总结包含了对中国现实生活世界的哲学把握,是对历史事实和现实性叙事方式的思想再现,我们不能不说,马克思主义中国化是通过对中国现代化历史的感性体验、对西方现代性模式的理性追问,而凝结、升华的"重建社会"的世界眼光、襟怀气度、精神理念和思维方式。这种思维方式具有鲜明的主体性、对话性、现实性和价值性。所谓主体性,就是马克思主义中国化主张通过具体的历史的实践活动改造社会世界并使其发生变化以满足需要,其核心是马克思主义中国化所表现出来的能动性、创造性和自主性。所谓对话性,就是马克思主义中国化是马克思主义基本理论与中国历史和现实的双向互动,在互动中考察演进的历史、审视发展的社会,并从中寻找社会发展规律,把握现实社会变革。所谓现实性,就是马克思主义中国化绝不像 19 世纪 40 年代德国哲学——思辨形而上学的超现实性、超历史性以及外在干瘪的抽象性已经窒息了哲学那样,满足于"宏大叙事",而是"有的放矢",强调"马克思列宁主义之箭,必须用了去射中国革命之的。"①

　　所谓价值性,就是使马克思主义在中国具有鲜明的中国的特性、中国的作风、中国的气派,并切实解决中国重构现代中的实际问题。总之,从

---

① 《毛泽东选集》第 3 卷,人民出版社,1991,第 820 页。

哲学视角来观之，马克思主义中国化作为一个重大哲学命题，正在中国重构现代性的伟大工程中，消解着思维与存在、主观与客观、一般与个别、历史与时代、经验与创造的差异和矛盾。作为一种体现时代性，把握规律性，富于创造性的思维方式，是马克思主义认识论、辩证法、历史观和价值观的高度统一，是人们把握现代中国和世界的基本方式。

马克思主义中国化是当代一个重大哲学命题，既是"解释世界"的需要，又是"改造世界"的需要。

实际上，马克思主义中国化实质上就是马克思（主义）与中国传统文化相结合。在马克思主义中国化过程中，如何处理好与中国传统文化的关系，是一个争论较多的问题！有两种截然不同的观点：一种是拒斥中国传统文化；另一种是希望在中国传统文化中找到马克思主义的因素。实际上，如果不与中华优秀传统文化相结合，中国化的马克思主义就失去了中国文化之根，而仅仅谈中国传统文化的复兴，中国化的马克思主义又难以获得自己的时代性和超越性。今天，马克思主义中国化要与中国传统文化相结合，当代中国马克思主义的创新发展要重视中国传统文化，已形成共识！问题的关键在于要进一步研究马克思主义与中国传统优秀文化相结合的方式问题。

第一，马克思主义与中国传统文化相结合，是马克思主义中国化的题中应有之义。以往对马克思主义中国化的理解，主要侧重于"把马克思主义基本原理与中国革命的具体实践相结合"[1]，而相对忽略与中国传统优秀文化相结合！毛泽东思想与中国特色社会主义理论体系的创立和发展过程表明，中国文化是中国人了解、掌握马克思主义的"理解起点"，其优良成分更是马克思主义在"中国化"的过程中不断得到丰富与发展的肥沃土壤。正如产生于西方文化语境的马克思主义有自己的理论来源一样，东方特别是具有五千年历史传统的中华文明也构成了马克思主义中国化的思想资源。推进马克思主义中国化，不仅要系统地梳理中国传统文化的优秀遗产，更要研究传统社会主义思想遗产如何成为中国特色社会主义理论体系的思想资源；不仅需要对从孔夫子到孙中山的思想遗产进行全面批判地继承，更要

---

[1]　《十五大以来重要文献选编》，人民出版社，2001，第1201页。

进一步研究中国特色社会主义理论体系是如何批判继承这一优秀思想遗产的。只有这样，马克思主义中国化才具有民族文化血脉，才能真正坚持马克思主义中国化的中国立场、中国风格和民族气派。

第二，用马克思主义的立场、观点和方法对中国传统文化进行改造。因为在中国现代化的历程中，不是传统文化挽救了中国，而是中国革命的胜利使传统文化免于同近代中国社会和民族的衰退一道走向没落；不是传统文化把一个满目疮痍、贫穷落后的中国推向世界，而是当代中国的改革开放和中华民族的伟大复兴把传统文化推向世界，并使中国的传统文化重振雄风成为可能。没有一个强大的中国，就不会有一个名扬四海的孔夫子。马克思主义中国化要求我们立足时代、实践和人民大众的需要去评价、清洗、吸收和弘扬中国传统文化，而不是用中国传统文化去"化"马克思主义。

第三，从中国传统文化中寻找马克思主义的生长点。马克思主义中国化，昭示了中国共产党对异域文化相互交融这一发展规律的自觉体认，体现了马克思主义在中国深入发展的内在要求！马克思主义中国化正是由文化契合进而达到文化融合，最终实现文化转换和重构的。一方面，马克思主义中国化、时代化、大众化以一种新型的、革命的、具有批判精神的现代文化，对中国传统文化产生了强有力的冲击，使其改变惰性，走向变革；另一方面，又把中国文化传统中仍然具生命力的内容纳入这种新型现代文化中，使其通过转型而获得新的存在形式和生命活力，从而找到新的生长点。从民族文化的包容性来看，马克思主义中国化就是中华民族从文化心理上接受马克思主义、进而对自身的传统文化进行扬弃的创新过程。中华民族的传统文化是在漫长的历史演变过程中，由不同民族、不同地域、世代传承交汇融合而成的，其突出特点是海纳百川、兼容并包、多元一体！如果没有中华民族文化的包容性，马克思主义中国化不可能有广泛的群众基础。由此，应进一步立足当代中国和世界的实践，运用马克思主义的立场、观点和方法，对中国传统文化资源进行深入发掘和提炼，重构一种真正面向现代化、面向世界、面向未来的中国特色社会主义文化，与此同时，也要使马克思主义更深层地融进中国文化之中，从而具有更深厚的中华文化底蕴，具有更鲜活的民族表达方式，具有更鲜明的民族特色。

第七章　马克思的定力与转化

马克思（主义）问世以来，一直在复杂的"斗争"中发展、演进，但马克思一直站在劳动群众的立场上，为劳动群众代言；马克思逝世后，他的主义几经转化成各种形态，但至少在中国共产党九十多年的发展中，始终是一脉相承、与时俱进、保持战略定力的。

一　社会规律与人的活动

社会规律与人的活动关系问题，是一个长期困扰我们的重大哲学问题。自1984年《哲学研究》第七期发表刘奔先生《论社会规律的一般性》一文始，对此的争论到目前为止仍在进行，众说纷纭，迄今没有定论。其焦点在对社会规律客观性的认识和理解上。一种观点认为社会规律即人的活动规律，没有人，就没有社会规律。这两种观点都具有真理性，但由于论者各执一端，就难免失之偏颇。

1846年12月，马克思在《致巴·瓦·安年科夫的信》中明确指出："社会——不管其形式如何——是什么呢？是人们交互活动的产物。"[①]人是社会的基本细胞，是社会唯一的有机构成要素。从原始杂居的人群，到以国家为标志的现代意义上的社会，都不是上帝一手操纵的"天国喜剧"，也不是上帝控制、人来表演的"人间傀儡剧"，而是堪称"万物之灵"的文化人自编、自导、自演的"历史创造剧"。生产劳动（社会实践的最基本形式）是人类社会的起点，是社会与自然界统一的桥梁，是人猿揖别的纽带，

[①] 《马克思恩格斯全集》第47卷，人民出版社，2004，第440页。

是人类最终告别野蛮、蒙昧的动力，是整个社会生活的实质和核心。马克思、恩格斯指出："一当人们自己开始生产它们所必需的生活资料的时候（这一步是由他们的肉体组织所决定的），他们开始把自己和动物区别开来。"① 生产劳动不仅把人与动物区别开来，而且决定社会的生存和发展。社会中的一切现象，不管是经济的、政治的，还是军事的、文化的，都是在人的生产劳动基础上逐渐形成、发展和完善的。离开了人们改造世界的"对象性活动"，人类社会便成了变幻莫测的魔方。如果把人类社会的历史比喻成汹涌澎湃的大潮，那么，生产劳动是大潮的源头和波涛，而人则是唯一的弄潮儿。人类社会各方面的演变，其实就是人类活动变化的展现。人类历史就是不断改变着的人类自己作用于客观环境的有目的的活动的展开过程及其结果。人是这个过程的主体，活动是其内容、筋骨和核心，是真正的奥秘所在。环境是活动的基础和凝结。至此，并不存在一种在人的活动之外的帮助人们、教导人们去创造他们自己历史的力量。马克思对此有过明确的解释，他说："'历史'并不是把人当做达到自己目的的工具来使用的某种特殊的人格。历史不过是追求着自己目的的人的活动而已。"② 恩格斯对此做了进一步发挥："人们总是通过每一个人追求他自己的、自觉预期的目的来创造他们的历史，而这许多按不同方向活动的愿望及其对外部世界的各种各样作用的合力，就是历史。"③ 由此可见，社会的运动，即以生产劳动为基础的人的实践活动，社会的发展史即人的实践活动的发展史。人是社会的人，社会是人的社会。所以社会规律必然寓于人的活动之中。

首先，人的活动是社会规律的内在根据。我们知道，马克思把社会关系归结为生产关系，把生产关系归结为生产力的高度，进而把社会经济形态的发展、演变看作"自然历史过程"。表面看来，社会发展的客观必然性、规律性似乎与人的活动没有什么关联，实际上却恰恰相反，两者是社会发展的同一过程的两个方面。人的活动是社会规律的内在依托。社会生

---

① 《马克思恩格斯全集》第 3 卷，人民出版社，1960，第 24 页。
② 《马克思恩格斯全集》第 2 卷，人民出版社，1957，第 118 页。
③ 《马克思恩格斯文集》第 4 卷，人民出版社，2009，第 302 页。

产力（主要是人与自然的关系）与生产关系（主要是人与人的关系）的发展史，归根结底是现实的人在变革现实的活动中"炼出"新品质，"造就"新力量，"创建"新的生产、生活方式和交往方式的历史，是"个人本身力量发展的历史"①。上层建筑（包括政治上层建筑和思想上层建筑）的产生和发展，更是以人的活动为基础的。马克思指出："社会结构和国家总是从一定的个人的生活过程中产生的。"② 而意识形态则是现实的人的物质生活过程的"反射"、"回声"和"必然升华物"③。如此看来，人同社会或社会环境的关系，归根结底是创造与被创造的关系。社会生产力与生产关系，经济基础与上层建筑的矛盾运动虽然是"自然历史过程"，但在诸多矛盾系统中，"个人自主活动""个人本身力量"始终是一个"自变量"，即使被视为"社会发展最终决定力量"的生产力，也不过是"个人本身力量"的体现，"是人们的实践能力的结果"④。没有人的积极自觉的活动，社会的存在和发展就失去了依托。当然，社会发展的客观规律也就不可能是独立于现实的人的活动之外的某种具有自己"特殊人格"的规律，社会规律只能在人的对象性活动中展现其恢宏的面貌。

其次，人的自我实现活动的拓展是社会规律的生动体现。马克思指出："整个所谓世界历史不外是人通过人的劳动而诞生的过程。"⑤ 劳动，"自由自觉的劳动"是人的本质活动。人类社会的发生、发展过程，与其说是"一个自然历史过程"，毋宁说是"人以一种全面的方式，作为一个完整的人，占有自己的全面的本质"⑥ 的过程。

马克思的唯物史观与以往的历史观不同，它从不把人性、人的一般本质视为社会发展的根据，当作一成不变的、永恒的、给定的东西，而是把人的本质理解为"一切社会关系的总和"，是随着社会历史的发展变化而发展变化的东西。马克思不是用人性、人的本质说明、解释历史的发展，而是用社会历史的真实发展说明、解释人的本性和人的本质。早在1847年，

---

① 《马克思恩格斯文集》第1卷，人民出版社，2009，第576页。
② 《马克思恩格斯文集》第1卷，人民出版社，2009，第524页。
③ 《马克思恩格斯文集》第1卷，人民出版社，2009，第525页。
④ 《马克思恩格斯全集》第27卷，人民出版社，1972，第477页。
⑤ 《马克思恩格斯文集》第1卷，人民出版社，2009，第196页。
⑥ 《马克思恩格斯文集》第1卷，人民出版社，2009，第189页。

马克思在《哲学的贫困》中指出："整个历史也无非是人类本性的不断改变而已。"① 很明显，在唯物史观的视野里，人类社会的"自然历史过程"，也就是人通过对象性活动不断改变、改善、占有自己本质，实现自由、和谐、全面发展的宏伟目标的拼搏、奋斗过程。为了揭示两者的内在统一性，为了给人的全面发展创造物质和精神条件，马克思在 1857～1858 年间，从人与人的关系、人的自我发展、自我实现程度的视角，把人类社会的发展划分为三大社会形态，即"人的依赖关系（起初完全是自然发生的），是最初的社会形式，在这种形式下，人的生产能力只是在狭小的范围内和孤立的地点上发展着。以物的依赖性为基础的人的独立性，是第二大形式，在这种形式下，才形成普遍的社会物质变换、全面的关系、多方面的需要以及全面的能力的体系。建立在个人全面发展和他们共同的、社会的生产能力成为从属于他们的社会财富这一基础上的自由个性，是第三个阶段"②。马克思这段精湛的理论分析蛰伏着社会形态由低向高发展的"自然历史过程"与社会主体人，由野蛮向文明、由受动向自由、由片面向全面、由对立向和谐、由异化向异化的扬弃的自我实现过程，具有内在统一性的深刻内涵。

总而言之，社会规律寓于人的活动中，社会规律即"人们自己的社会行动的规律"③。

在社会规律与人的活动关系问题的讨论中，有的人认为，"社会规律既有客观性，又有主观性"④，并在一定程度上认为，社会规律"以人的意志为转移"。我们从人是社会的人，社会是人的社会的马克思主义基本观点出发，论证了社会规律寓于人的活动中，社会规律即人的活动规律，解释了社会规律的发生前提、存在的根据和发生作用的内在机制，确立了人在社会历史中的主体地位。但这绝不意味着社会规律性就是人的活动的主观目的性。

诚然，社会历史过程就是主体人的运动过程，实践活动就是主体的基本存在方式。在人的实践活动中，目的这一主观环节插在了客观的因果链

① 《马克思恩格斯文集》第 1 卷，人民出版社，2009，第 632 页。
② 《马克思恩格斯文集》第 8 卷，人民出版社，2009，第 52 页。
③ 《马克思恩格斯文集》第 3 卷，人民出版社，2009，第 564 页。
④ 列宁：《哲学笔记》，人民出版社，1993，第 158 页。

条中，因而也作为客观运动的现实原因发挥着作用。当然，现实运动的结果也就不仅包含客观因素的作用，而且包含主观目的的作用；不仅包含因果联系，而且包含目的性联系。但是，这却是两种具有本质区别的联系，不能混淆。

由于生产活动是人的对象性活动的"细胞"，解剖这个细胞，有助于搞清社会规律与人的活动的关系。因此，我们援引马克思的一段论述："诚然，动物也生产。动物为自己营造巢穴或住所，如蜜蜂、海狸、蚂蚁等。但是，动物只生产它自己或它的幼仔所直接需要的东西；动物的生产是片面的，而人的生产是全面的；动物只是在直接的肉体需要的支配下生产，而人甚至不受肉体需要的影响也进行生产，并且只有不受这种需要的影响才进行真正的生产；动物只生产自身，而人生产整个自然界；动物的产品直接属于它的肉体，而人则自由地面对自己的产品。动物只是按照它所属的那个种的尺度和需要来构造，而人却懂得按照任何一个种的尺度来进行生产，并且懂得处处都把固有的尺度运用于对象；因此，人也按照美的规律来构造。"①

在这里马克思指出了人的生产同动物的生产的不同，指出了人的生产同动物的生产是按照不同尺度进行的。特别有意义的是，马克思在这里指出了人的生产中两个尺度的统一的思想。人在进行生产时，一方面要使自己的活动符合自然事物本身的客观尺度——外在尺度，即要按客体的属性和规律来进行。生产者要服从客体，使主体客观化，因为，人的生产只能从自然事物现实是怎样的和如何成为怎样的这一前提出发；另一方面，又要使自己的活动符合自己的内在尺度，把自己的内在尺度运用到对象上去，按内在尺度，在力所能及的前提下，按照主体的需要和价值目标使客体服从主体，使客体主体化。因为，生产的目的是要使事物对人类来说应当成为怎样，进而从事物的客观尺度和自己的内在尺度统一上，对事物进行分解和综合，改变事物自在的现成形式，创造符合人自己本性和需要的客体，达到主体对客体的实践掌握。可见，人的生产劳动是主体客体化、客体主体化的双向运动，它体现了外在尺度和内在尺度、合规律性与合目的性的

---

① 《马克思恩格斯文集》第 1 卷，人民出版社，2009，第 162 页。

辩证统一。生产劳动这一最基本的实践活动的特点告诉我们：人的活动的双重尺度并不是一个东西，即社会规律性与人的主观目的性并不是一个东西。

首先，就某一具体的历史时代的人的群体来说，他们虽然是自己历史的有目的的创造者，"但是他们并不是随心所欲地创造，并不是在他们自己选定的条件下创造，而是在直接碰到的、既定的、从过去承继下来的条件下创造。"① 一定的生产力状况、交往形式、生产关系等对特定时代的人来说，是客观的、既定的、外在的，人们不能超越。"人们不能自由选择自己的生产力——这是他们的全部历史的基础，因为任何生产力都是一种既得的力量，是以往的活动的产物"②，人们绝不能"自由选择某一社会形式"③。人们的对象性活动未必一定是社会规律的体现，有时可能是对社会规律地违反和践踏。人们的意志、激情、动机更不等于社会规律。人们要有效地改造社会，必须在以往人们活动的基础上，认识并尊重社会规律。如果漠视社会条件和社会规律，随意"创造"、盲目"选择"，非但不会达到改善社会、实现自我的目的，反而会遭到历史辩证法的惩罚。

其次，就某一具体的历史的个人来说，他的活动的主观目的性往往与社会规律的差异更大。唯物史观认为："任何人类历史的第一个前提无疑是有生命的个人的存在。"④ 但社会规律却不会因个人的意志为转移。个人的活动是能动的、自觉的，但绝不是绝对自由的。恩格斯指出："历史进程是受内在的一般规律支配的。因为在这一领域内，尽管各个人都有自觉预期的目的，总的说来在表面上好像也是偶然性在支配着。人们所预期的东西很少如愿以偿，许多预期的目的在大多数场合都互相干扰，彼此冲突，或者是这些目的本身一开始就是实现不了的，或者是缺乏实现的手段。这样，无数的单个愿望和单个行动的冲突，在历史领域内造成了一种同没有意识的自然界中占统治地位的状况完全相似的状况。"⑤ 所以，"问题只在于

---

① 《马克思恩格斯文集》第 2 卷，人民出版社，2009，第 470 页。
② 《马克思恩格斯文集》第 10 卷，人民出版社，2009，第 43 页。
③ 《马克思恩格斯文集》第 10 卷，人民出版社，2009，第 42 页。
④ 《马克思恩格斯全集》第 3 卷，人民出版社，1960，第 23 页。
⑤ 《马克思恩格斯文集》第 4 卷，人民出版社，2009，第 302 页。

发现这些规律"①。

可见，个人的活动或由个人组成的人的群体的活动与社会规律并没有必然的内在的一致性，他或他们的活动的主观目的性也不等于社会规律性。

正确理解和掌握社会规律与人的活动的关系，是正确认识和形成唯物史观的关键，相应的，只有对唯物史观有了科学的认识和理解，才能正确而全面地领会和把握社会规律与人的活动的辩证关系。

通观马克思、恩格斯的有关论述，可以清楚地看出，他们是根据历史发展的连续性和阶段性相统一的特点，利用逻辑与历史相统一的思维方法，科学的说明历史发展中的客观规律与人的活动之间的辩证关系。一方面，人类历史是世世代代的人们连续不断的活动创造的，对人的活动的总体来说，社会规律完全是内在于人的活动的，他是不可能游离于人的活动之外的。不是社会规律产生了人的活动，而是人的活动产生了社会规律。如果把人类历史比成一个剧本，那么人本身就是剧作者。这就是社会规律与人的活动的同一性。另一方面，处于社会发展的一定历史阶段的人们的创造历史的活动，又必然受前人创造的既定的历史条件的制约。这些先在条件规定着人们活动的内容、方式和规模。人们必须以现实的社会环境，即人所面对的生产力和生产关系及上层建筑等一系列社会关系所构成的社会环境为对象客体和活动的现实基础。每一代人都不能随心所欲地创造历史，历史也不是人的理性的自由创造物。从这个角度来看，社会规律对人的活动又具有某种外在性、预定性。当人们开始活动时，首先要受到社会条件、社会规律的限制。这种社会规律（包括社会条件）并不是在他们的活动中形成的，而是在他们前人的活动中产生、形成和发展的。换言之，人本身又是剧中人，人在历史舞台上的活动要受自己创作的剧本的制约。这就是社会规律与人的活动的差异性。如果只讲人们创造历史活动的连续性，不讲人们创造历史活动的阶段性，只强调社会规律与人的活动的内在统一性，而否认差异性，实际上就否认了古往今来各个历史发展阶段的人的本质的差别，把现实的、历史的、具体的人打扮成超历史的、抽象的、幻想中的人，如同在运动观上，只讲运动的连续性，不讲运动的阶段性，必然会陷

① 《马克思恩格斯文集》第4卷，人民出版社，2009，第302页。

入唯心主义一样，在历史观上，只讲历史发展的连续性，不讲历史发展的阶段性，也必然陷入把人的理性当作历史发展源动力的历史唯心论。相反，如果只讲人们创造历史活动的阶段性，不讲人们创造历史活动的连续性，只强调社会规律与人的活动的差异性，而否定其一致性，把社会规律与人的活动分开并对立起来，这实际上就是把社会规律神秘化，把现实的人的主体地位贬低了，整个社会历史的发展就是预成的了，社会主体就只是剧中人了，那么，剧作者是谁呢？如同在运动观上，只讲运动的阶段性，不讲运动的连续性，必然陷入机械决定论一样，在历史上只讲历史发展的阶段性，不讲历史发展的连续性，势必导致宿命论。对此，恩格斯做了全面的阐释："历史是这样创造的：最终的结果总是从许多单个的意志的相互冲突中产生出来的，而其中每一个意志，又是由于许多特殊的生活条件，才成为它所成为的那样。这样就有无数互相交错的力量，有无数个力的平行四边形，由此就产生出一个合力，即历史结果，而这个结果又可以看作一个作为整体的、不自觉地和不自主地起着作用的力量的产物。因为任何一个人的愿望都会受到任何另一个人的妨碍，而最后出现的结果就是谁都没有希望过的事物。所以到目前为止的历史总是像一种自然过程一样地进行，而且实质上也是服从于同一运动规律的。但是，各个人的意志——其中的每一个都希望得到他的体质和外部的、归根到底是经济的情况（或是他个人的，或是一般社会性的）使他向往的东西——虽然都达不到自己的愿望，而是融合为一个总的平均数，一个总的合力，然而从这一事实中决不应作出结论说，这些意志等于零。相反，每个意志都对合力有所贡献，因而是包括在这个合力里面的。"① 看来，恩格斯既没有因为承认人的活动及其目的性，而否认社会规律的客观性，从而把人的理性思维视为社会发展的原动力；也没有因为承认社会规律的客观性而否认人的活动及其目的性，从而把人当作社会规律的附庸。总而言之，恩格斯既未因为承认社会规律与人的活动的一致性而否认其差异性，也未因为承认二者的差异性而否认其一致性，而是把同一性和差异性的综合看作社会规律与人的活动的本来辩证法。

---

① 《马克思恩格斯文集》第 10 卷，人民出版社，2009，第 592 页。

　　社会的本体究竟是什么？长期以来，人们解释为：社会本体即"社会物质"，有些人直截了当地把"社会物质"解释为"经济关系"。社会本体是社会主体人的实践。

　　人类社会究竟是怎样产生的？其"中介"或"契机"究竟是什么？难道是自然界发展到一定阶段，凭借"物竞天择，适者生存"产生的吗？马克思主义的回答是，社会的产生是靠主体的劳动实践创造的。因此，从最根本的意义上讲，没有人的劳动实践，就不会有人类社会本身。社会生活也只有通过人的实践才能维持，才能发展。社会中的一切现象，不管是经济现象、政治现象，还是精神现象，都是在人的实践基础上形成、发展和完善的。离开人改造世界的实践活动，就无所谓社会和社会生活。由此可见，实践是人类社会产生、存在和发展的基本的决定性条件。如果把社会比做一种汹涌澎湃的大潮，那么，实践则是这个大潮的源头。一言以蔽之，"社会生活在本质上是实践的"[①]。人类社会的发展史，就是人的实践活动的发展史。人类社会的发展规律，就是人类实践的发展规律，如果离开人的实践来认识人类社会，那么根本不可能描述出整个社会发展的清晰图景，也就不能深刻理解社会发展的一般规律，当然，也就不可能形成历史唯物主义。

　　我们知道，历史发展的客观必然过程，确实在社会主体人的创造性实践活动中展现了其恢宏的面貌，深深打上了主体人的实践活动的印记。这不仅表现为"自然历史过程"，而且表现为人的自觉创造过程，从而表明了社会发展的客观进程与主体创造性活动在动态的发展中遵循的同一规律。从这个意义上来说，客观规律并不是外在于人的活动的异化形式，人的自觉的历史创造活动也绝不是对客观规律的拜托和超越，归根结底，两者是同一个过程。早在19世纪40年代，马克思就在《1844年经济学——哲学手稿》中，从劳动对象化入手，创立了劳动异化理论，达到了对能动性与受动性统一的理解，并以社会主客体之间的辩证运动揭示了历史活动本身的客观制约性，提出了历史及其规律是通过主体人的劳动而诞生的思想。在《关于费尔巴哈的提纲》和《德意志意识形态》中，马克思和恩格斯又

---

① 《马克思恩格斯文集》第1卷，人民出版社，2009，第505页。

看到了社会关系和社会制度的全部总和是主体人实践活动的产物。尤为重要的是，他们发展了辩证唯物主义实践观，对主观和客观、主体和客体在实践中的相互关系做了科学的解释。开始把主体人的一切形式的实践活动的规律看作是历史上客观东西的最重要的形式。完整地阐释了关于历史实践活动的社会制约性的思想。马克思把一切社会关系归结为生产关系，又把生产关系归结为生产力，并视生产力为社会文明的指示器。所有这些都取决于主体的社会实践。生产力和生产关系并不是无源之水、无本之木，在其形成之前，是有着坚实的来自社会主体的内在根源的。

生产力不过是人们由自身生存和发展需要所决定并满足这些需要的必然的实践活动形式。它是在需要向劳动的转化中形成和发展的。生产力的状况和水平，是自然界满足主体需要的程度的度量。因而，生产力是人们满足自身需要的能力，是人们实践的结果，是主体人的本质力量的体现。至于生产关系，不过是人们的个体活动所借以实现的必然形式罢了。它是主体生产实践得以进行的根本保证。正如恩格斯所说："为了进行生产，人们相互之间便发生一定的联系和关系；只有在这些社会联系和社会关系的范围内，才会有他们对自然界的影响，才会有生产。"[①] 可见，生产力和生产关系不是自古就有的，而是由主体创造的。因此，马克思、恩格斯与以往的任何思想家都不同，他们从主客体统一的角度来观察和理解生产力，认为生产力既是人们实践的结果，又是某一特定时代人的实践活动的现实前提，是社会发展的最终决定力量。而且反复强调生产力"只有在这些个人的交往和相互联系中才是真正的力量"[②]，正是在这个基础上，马克思才不把社会发展看作一个纯粹的自然过程，而是看作一个由主体人的实践维系并推动的"自然历史过程"。由此观之，社会历史发展的客观进程所遵循的规律其实也就是人的社会实践的规律，即"有了我们就开始有了历史"[③]。人类史同自然史的区别在于，人类史是人类自己创造的，而自然史不是人类自己创造的。

---

① 《马克思恩格斯文集》第 1 卷，人民出版社，2009，第 724 页。
② 《马克思恩格斯文集》第 1 卷，人民出版社，2009，第 580 页。
③ 《马克思恩格斯全集》第 20 卷，人民出版社，1971，第 374 页。

　　如果在探索社会规律时，舍弃主体人的因素，进而否定社会规律属人的性质，那就从根本上违背了历史唯物主义的实践本体论，结果就会导致抛弃自身、丧失自我的结果。

　　恩格斯在《致瓦·博尔吉乌斯》的信中论述政治、思想等对经济条件也有很大的影响时说："经济条件归根到底还是具有决定意义的，在这里透过各种偶然性来为自己开辟道路的必然性，归根到底仍然是经济的必然性"①。有人仅仅根据这段论述，便静态地考察不断发展着的有机的社会历史，进而逻辑地得出了"单线经济决定论"。以为社会中的一切均由"经济必然性"操纵、安排，人则名正言顺地变成了经济的附属物。试问，经济必然性来自何处？在马克思看来，经济必然性并非天赐，而是人们的实践能力作用的结果。马克思主义的经典作家们为了更深刻地揭示社会规律的特点，避免人们的误解，便进一步指出："根据唯物史观，历史过程中的决定性因素归根到底是现实生活的生产和再生产"②，从事这种生产和再生产的"在社会历史领域内进行活动的，是具有意识的、经过思虑或凭激情行动的、追求某种目的的人；任何事情的发生都不是没有自觉的意图，没有预期的目的的"③，但反映社会发展总趋势，进而决定社会发展的是人们的意志和动机的"总平均数，总合力"。由此不难看出：第一，马克思、恩格斯把"经济必然性"与人的实践活动作为在社会发展中具有决定意义的东西来理解，是他们从不同角度来考察社会所得出的必然结论，二者在本质上是一致的；第二，经济必然性似乎凌驾于人之外，其实，它仍然是主体人有意识、有目的的实践创造的结果或留下的轨迹，因此，经济必然性同人的意志的"合力"是一个东西；第三，很明显，这里的所谓人，绝不是个人（包括非常杰出的人物），而是"整个的民族，整个的阶级"④。也正是从这个意义上来说，社会发展规律与人的实践活动规律是同一的。

　　如前所述，就人的社会总体来说，社会的发展既是合乎规律的，又是合乎目的的，因而社会发展规律与人的活动规律是一致的。但就某个具体

---

　　① 《马克思恩格斯全集》第 39 卷，人民出版社，1979，第 558 页。
　　② 《马克思恩格斯文集》第 10 卷，人民出版社，2009，第 591 页。
　　③ 《马克思恩格斯文集》第 4 卷，人民出版社，2009，第 302 页。
　　④ 《马克思恩格斯选集》第 1 卷，人民出版社，1995，第 71 页。

时代的具体个人来说，他的活动及其性质与社会发展的规律又不是同一的。

社会的发展作为一个自然历史过程，其客观性与自然规律一样，都不以个人的意志为转移。虽然有生命的个人的存在，是任何人类历史的第一个前提，但这些现实的个人的活动却只能是自觉的，而不能是绝对自由的。个人的意识、动机必定是第二性的东西，是客观物质的东西的派生物，因此，人们必须客观认识并充分尊重社会发展的客观规律，否则就不可避免地遭受客观规律的惩罚。

诚然，每一时代的个人，只有在不以他们意志为转移的现有的社会物质条件下，在前一代人积累的生产力的基础上和既定的交往形式——一定社会关系中，才能从事生产实践活动，进而从事其他形式的活动。个人的生产状况如何，首先取决于进行生产活动的物质条件——一定的生产方式。他们作为个人，不管是伟大领袖，还是平民百姓，都不能自由地选择生产力，选择社会形式。这是个人活动的必然的受动性。如果在考察社会的个人的活动中，舍弃了社会物质条件、社会关系对人的活动的制约性，以为社会中的一切都以自己的意志为转移，那就会投入唯心史观的怀抱。

但是必须指出：社会实践是由无数现实人的实践活动组成的，没有现实的人的参与，社会就会变成空中楼阁了。其实，社会活动中的每个人，都具有自觉的意图和特殊的目的，并由于其自身的需要，总是同外部世界结成各种各样的关系。这种关系反映到人脑中，便形成各式各样的价值判断，然后再根据自己的判断做出选择，并按照美的规律付诸实践，塑造自己。然而，众多个人的实践只有汇聚成集体的合力，才能与社会的客观规律统一起来。这不仅是因为人民群众的实践目的、过程和归宿总是同历史发展的总趋势相吻合，而且是因为不同个人之间相互矛盾的实践力量相互抵消之后，才产生出作为"合力"的行为后果，这种行为后果的指向恰恰构成了历史发展的客观趋向。个人活动只是人类社会实践的一个极其微小的部分，它同赋有合力性的群体实践具有不同的性质。个人活动不能构成社会历史规律。这是因为，在社会中由于每个人所处的条件不同，他们都有各自特殊的实践目的和行为方式，这些目的和方式往往又是相互冲突，互相矛盾的。社会历史总是不顾个别人的行动目的和追求，按照自身的规律向前发展。即使某个人的活动同历史发展方向相一致，也不等于他的行动促成或创造了历史规律。历史的必然性乃是从无数个人的相对偶然的活动中生长出来的必然性。因此，个人的实践只能是社会规律发生作用的内在机制，但两者却不是同一个东西。

19 世纪 40 年代德国"青年黑格尔派"鲍威尔，把人的自我意识理解为人的唯一本质，然后又把这种自我意识描绘成似乎可以脱离现实的人独立存在的主体、创造世界历史的原则和工具。在他们看来，这种变成了批判的自我意识，并不是人人都有的，而是他们这些具有"批判"头脑的哲学家的私产，这些"杰出者"才是历史的推动者、创造者。至于整个人类，群众则是消极的、被动的。这种彻头彻尾的英雄史观，是个人崇拜，迷信英雄的思想基础。马克思指出：社会发展的规律与个人的活动并不是一个东西，"历史活动是群众的事业，随着历史活动的深入，必将是群众队伍的扩大"[①]。

从实践本体论的角度来看，社会发展规律与人的活动是辩证统一的关系。社会规律具有属人的特性，人在社会生活中占据主体地位。人们总是既要顺应社会，又要变革社会；既要受制于社会，又要支配社会；既要依赖社会，又要改造社会。这种关于主体的实践过程、社会发展的自然历史过程与人的自身完善过程三者一致的认识，在理论和实践上都有极其重要的意义。

首先，这种认识既同机械唯物主义划清了界限，又有力地回击了形形色色的唯心史观对历史本来面目的歪曲。在认识史上，旧唯物主义"对对象、现实、感性，只是从客体的或者直观的形式去理解，而不是把它们当做人的感性活动，当做实践去理解"[②]。因此，其不能不在社会历史领域实现自我背叛。现代西方结构主义哲学学派，否认人在社会中的主体地位，把社会看成无主题的过程。主客观唯心主义者则更是有过之而无不及，他们要么把社会当作英雄人物主观意志的产物，要么视社会为"绝对精神"的外化。而我们却以实践为中介，把社会的发展规律与人的实践联系起来，进而揭示了社会发展的本来辩证图景，即"整个所谓世界历史不外是人通

---

① 《列宁全集》第 10 卷，人民出版社，1987，第 338 页。
② 《马克思恩格斯文集》第 1 卷，人民出版社，2009，第 503 页。

过人的劳动而诞生的过程"①。历史是追求着自己目的的人的活动。社会生活和人的本质都根源于人的劳动实践，都在人的劳动中得到表现、确证和发展。人的劳动实践既体现了人和社会的统一，又反映了人的活动规律与社会发展规律的辩证一致性。所以，这种认识既与那种只把经济必然性理解为社会发展的决定因素，贬低人的主体性的机械唯物主义观点划清了界限，又戳穿了各种片面夸大精神、意志决定作用的否认人民群众创造历史的唯心主义谬论。只有如此，我们才能真正坚持唯物史观。

其次，这种认识启迪我们在制定路线、方针、政策时，应吸取过去那种在长期"左倾"思想束缚下盲目地单纯变革社会生产关系，以促使社会发展的历史教训，摆脱那种追求片面发展，孤立上升的形而上学的决策方式，把社会经济的发展，政策的变革与人的素质的提高统一起来思考，联系起来决策。只有这样，才能使社会协调发展，稳步前进。忽视其中任何一个因素，把社会发展的"经济必然性"与人的活动及其全面、自由、和谐的发展对立起来，势必使社会陷于徘徊不前，长期停滞中。

最后，这种认识有助于人们对自己民族的传统文化做理性的审视，进而促使国人恰当的反省、批判、改造和重建民族文化，为祖国的全面改革和建设创造一个良好的文化机缘。

马克思主义告诉我们：社会历史绝不是几个"杰出人物"的舞台，而是人们共同奋斗的场所。历史绝非个别英雄"替天行道"，一手操纵的人间傀儡剧，而是由人——主体自编、自导、自演的历史创作剧。20世纪80年代，改革开放，建设富强、民主、文明的社会主义中国的伟大运动，是全中国人民的共同事业，尽管现在或将来社会所发生的一些事情与某个人的主观愿望相冲突，但作为中国人民中的一分子，每个人的智慧和力量都是推动中国社会前进的"总的合力"中的一个组成部分。"每个意志都对合力有所贡献，因而是包括在这个合力里面的。"② 这就启示每一个中国人，必须立即觉醒起来，实事求是地认识自己作为社会主体的人生价值和使命——当主人，不做看客，以自己卓有主观意向性的实践活动，为中华民族的腾飞

---

① 《马克思恩格斯文集》第1卷，人民出版社，2009，第196页。
② 《马克思恩格斯文集》第10卷，人民出版社，2009，第593页。

而拼搏、奋斗。

二　社会重建与社会工程

马克思、恩格斯在《德意志意识形态》中，明确提出"重建社会"。这是他们对"改变世界"的诠释。党的十八届三中全会通过的《中共中央关于全面深化改革若干重大问题的决定》将中国特色社会主义和中国梦紧密联结在一起，向全党发出全面深化改革的动员令："谱写改革开放伟大事业历史新篇章，为全面建成小康社会、不断夺取中国特色社会主义新胜利、实现中华民族伟大复兴的中国梦而奋斗！"① 实现中国梦，必须坚定不移地走中国特色社会主义道路，要通过深化社会体制改革来推进和加强社会建设，让发展的成果更多更公平地惠及全体人民。

实现中国梦，就是要让人民过上幸福安康的生活。改革开放和社会主义现代化建设的根本目的，就是要在经济发展基础上逐步提高人民的物质文化生活水平。加强社会建设，必须以保障和改善民生为重点，要从维护广大人民根本利益的高度，加快健全基本公共服务体系，不断改进公共服务方式，多谋民生之利，多解民生之忧，解决好人民最关心、最直接、最现实的利益问题，在学有所教、劳有所得、病有所医、老有所养、住有所居上持续取得新进展，努力让人民过上更好的生活。

中国梦与中国人民对美好生活的向往和追求是紧密相连的。习近平同志说："我们的人民热爱生活，期盼有更好的教育、更稳定的工作、更满意的收入、更可靠的社会保障、更高水平的医疗卫生服务、更舒适的居住条件、更优美的环境，期盼孩子们能成长得更好、工作得更好、生活得更好。人民对美好生活的向往，就是我们的奋斗目标。"② 这是对民生建设的中国梦的生动诠释。经过 30 多年的改革发展，共同贫穷已经成为历史，初级民生问题已经解决，现阶段我国的民生问题随着时代的发展同步变化，其内

---

① 国家主席习近平在 2013 年 11 月 12 日中国共产党第十八届中央委员会第三次全体会议上作的《中共中央关于全面深化改革若干重大问题的决定》。

② 习近平：《习近平谈治国理政》，外文出版社，2014，第 4 页。

涵也在不断地升级，既有物质保障层面，又有发展和生存质量层面。从保障民生，到改善民生，再到提升民生，民生表现为一个不断发展的过程。我国现阶段事实上已经进入了民生升级版时代，而且是全方面升级版的民生新时代，其重要标志就是人民对生活有了更全面的、更高层次的新追求，并集中表现在追求社会公平正义、合理分享财富、稳定安全预期、提升生活质量等方面。在解决温饱问题后，良好的教育、较充分的就业、公正的收入分配、完全的社会保障网、发达的公共服务、健康的生活环境日益成为城乡人民的普遍追求，成为国家发展进程中必须考虑的重大民生问题。

公平正义是中国特色社会主义的内在要求，也是实现中国梦的现实追求。党的十八大提出："要在全体人民共同奋斗、经济社会发展的基础上，加紧建设对保障社会公平正义具有重大作用的制度，逐步建立以权利公平、机会公平、规则公平为主要内容的社会公平保障体系，努力营造公平的社会环境，保证人民平等参与、平等发展权利。"[①] 实现社会公平正义的根本举措就在于制度建设。通过制度安排实现社会公平正义，代表了人民群众的根本利益，是使全体人民共享改革发展的成果，走向共同富裕的有效实践路径。只有通过制度安排实现社会公平正义，代表人民群众的根本利益，才能使全体人民共享改革发展的成果。只有维护和实现社会公平正义，广大人民群众的心情才能舒畅，各方面的社会关系才能协调，人们的聪明智慧才能充分发挥出来，整个社会才会更加和谐稳定和充满活力，全体人民才能进一步同心协力地共同建设和发展中国特色社会主义，才能早日实现中华民族伟大复兴的中国梦。

当前，我国正处于发展的重要战略机遇期和社会矛盾的凸显期。一方面，我国经济发展取得了举世瞩目的成就，已经成为世界第二大经济体，社会建设也取得了一系列进步，基本公共服务水平有所提高，社会保障体系建设取得了一定成效。经过新中国成立60多年特别是改革开放30多年来的建设和发展，我国经济实力和综合国力显著增强，这为不断满足人民日益增长的物质文化需要、解决社会建设领域存在的问题打下了重要的物质基础。另一方面，我国仍处于并将长期处于社会主义初级阶段的基本国情

---

① 习近平：《习近平谈治国理政》，外文出版社，2014，第96页。

没有变，人民日益增长的物质文化需要同落后的社会生产之间的矛盾这一社会主要矛盾没有变，发展起来以后的问题不比不发展时少，发展中不平衡、不协调、不可持续问题依然突出，解决各种社会问题的物质基础还比较薄弱。在社会转型和经济转轨的新形势下，我国社会建设滞后于经济建设的问题比较突出，社会矛盾明显增多，教育、就业、社会保障、医疗、住房、生态环境、食品药品安全、安全生产、社会治安、执法司法等关系群众切身利益的问题较多，城乡区域发展差距和居民收入分配差距依然较大。问题倒逼改革。实现中国梦，必须解决当前社会建设领域存在的突出问题。这就需要我们从社会主义初级阶段的实际出发，通过深化社会体制改革来切实解决这些突出问题，努力实现人民群众追求幸福生活的新期待。

深化社会体制改革是我国社会建设的核心问题。党的十八届三中全会提出，要"紧紧围绕更好保障和改善民生、促进社会公平正义深化社会体制改革，改革收入分配制度，促进共同富裕，推进社会领域制度创新，推进基本公共服务均等化，加快形成科学有效的社会治理体制，确保社会既充满活力又和谐有序"①。解决社会建设领域存在的突出问题，关键在于深化社会体制改革。只有通过社会体制改革创新，才能充分调动各方面的积极性，充分发挥人民群众的首创精神，最大限度解放和增强社会发展活力。只有解放和增强社会发展活力，才能推动中国特色社会主义社会体制自我完善和发展，从而为社会建设与经济建设、政治建设、文化建设、生态文明建设协调发展提供强有力的体制保障。

一要推进社会事业改革创新。社会事业改革创新是一项影响深远的社会变革，事关党的执政地位的巩固，事关国家长治久安，事关社会安定有序，事关人民安居乐业。实现发展成果更多更公平惠及全体人民，必须加快社会事业改革，解决好人民最关心最直接最现实的利益问题，努力为社会提供多样化服务，更好地满足人民需求。要牢牢把握加强社会事业改革创新的核心问题，深化教育领域综合改革，健全促进就业创业体制机制，形成合理有序的收入分配格局，建立更加公平可持续的社会保障制度，深

---

① 中国政法大学制度学研究中心编《把权力关进制度的笼子里》，人民出版社，2014，第21页。

化医药卫生体制改革。二要创新社会治理体制，这是加强社会建设的重大现实课题。治理不同于管理，其主体是多元的，管理的主体只是政府，而治理的主体还包括社会组织乃至个人。创新社会治理，必须着眼于维护最广大人民的根本利益，最大限度地增加和谐因素，增强社会发展活力，提高社会治理水平，全面推进平安中国建设，维护国家安全，确保人民安居乐业、社会安定有序。要改进社会治理方式，激发社会组织活力，创新有效预防和化解社会矛盾体制，健全公共安全体系，完善国家安全体制和国家安全战略，确保国家安全。推进社会治理方式变革，必然要求加强在政府、社会、市场、公民个人之间的合作与良性互动，形成新型伙伴关系。从"加强和创新社会管理"到"创新社会治理体制""解放和增强社会活力"的变化，体现了我们党治国理政理念的与时俱进。三要坚持人民主体地位，广泛动员和组织群众依法有序参与社会治理，切实保障人民享有更多更切实的社会事务管理的民主权利，充分发挥人民的主体地位和首创精神，努力形成社会和谐人人有责、和谐社会人人共享的生动局面。

在全球化时代，发达的现代社会潜伏着越来越巨大的风险。特别令人焦虑的是，这些风险是由试图去控制这些风险的现代化进程产生的。尽管风险不同于危险，现代社会并不必然导致其自身消解和自我危害，反思和批判本身也蕴含规避风险的可能性，但是人类的前途与命运正以前所未有的规模和紧迫性向人类的理智提出挑战，应对这种挑战已经成为现代思想家面临的最棘手的世纪难题，许多"天灾"的本质是"人祸"，许多难题的根源在于思维方式上的偏颇。"社会工程"作为风险社会时代建立在人们改造世界实践活动基础上的重要思维方式，应该成为现代社会人类把握世界的基本方式。

20 世纪这一百年对人类的影响超过了人类有史以来所有世纪的总和。现代社会中的每一个人都从生活的不同角度体验了 20 世纪对人类的冲击，这是一个使人留恋、振奋、迷惘、憧憬和思索的时代。这一百年，观念的庞杂和繁衍伴随着物质生产和对自然征服的扩大，人类的行为也更加脱离以往几个世纪传统的束缚，向着多元化的方向发展。这种强烈的自然科学技术观念与人类挑战和改造自然行为的互动构成了表现为人类生产方式、生活方式、思维方式的多种文化形态。20 世纪末以来，全球化与风险社会并行，科学技术飞速发展、信息化进程加快、非传统安全问题凸显，又促成了人类社会发展方式的重大变革。人与自然、人与人、人与社会的许多重大问题都不是简单地表现为经济、政治、文化等某一领域、某一方面的问题，而是综合表现为社会运动和人类生存的深层次问题，表现为人的活动方式、生存方式、情感方式、社会动力和平衡机制以及社会活动图式的问题。与此同时，人文社会科学的发展也面临着难得的历史机遇和严峻的时代挑战，某一个学科或某一种研究方法往往难以为现代社会诸多矛盾和问题的消解提供理论支撑和思想动力。在这种社会背景下，跨学科对话与研究必将走向学术研究的时代前沿，现代社会人类把握世界的基本方式必将做出相应的调整与创新。马克思早在1857年《〈政治经济学批判〉导言》中就曾指出："整体，当它在头脑中作为思想整体而出现时，是思维着的头脑的产物，这个头脑用它所专有的方式掌握世界，而这种方式是不同于对于世界的艺术精神的，宗教精神的，实践精神的掌握的。"①在这里马克思实际上讨论了两个问题：一是人类把握世界的若干方式问题，即艺术的、宗教的和实践的方式问题；二是人类把握世界的方式与世界的关系问题，强调"具体之所以具体，因为它是许多规定的综合，因而是多样性的统一。因此它在思维中表现为综合的过程，表现为结果，而不是表现为起点，虽然它是现实的起点，因而也是直观和表象的起点"②，也就是说，人类把握世界的方式是把现实世界"当作一个精神上的具体再现出来"的方式。

作为社会实践的逻辑延伸或社会实践的一种具体存在方式，社会工程是人类改造社会的现实过程。在这里，社会工程作为一个哲学范畴，是人类改造、建构世界现实过程的"具体再现"。作为现代社会人类把握世界的一种基本方式，社会工程更具有科学性、创造性、系统性和超越性。具体地说，社会工程首先是对世界的哲学把握，是哲学地把握世界的一般方式在现代社会的特殊表现形式。社会工程在历史和逻辑上比"艺术精神的"、"宗教精神的"和"实践精神的"把握方式更具有综合性，社会工程思维内在地包含着艺术精神（人文和审美）、宗教精神（信仰和理想）和实践精神（改造和建构），是"艺术精神的"、"宗教精神的"和"实践精神的"把握方

---

① 《马克思恩格斯文集》第8卷，人民出版社，2009，第25页。
② 《马克思恩格斯文集》第8卷，人民出版社，2009，第25页。

式在现代社会的历史发展，并赋予了这三种传统把握方式现实性的内涵。正如马克思所说："动物只是按照它所属的那个种的尺度和需要来构造，而人却懂得按照任何一个种的尺度来进行生产，并且懂得处处都把固有的尺度运用于对象；因此，人也按照美的规律来构造。"① 社会工程之所以成为现代社会人类把握世界的基本方式，主要是由现代社会生成、发展的经济根源、技术机制以及后现代主义在解构或"续写"现代性过程中暴露的诸多悖论决定的，因此我们在一定意义上可以说，社会工程作为现代社会人类把握世界的基本方式是一种历史的必然选择。

现代社会的生成与发展是一个历史嬗变过程，在这一历史过程中，资本扮演了十分重要的角色，也就是说现代社会与资本有着内在的本质关联。关于这一历史和理论问题，马克思恩格斯曾在《共产党宣言》等著作中做过精辟的分析与论述。我们有必要深入追问的是：资本是什么？资本与现代社会是如何关联的？这对于认清现代社会在人类社会发展史上生成与发展的内在机制至关重要。现代社会，特别是资本主义社会在经济、政治、文化、科学与技术等方面呈现的现代性，不仅是资本逻辑的外在表现与结果，也是资本逻辑的内在条件和内在机理。离开了现代性，资本运动就难以正常进行；离开了资本，这些现代性也就失去了动力与支撑。所以，我们在一定意义上可以说，现代性与资本是现代社会的两个方面，两者相互支撑使现代社会成为现实，使人类历史成为世界历史。

马克思曾经批评旧唯物主义，对对象只是"从客体的或者直观的形式去理解"②，正确的做法则是"当做感性的人的活动，当做实践去理解"③。按照马克思的这一逻辑，"资本不是物"。马克思没有把"资本"理解为"物"，更没有简单地把资本理解为"物质财富"。在马克思的视野中，资本是能够带来剩余价值的价值，"资本不是物，而是一定的、社会的、属于一定历史社会形态的生产关系，后者体现在一个物上，并赋予这个物以独特的社会性质"④。从马克思对资本的认识可以看出，无论是"能够带来剩余价

① 《马克思恩格斯文集》第1卷，人民出版社，2009，第163页。
② 《马克思恩格斯文集》第1卷，人民出版社，2009，第499页。
③ 《马克思恩格斯文集》第1卷，人民出版社，2009，第499页。
④ 《马克思恩格斯文集》第7卷，人民出版社，2009，第922页。

值的价值"，还是"一定的、社会的、属于一定历史社会形态的生产关系"①
等，所有对"资本"的这些提炼与概括，其本真意义在于指明资本的本质是
一种社会关系，资本的生产、资本的扩张、资本的积累、资本的增殖实际上
是在一种特殊的社会关系的强制力量下进行的。确实，价值本身是人与人之
间的关系；"生产关系"本质上是人与人的物质利益关系，是社会关系的核
心部分。从这个意义上说，支撑并推动现代社会生成与发展的力量不是也不
应当是简单的"资本"了，而是一种资本主义特殊社会形态下的特殊社会关
系及其"物"的表现形态，是维系这种社会关系于一定"秩序"之中的手
段和方式。从哲学视角观之，社会关系总是通过"社会规则"定义和体现
的，而社会规则是社会主体用以改造社会、调整社会关系、协调社会运行
的实践性知识体系——社会技术的具体形式②。换言之，资本是一种社会关
系，这种社会关系构成追求货币增值的强制性客观力量，驱使资本家尽可能
减少劳动者的消费以剥离出最大剩余价值，克制自己消费欲望以将尽可能多
的剩余价值再转化为资本。马克思就是在社会关系（主要是生产关系）进而
在社会技术（人们在资本主义条件下调整人与社会关系的手段）的意义上发
现资本问题、研究资本现象、揭示资本运动规律的。正如戴维·哈维所说：
"马克思提供了有关资本主义现代化最早的和最完整的描述之一，高度有组
织的劳动的技术与社会分工对于资本主义来说虽然一点都不独特，却是资本
主义现代化的基本原理之一。这形成了一根促进经济增长和资本积累的有
力杠杆。"③ 他认为："资本主义是一种社会制度，它把确保它在自身世界史
之中保持长久革命性和破坏性力量的各种规则内在化了。因此，如果说'就
现代性而言唯一有保证的事情就是不稳定性'的话，那么就不难看出这种不
稳定性源于何处。然而，马克思坚持认为，有一种单一的原理在起作用，它
支撑和构成了所有这一切革命性的动荡、分裂和持久的不稳定。这一原理
存在于他所称的最为抽象的'运动着的价值'之中，或者更简单地说，存在
于资本永无休止的流通和不断寻求获取利润的新方法之中。由于同样的原

---

① 《马克思恩格斯文集》第7卷，人民出版社，2009，第922页。
② 参见田鹏颖《社会技术哲学》，人民出版社，2005，第3页。
③ 参见戴维·哈维《后现代的状况——对文化变迁之缘起的探究》，阎嘉译，商务印书馆，
　2003，第133页。

因，存在着一些看来具有力量的、高度有序的协调体制。"① 正是这种特别的社会技术形式构成了资本实现其增殖的保障。诚然，现代社会背景下，现代理性在社会生产、生活中突出表现为经济运行的理性化、行政管理的科层化、公共领域的自律化以及公共权力的民主化和契约化。正如帕森斯指出的，社会发展经历了"原始的"、"中间的"和"现代的"三大阶段，而过渡到现代阶段的特征是"规范化秩序的制度化符号"。

三 社会改革与顶层设计

改革开放是决定当代中国命运的关键一招，也是一个极其复杂的系统工程。推进改革开放，不仅要有正确的立场，而且要有正确的方法。党的十八大以来，习近平同志站在新的历史起点上，围绕全面深化改革发表了一系列重要论述，不仅在对中国特色社会主义规律和全面深化改革内在规律的认识上达到了新高度，而且丰富和发展了唯物辩证的马克思主义方法论思想，为全面深化改革提供了方法论指导。贯彻落实党的十八大和十八届三中全会精神，全面深化改革，就必须深刻领会习近平同志关于全面深化改革的方法论思想。

党的十八大以来，习近平总书记在一系列重要讲话中多次提到"顶层设计"，特别是针对在新的历史起点上全面深化改革问题，他反复强调作为一场深刻革命——改革开放是一个系统工程，必须坚持正确的方法论，正确处理好"摸着石头过河"和"加强顶层设计"的关系，注重改革的系统性、整体性、协同性，使各项改革相互促进、良性互动，整体推进，重点突破，形成推进改革开放的强大合力。

那么何谓"顶层设计"，"顶层设计"何以可能，"顶层设计"何以设计等问题，大都迫切需要我们深长思之。本文拟结合国家治理体系现代化建设，深入讨论社会工程这个"顶层设计"的方法论问题。

"顶层设计"开启于党的十八届三中全会的全面深化改革，涉及经济体

---

① 参见戴维·哈维《后现代的状况——对文化变迁之缘起的探究》，阎嘉译，商务印书馆，2003，第 143 页。

制、政治体制、文化体制、社会体制、生态文明体制和党的建设制度改革，其广泛性和深刻性前所未有。经济、政治、文化、社会、生态文明各领域改革和党的建设改革紧密联系、相互交融，任何一个领域的改革都会牵动其他领域，同时也需要其他领域改革密切配合。如果各领域改革不配套、不协调、不平衡，各方面改革措施相互牵扯，全面深化改革就很难推进下去，即使勉强推进，效果也会大打折扣。因此，必须坚持正确的方法论，在不断实践探索中勇往直前。正如习近平总书记所指出："需要加强顶层设计和整体谋划，加强各项改革的关联性、系统性、可行性研究。"①

特别需要关注的是，党的十八届三中全会确定的全面深化改革的总目标——完善和发展中国特色社会主义制度，推进国家治理体系和治理能力现代化。这一总目标由"国家治理体系"和"治理能力现代化"两部分构成，"治理体系"是"治理能力现代化"的前提和基础，"治理能力现代化"是"治理体系现代化"的目的和结果，要真正实现国家治理能力现代化，首要任务是建立健全一套完整、合法、有效的"国家治理体系"。

一般认为，国家治理体系由经济治理、政治治理、文化治理、社会治理、生态治理五大体系构成。从全球"治理"思想精髓、世界发达国家治理实践和中国国情相结合的视角来考察，具有中国特色的"国家治理体系"，至少应该包括五大基本内容。

治理结构体系——解决治理主体问题："党、政、企、社、民、媒"六位一体。中国特色的国家治理结构包括中国共产党、国务院及各级地方政府、混合型市场企业、各类社会组织、广大人民群众、各类媒体等缺一不可，要建立好治理主体之间边界清晰、分工合作、平衡互动的多主体和谐关系。其中，处理好政府与市场、政府与社会之间的关系，是多元化治理主体之间的两大核心关系，其关键在于把本属于市场、社会的职能，完全交给市场和社会，政府重点履行好宏观调控、公共服务、维护社会规则等职能。

治理功能体系——解决治理体系作用问题：动员、组织、监管、服务、配置五大功能。社会动员的关键在于有效发挥社会动员功能，在经济、政

---

① 习近平：《习近平谈治国理政》，外文出版社，2014，第88页。

治、文化、社会、生态、党建等各个领域的深化改革中，取得最大的社会共识，凝聚社会合力；社会组织的关键在于把各类社会主体，融入特定类型、特定目的的各类组织体系中，提高国家与社会的组织化程度，谋求个人利益、集体利益和国家利益的统一；社会监管的关键在于对各类经济主体、政治主体和社会主体实施宏观监控，保持国家政治、经济和社会总体和谐稳定；社会服务功能的关键在于顺应经济社会发展的趋势和要求，最大限度地提供规模化、优质化、多样化的公共服务和社会保障，满足人民群众日益提高的多元化物质和文化需求，这是国家治理体系保持长久良性运转的基础保障；社会配置功能的关键在于实现经济资源的市场化配置，让市场在资源配置中发挥决定性作用，全面提高资源配置效率，充分激发国家发展活力。

治理制度体系——解决治理结构有效运转问题：法制、激励、协作三大基本制度。建构治理主体，明确治理功能，构建完备的法律和制度体系，保障治理体系的有效运转，这是现代国家法理体系的核心要件。制度作为软实力，直接决定着国家治理体系的成败。政党建设、经济建设、社会建设、文化建设、生态文明建设等领域，要适时更新和建立法律体系，把所有的政治活动、经济活动、社会活动、文化活动、生态活动纳入法律框架体系，通过制定科学、有效的激励体系，最大限度地调动所有领域的多元化主体，在宪法和法律的框架下，激发和释放内在潜能和活力，促进国家各领域主体协同推动公民个人和国家不断走向进步。

治理方法体系——解决治理手段问题：法律、行政、经济、道德、教育、协商六大方法。现代国家治理是一个社会系统工程，需要多元方法和手段的协同使用，特别是法律手段、行政手段、经济手段、道德手段、教育手段等综合施治，让每个个体更新观念，发挥潜能，激发活力。按照民主协商的总要求，在政治、经济、社会、文化、生态等领域，建立健全多主体协商机制，疏通利益表达渠道，扩大民主参与，促进社会公平发展。

治理运行体系——解决治理方式问题：自上而下、自下而上、横向互动等三大运行方式相互补充。自上而下方式即本文所谓"顶层设计"，这是大国治理必须依靠的治理方式，关键在于处理好中央政府与地方政府、上级政府与下级政府之间的权责关系，坚决贯彻落实有益政策，根除"上有政策、下有对策"的对抗性思维和做法,确保政策不走样、不变味;自下而上方式即本文所谓"摸着石头过河",诸多领域的改革创新,可依靠地方层面的先行先试,等掌握了规律、积累了经验以后,再向全国推行和推广,降低改革风险与成本;横向互动方式即现代国家治理主体之间实现协同效应、整合效应、创新效应。

如前所述,全面深化改革是一个复杂的社会巨系统工程,特别是完善和发展中国特色社会主义制度,推进国家治理体系和治理能力现代化这一总体目标的实现,比以往任何时候都更加需要把"摸着石头过河"与"顶层设计"结合起来,做好顶层设计这篇大文章。而"顶层设计"的方法论依据则是社会工程。

设计是把一种计划、规划、设想通过一定的形式表达出来的创造性活动过程。人类通过劳动改造世界,建设文明,创造物质财富和精神财富,其中最具有本体论意义的创造活动是人们对人与自然关系的调整与变革。因此,从物质资料生产这种最基本和最重要的人类活动来看,设计是与此紧密关联的预先的计划。从这个意义上说,我们可以把任何人化自然活动的计划技术和计划过程理解为设计。

由此,我们不难看出,设计自从问世以来便与工程结下了不解之缘。众所周知,工程活动既不是人们原始本能的活动,也不是简单、零散的"条件反射性"行为,而是人们有目的、有组织、有计划的"改变世界"的创造性活动。在现代工程活动中,设计是融起始性、定向性、指导性、价值性为一体的关键环节,也是一项工程得以顺利实施的基本逻辑前提,以至于我们在一定意义上甚至可以说,没有设计,就没有工程。成功的设计是工程顺利实施的前提、基础和保证。由此可以推定,平庸的设计预示了平庸的工程,错误的设计决定了失败的工程,科学合理的"顶层设计"往往实现工程经济效益、社会效益、生态效益的统一。

"顶层设计"是工程"整体理念"的具体化,是工程要达到理念一致、功能协调、结构统一、资源共享、要素有序的系统论方法,即从全局视角出发,对工程的各个层次、各个要素、各个环节进行系统考虑,全面运筹。从这个意义来说,"顶层设计"并非新范畴,而是工程学的常用概念,核心在于统筹兼顾,追根溯源,把握全局,在最高层次上寻求和破解问题解决之道。

在现实生活中，2011 年以来"顶层设计"这个工程学术语成了中国政治、社会等领域的新名词。党的十七届五中全会通过的《中共中央关于制定国民经济和社会发展第十二个五年规划的建议》，第一次使用"顶层设计"概念，提出"重视改革的顶层设计和总体规划"①。同年中央经济工作会议又明确提出加强改革"顶层设计"，在重点领域和关键环节取得突破。由此可见，"顶层设计"大概是现阶段中国解决错综复杂矛盾的重要思维方式或理想路径。这应当是"顶层设计"的日常生活内涵。

从哲学视角来看，"顶层设计"是一个重要的认识论范畴。毛泽东曾经在《实践论》和《关于领导方法的若干问题》中明确指出，"实践—认识—实践""群众—领导—群众""个别——一般—个别"是马克思主义认识论②。那么所谓"顶层设计"则是人类认识过程中"认识"、"领导"和"一般"阶段的思维方式和核心成果。在人们认识（认知、解释、评价、筹措）活动中，"顶层设计"不是抽象的理论思维，而是一种"工程思维"。如果说理论思维的目的在于发现真理、追求真理、探索真理，那么"工程思维"的目的则在于创造经济、社会和生态价值，以满足社会需求。因此"顶层设计"是以具体工程为对象的"殊相"思维，而不是以探求科学规律为目标的"共相"思维；是与具体社会时间和空间相联系的具体思维，而不是超越具体社会时间和空间的抽象思维；"顶层设计"往往尊重"权衡协调"逻辑，正视和面对相互矛盾的利益和诉求，并从中选择和采取"权衡协调"的立场和态度，而不那么关注形式逻辑中"矛盾律"和"排中律"的逻辑思维规则；"顶层设计"关注存在与时间、工具与目的、过程与结果、设计与建构，是经济因素、政治因素、社会因素、伦理因素等的集成，而不特别关注事物现象与本质、偶然与必然、原因与结果、真理与谬误、解释与反驳。

概括地说，作为人们认识活动的特殊阶段，"顶层设计"是一种思维具体。正如马克思所说："具体之所以具体，因为它是许多规定的综合，因而

---

① 本书编写组编《科学发展观学习辅导读本》，人民出版社，2013，第 79 页。
② 《毛泽东选集》第 1 卷，人民出版社，1991，第 296~297 页。

是多样性的统一。因此它在思维中表现为综合的过程，表现为结果，而不是表现为起点，虽然它是现实的起点，因而也是直观和表象的起点。"① 换言之，"顶层设计"是"抽象的规定在思维行程中导致具体的再现"②，是社会（认识）主体总揽全局，纵横捭阖，运筹帷幄的思维创造活动及其重要思维成果。它有待于实现精神向物质的创造性转化，进而实现"顶层设计"的"思维具体"的价值。

改革开放三十多年来，凭借"摸着石头过河"，我们成功探索和创造了中国特色社会主义道路、中国特色社会主义理论体系、中国特色社会主义制度，使中国特色社会主义伟大实践有了实现途径、行动指南和根本保障。在新的历史起点上，从认识论角度来考察，改革已经进入深水区，未知的领域、方面、环节及其特点和规律以及如何把握和运用新的规律，仍然需要我们"摸着石头过河"。但是，"摸着石头过河"已经为顶层设计奠定了基础，人们对全面改革的价值、全面改革的方向、全面改革的驾驭、全面改革的思维、全面改革的自信的理解已经更加清晰、透彻。特别是对全面深化改革的内容、方法、路径等的掌握更加自觉。

"顶层设计"这一概念的提出，是对科学发展观的丰富和完善，要求在改革开放中必须从战略高度来统筹全局，标志着中国人民对中国特色社会主义事业的把握，在一定程度上由"摸着石头过河"向"自由自觉活动"的重大历史转变。

就推进"国家治理体系和治理能力现代化"这一总体改革目标而言，顶层设计就是对"国家治理体系和治理能力现代化"③ 的战略、战术、目标、路径、步骤等进行整体谋划，从人民最高利益出发，站在国家层面，对制约这一目标实现的全局性、关键性问题进行总体判断，制定解决的整体思路和框架，从而最大限度地化解改革阻力，降低改革风险，确保改革顺利推进。

自然科学和社会科学的发展，特别是改革开放的成功实践证明，"顶层

---

① 《马克思恩格斯文集》第 8 卷，人民出版社，2009，第 25 页。
② 《马克思恩格斯文集》第 8 卷，人民出版社，2009，第 25 页。
③ 中国政法大学制度学研究中心编《把权力关进制度的笼子里》，人民出版社，2014，第 162 页。

设计"是完全可能的。

第一，现代自然科学技术增强了人们对现代社会矛盾的认知能力。应当承认，人类在自己创造的复杂性自然科学技术系统面前似乎显得前所未有的微弱与危险，但人类却也恰恰通过现代自然科学技术提高了自己的本质力量。随着现代自然科学技术的发展，人类认识和改变世界活动的起点越来越高，人类现实需要的层次也随之不断提升，人类理性活动的科学技术含量也日益提高。马克思指出，"自由只能是：社会化的人，联合起来的生产者，将合理地调节他们和自然之间的物质变换，把它置于他们的共同控制之下，而不让它作为一种盲目的力量来统治自己"①。马克思在这里实际上重点强调人类在现实生产生活中必须处理好两个关系，认识和掌握两个规律，一是协调好人与人的关系，认识和掌握社会发展规律；二是协调好人与自然的关系，认识和掌握自然发展规律。应当说，现代社会，科学技术发展为人类协调这两个关系，认识和掌握这两个规律创造了条件。在现代社会中，人作为自然和社会的中心，在改造自然和社会方面取得了越来越重大的成就，显示了人在其"生活世界"里的中心地位进一步加强，人作为主体既是他所建构和控制的"生活世界"的基础，又是他所建构和控制的"生活世界"的中心。人所面对并身处其中的"生活世界"已经变成了人造的结构，变成了越来越具有人为建构性质的世界，甚至可以成为一种可以被人密码化和神秘化的世界。现代科学技术已经渗透到社会结构的各个组成部分，不仅大大改变了社会结构的外在存在形式，而且成了现代社会结构运行的一个内在动力。

特别需要指出的是，渗透到社会关系各个角落的现代科学技术，已经不再作为纯粹科学技术力量本身了，而是同各个领域的各种因素紧密互动，并成为一种本质性的生命力量。即使在现代社会政治领域，我们几乎找不到一种没有科学技术发生作用的纯粹政治力量和政治活动。真正的现代政治领域中的政治力量和政治活动，无不是同科学技术紧密结合的，以至现代政治生活就是科学技术化的政治生活，甚至现代科学技术本身即政治化的科学技术。至于现代社会经济、文化等其他领域的科学技术化就自不待

---

① 《马克思恩格斯文集》第7卷，人民出版社，2009，第928页。

言了。现代科学技术的社会化，使现代"社会关系生产"日益渗透科学技术的思维元素，并越来越凸显出社会工程思维的基本特征。因而，人的存在与发展由自然状态向自发状态、自觉状态、自由状态的转化与提升都将在现代科学技术的推动下实现。

第二，现代社会科学发展提高了人们对现代社会矛盾的理论自觉意识。21 世纪以来，哲学社会科学对现代"社会"的认识实现了升华。起初人们力求在自然和"现实的个人"的区别中界定"社会"，将其作为相对独特的对象来把握，以凸显社会世界研究的必要性和独特性。当下人们在自然、人文与社会更加有机融为一体的意义上理解"社会"，而且将其拓展到国际社会，将经济全球化、世界现代化、文化多元化等现代形态（特别是适应新科技革命和信息化的新背景）和知识社会、信息社会、网络社会、虚拟社会、价值社会等更加清晰地纳入社会科学的视野。过去"社会科学"概念的界定是在传统认识论的意义上展开的，与社会感觉、社会知觉、社会表象相比较，其目的在于获取对社会世界的真理性认识。当下哲学社会科学研究已经拓展为更为广义的社会认识论。这里的"社会认识"是包含着认知、评价、理解、诠释、认同、预见、检测、决策、监控、反思等全层次和全过程的社会认识；过去人们往往把社会世界简单地理解为生产力、生产关系、经济基础和上层建筑的矛盾运动，而当下社会科学更加自觉和有效地聚焦于对"社会的复杂性"的反思。当代自然科学和工程技术都在快速地走向复杂性，受其影响，社会科学研究也更加自觉地关注"社会的复杂性"，特别是社会存在和社会发展的多样性、冲突性、非线性、不确定性、博弈性、风险性等；过去社会科学更多地关注人与自然的关系，进而关注经济发展规律，而当下社会科学更加着力于提高人类在生存和发展中的自觉性和有效性，促进人的自由解放和全面发展，认识到处于社会复杂性中的人们只有首先能够从限定中获得自由，帮助人们更好地从有限性趋向无限性，促进人的自由解放和全面发展。

所有这些，都为现代社会发展的"顶层设计"创造了条件。

第三，人类现代化建设的伟大实践积累了应对社会风险的丰富经验。从历史的视角来考察，现代化是人类社会从工业革命以来经历的一场急剧变革，这一变革以工业化为推动力，导致传统的农业社会向现代工业社会的全球性转变，使工业主义、理念渗透到经济、政治、文化、思想、科技等一切领域，引起了整个社会的深刻变革。从哲学视角来考察，现代化并不是一个自然的社会演变过程，而是相对落后国家、地区，通过有计划、有设计、有组织地进行社会经济、政治、文化改造，不断学习世界先进、超越世界先进，进而引起社会深刻变革的创造性实践过程。马克思说过："工业较发达的国家向工业较不发达的国家所显示的，只是后者未来的景象。"① 但是"显示""未来景象"的路径、模式却千差万别。正如学者罗荣渠先生所说："现代生产力作用于不同的社会结构与文化传统、在不同的国际条件下，形成具有不同特点的生产方式、交换方式和权力结构形式，聚合成为新的多样化的发展模式——现代化模式。"② 而这不同的现代化模式的本体论来源就是社会主体的选择、规划与设计。各种不同的选择、规划与设计都有着各自的合理性，并都积累了各自也许具有世界意义的正反经验。中国 20 世纪 70 年代末开启的改革开放，就是"总设计师"邓小平把马克思主义基本原理与中国实际和时代特征相结合，加强国际交往，引进发达国家先进经验和先进技术，并不断总结经验的创造性设计的结果。

无论是从现代科学技术推进下的现代社会人们认知能力水平，哲学社会科学对现代社会复杂性的理论自觉发展程度，还是从人类现代化特别是中国改革开放三十多年所积累的丰富经验来考察，中国特色社会主义建设与发展，特别是改革的宏观思考和"顶层设计"，和增强改革的系统性、整体性、协同性都是完全可能的。

全面深化改革的总目标涵盖两项紧密相连的内容：一是完善和发展中国特色社会主义制度，二是推进国家治理体系和治理能力现代化。从两者的关系来看，前者是目的、前提和基本内容，后者是手段、方法和表现形式。离开对中国特色社会主义特别是中国特色社会主义制度的坚持，全面深化改革就失去了目标，国家治理就迷失了方向，国家治理"现代化"就有可能转向全盘"西化"。所以，国家治理现代化必须坚守中国特色社会主义制度这条底线。"顶层设计"就应当从这里着手。

---

① 《马克思恩格斯文集》第 5 卷，人民出版社，2009，第 8 页。
② 罗荣渠：《现代化新论——世界与中国的现代化进程》，商务印书馆，2004，第 161 页。

"顶层设计"作为一个哲学认识论范畴，是社会主体实现"从必然王国进入自由王国的飞跃"①的重要标志，既反映了人们对社会认识和改造的理论自觉、文化自觉的新水平，同时也表达了人们对改造社会世界的科学性、系统性、协调性的主观愿望。因此，"顶层设计"并不是一种形容或比喻，更不是一种空泛的政治理想概念，而是思维向存在、精神向物质、应然向实然转化的现实中介。

第一，顶层设计与时代问题的哲学把握。人类社会在不同的时空条件下，会蕴含或酝酿出不同的时代问题。这些问题既关乎人类整体宏观发展的前景，也反映"现实的个人"的价值追求。因此，马克思说："问题就是时代的口号。"②马克思说过："一个时代的迫切问题，有着和任何在内容上有根据的因而也是合理的问题共同的命运：主要的困难不是答案，而是问题。因此，真正的批判要分析的不是答案，而是问题。"③ 马克思在这里强调的正是问题对于一个时代"顶层设计"的重要价值。国家治理能力则是一个国家在制度管理与战略管理、政策制定与执行、社会治理与秩序维护等各方面能力的整体体现。一个治理能力优秀的国家，对外可以有效维护国家利益与国家安全，对内可以使人民幸福富足、安居乐业，还能有效处理各种突发事件与巨灾。当前，我国国家治理中存在着经济发展与社会发展不平衡的问题、地方政府执行力与公信力问题、中央与地方关系问题、生态环境恶化问题等，迫切需要通过完善国家治理体系加以解决。从世界上已经实现现代化的国家来看，国家治理体系现代化主要有三个标志：一是实现国家治理的制度化、法治化、规则化与规范化；二是实现以多主体协同共治为特征的善治；三是中央与各级地方政府事权与财权相适应，形成了稳定的国家权力结构。这既是改革的总体目标，也是对现代国家建设潮流的积极顺应。

"冲破思想观念的障碍"，"突破利益固化的藩篱"④，协调、整体、系

---

① 《马克思恩格斯文集》第9卷，人民出版社，2009，第300页。
② 《马克思恩格斯全集》第40卷，人民出版社，1982，第289页。
③ 《马克思恩格斯全集》第1卷，人民出版社，1995，第203页。
④ 本书编写组《习近平总书记系列重要讲话精神学习读本》，中国方正出版社，2014，第47页。

统推进改革，为全面建成小康社会注入新的动力，努力实现中华民族伟大复兴的"中国梦"。所有这些，都是在谛听时代声音，把握时代问题基础的"顶层设计"。只有深刻地把握了时代问题，才能进行"顶层设计"。听不到时代的声音，把握不住时代的主题，所谓"顶层设计"也就无从谈起。

第二，顶层设计与人民群众的主体创造。在马克思主义视野中，历史活动始终是人民群众的事业，决定历史结局的是人民群众，人民群众是历史的创造者。毛泽东指出："在我党的一切实际工作中，凡属正确的领导，必须是从群众中来，到群众中去。这就是说，将群众的意见（分散的无系统的意见）集中起来（经过研究，化为集中的系统的意见），又到群众中去做宣传解释，化为群众的意见，使群众坚持下去，见之于行动，并在群众行动中考验这些意见是否正确。然后再从群众中集中起来。再到群众中坚持下去。如此无限循环，一次比一次地更正确、更生动、更丰富。这就是马克思主义的认识论。"① "从群众中来，到群众中去"② 的过程，就是调查研究的过程，就是获取真理性认识和检验真理的过程，就是把党的实事求是的马克思主义思想路线同群众路线的马克思主义工作路线有机地统一起来。做到"从群众中来，到群众中去"，领导地位并不是领导者获得真知灼见的充要条件，只有充分发扬民主，既听取正面的意见，又听取反面的意见，才能搜集到丰富和真实的意见，才能真正发现问题，形成正确和科学的决策。特别是在现代社会利益多元、诉求多样的条件下，更需要从维护最广大人民的根本利益出发，倾听最广大人民群众的意见，以科学、民主、合理地构建现代国家治理体系。换言之，"顶层设计"必须有自下而上的动力，通过社会各个利益群体的互动，让地方、社会及各个所谓的利益相关方都参与进来，在人民群众中获得"顶层设计"的动力和智慧。

第三，顶层设计与社会规律的理论自觉。设计不是主观随意，顶层设计更不是随心所欲。康德指出："当每一个人都根据自己的心意并且往往是彼此互相冲突地在追求着自己的目标时，他们却不知不觉地朝着他们自己所不认识的自然目标作为一个引导而在前进着，是为了推进它而在努力着；

---

① 《毛泽东选集》第3卷，人民出版社，1991，第899页。
② 《毛泽东文集》第8卷，人民出版社，1999，第290页。

而且这个自然目标即使是为他们所认识，也对他们会是无关轻重的。"① 他还认为："人类并不是由本能所引导着，或者是由天生的知识所哺育、所教诲着的；人类倒不如说是要由自己本身来创造一切的。生产自己的食物、建造自己的蔽护所、自己对外的安全与防御、一切能使生活感到惬意的欢乐、还有他的见识和睿智乃至他那意志的善良——这一切完完全全都是他自己的产品。"② 这些与社会主体人的切身利益密切相关的"顶层设计"不能不合乎规律性，又不能不合乎目的性。但合规律性是根本前提。我们对社会规律的认识越深刻，把握得越准确，越接近真理，人们的"顶层设计"就越科学、越合理。

第四，"顶层设计"与实践经验的科学总结。"人类的目的唯有一个，就是要达到文明。为了达到文明的目的，不能不采取种种措施，因而边试边改，经过千万次试验，才能得到一些进步……世上一切事物，若干不经过试验，就没有进步，即使经过试验而顺利进步，也不能达到进步的顶峰。所以从有史以来直到今天，可以说世界还处在不断地试验中。"③ 诚然，从人类演进的漫长的历史来考察，在"人类的真历史开始"④ 以前，人类认识和改造世界的过程确实可以被理解为"试验"的过程，人类之所以为"万物之灵"，就在于人们能够在试验中不断地总结实践经验。邓小平多次强调，中国的改革实际是一种试验，要不断地总结经验，再将经验上升为理论，进而提高对改革事业的驾驭能力。他多次强调："现在我们正在做的改革这件事是够大胆的……关键是要善于总结经验，哪一步走得不妥当，就赶快改。"⑤ 他还说："我们不靠上帝，而靠自己努力，靠不断总结经验，坚定地前进。"⑥ 特别是实现国家治理体系现代化的伟大实践，前无古人，只有善于总结经验，并把经验上升为理论，是"顶层设计"的前提。有了这个前提，人们在改造社会、变革世界的伟大实践中，就可以从容地应对和处理全局与局部、一般与个别、当前与长远、国内与国外等诸多矛盾，就

---

① 康德：《历史理性批判》，商务印书馆，2007 年，第 2 页。
② 康德：《历史理性批判》，商务印书馆，2007 年，第 2 页。
③ 日本、福泽谕吉：《文明论概略》，九州出版社，2008 年，第 67 页。
④ 《李大钊文集》第 2 卷，人民出版社，1999，第 337 页。
⑤ 《邓小平文选》第 3 卷，人民出版社，1993，第 113 页。
⑥ 《邓小平文选》第 3 卷，人民出版社，1993，第 118 页。

能总揽全局，兼顾各方，统筹谋划，综合平衡，顺势而为，做到统筹兼顾，人们对社会世界的改造也就做到了"顶层设计"。

总之，"顶层设计"作为哲学范畴，不是就事论事，听风是雨。它来源于人们改造社会世界的现实生活，又超越这种现实生活，是马克思主义辩证思维、系统思维、整体思维和工程思维在变革社会世界实践中的应用与拓展，是人们认识世界和改造世界过程中体现时代性、把握规律性、富于创造性的集中体现。

第八章　马克思的西方与现代

西方马克思主义的每一次被引进、被评价、被传播、都对中国思想文化的创立产生新的影响。20世纪70年代以来，西方马克思主义的引入与中国的改革开放同步同行，甚至可以说，其每一次传播都对中国的思想解放发挥了推动作用。

一　西方马克思主义的要义

西方马克思主义对马克思主义哲学主要有三大解读模式。一是以早期西方马克思主义理论家卢卡奇、葛兰西、科尔施为代表的实践唯物主义哲学解读模式；二是以法兰克福学派为代表的人道主义的人本学解读模式；三是以阿尔都塞为代表的辩证唯物主义与历史唯物主义解读模式。

卢卡奇、葛兰西和科尔施主要反对的是当时流行的对马克思主义哲学的科学实证论的解读模式，他们认为这种解读模式实际上是站在近代哲学的视野中理解马克思主义哲学，无法凸显马克思主义哲学产生的革命意义和批判价值功能，实现其对人的价值和命运的关怀。他们主张应当在与近代哲学的断裂点上重新思考马克思主义哲学的特质，由此他们通过批判近代理性主义哲学思维方式和哲学方法，重新厘定了马克思主义哲学的研究对象和功能，形成了实践唯物主义哲学的解读模式。

卢卡奇在《历史和阶级意识》一书中通过论述"总体性辩证法"同"自然科学的实证主义研究方法"的区别，来阐发实践唯物主义哲学的特质。在卢卡奇看来，一定的理论必须以一定的理论研究方法为基础，理论研究方法的性质直接决定了理论的价值取向。自然科学实证主义研究方法的主要特点是将它所要研究的"事实"从"事实"所处的环境中抽象出来，孤立静止地看待"事实"本身，其结果必然会否认"事实"的历史性。在《列宁和哲学》一书中，他力图纠正"理论主义"的错误，提出马克思主义哲学是"理论领域的阶级斗争"，强调马克思主义哲学的意识形态功能。但是他这时所理解的马克思主义哲学既无科学意义上的研究对象，也无科学意义上的历史，而是抽去了马克思主义哲学所包含的"关于人和世界关系"的这一客观内容，又使得他捍卫马克思主义理论科学性的愿望最终落空。

主张主体论路向解读模式的是西方马克思主义中的人本主义流派，其特点是强调"人及其实践"相对于马克思主义哲学的中心和基础地位，强调的是如何将马克思主义哲学从科学实证论的解读模式中摆脱出来，恢复马克思主义哲学的批判价值维度。由此，他们通过论述哲学研究对象和哲学主题的转换，强调马克思主义哲学并非是近代知识论哲学，而是一种社会批判哲学。

不主张主体论路向解读模式的是西方马克思主义中的科学主义流派，其基本特点是强调马克思主义理论的严密性、自主性，特别是脱离马克思主义理论的科学性来发挥马克思主义哲学的意识形态功能，使马克思主义哲学工具化和政治化。

这两种不同路向，实际上都是围绕马克思主义哲学的科学性和价值性展开的。近代哲学的基本特点是将整个世界划分为现象世界和本体世界，认为哲学的任务就在于超越现象世界，去把握本体世界，从而形成一种以理性为基础的知识论模式，而这个世界的绝对本质要么被归结为"绝对的物质"，要么被归结为"绝对的精神"，人的现实生活反倒被哲学遗忘了。现代哲学的转向和运动虽然具体内容各异，但是其共同点是拒斥近代哲学的形而上学，要求哲学从本体世界回归到人的现实生活世界。科学主义要求把哲学的任务规定为认识现象世界的不变规律；人本主义则把哲学的任务规定为追寻人在现实生活世界中的价值和意义，他们都拒绝对世界的本原性问题做出回答。西方马克思主义就是在这样的哲学语境中解读马克思主义哲学的。

在西方马克思主义视野中，作为一种现代哲学，马克思主义哲学和近代哲学本质上发生断裂。卢卡奇通过区分"总体性辩证法"和"实证主研究方法"来说明这一点；葛兰西通过区分哲学和科学的不同研究对象来说明这一点；科尔施则强调，马克思的唯物主义既反对唯心主义，也反对直观的唯物主义，"即一方面同康德、费希特、黑格尔的哲学唯心主义相对立，另一方面同费尔巴哈的纯粹自然的唯物主义相对立"①。法兰克福学派则通过对实证主义工具理性的批判，提出了以"批判和否定性"为基本特征的辩证理性；阿尔都塞在《保卫马克思》中反复论证马克思同费尔巴哈、黑格尔的原则区分。由于他们是立足于近代哲学的断裂点上，从现代哲学思维方式、特别是从实践哲学思维方式来思考马克思主义哲学的特质的，因此他们强调的是马克思的唯物主义和旧唯物主义间的差异。反对传统决定论的马克思主义理论模式，并强调应当恢复和发挥马克思主义哲学的批判价值维度。

传统决定论式的马克思主义哲学理论模式，脱离了"人及其实践"来谈论历史规律及其客观性，把历史规律简单地看作是自然规律外推的结果，因而可以用"数学的精确性"加以描述。

葛兰西则强调，经济决定论、技术决定论在政治领域里把统计规律当作必然起作用的基本规律，不仅在科学上造成谬误，而且会在行动中导致错误的实践。更有甚者，助长了智力上的怠惰，使政治纲领流于浅薄。政治行动的目的就是要唤起群众，积极行动起来，换句话说，就是要打破大数法则。因此，历史唯物主义的问题不是要发现决定论的形而上学规律，甚至也不是要确定普遍的因果规律，而是要弄明白，以某种规律性和自动性发挥相对经常的力量是怎样在历史演变中形成的。因此，在哲学中统一的中心是实践，即人的意志（上层建筑）与经济基础的关系。

阿尔都塞始终反对经济决定论、技术还原论，反对那种将马克思的历史观看作是对黑格尔历史观的颠倒、仅仅是用"物质"代替"精神"的观点，而主张用"多元决定"的概念来诠释唯物史观。如卢卡奇的"阶级意识理论"、科尔施的"总体性理论"、葛兰西的"文化领导权理论"等，他们在不同程度上都存在过分强调"文化心理革命"的缺陷，但总的来看他们的理论底蕴应该说仍然是以唯物史观为主的，因此他们强调的是无产阶

---

① 〔德〕科尔施：《卡尔马克思》，重庆出版社，1993，第 111～112 页。

级的价值和自由问题。法兰克福学派则将西方革命完全归结为"文化心理革命"，其理论底蕴主要是西方古典人道主义，是用西方古典人道主义来解释马克思主义哲学，强调的是个体的价值和自由。而反主体论的科学主义流派则注重在保证马克思主义哲学理论科学性的基础上来发挥其意识形态功能。阿尔都塞因此既反对将哲学工具化、政治化，同时又非常重视哲学在政治斗争中的作用，因此他通过区分"镇压性国家机器和意识形态国家机器①"的不同功能，来揭示西方社会的意识形态、价值观念是通过何种途径来控制人们的心理世界并成为人们的无意识心理的。但总的来说，整个西方马克思主义哲学的发展始终不断地在马克思主义哲学的科学性和价值性之间寻找平衡点，展现出这一问题对于马克思主义哲学的重要性和复杂性。

法兰克福学派的理论旨趣和早期西方马克思主义存在着很大差别，虽然他们也把实现人的自由和解放作为理论所追求的目标，但其专注的不再是作为整体的阶级的自由和解放，而是追求个体的自由和解放。

西方马克思主义虽然注重对西方现实问题的研究，但始终无法将自己的理论同现实相结合，以致只有一种个人主义色彩的马克思主义理论。对于法兰克福学派而言，其所谓的"马克思主义理论立场"仅仅只是体现在他们坚持对资本主义社会的批判性上，而对于其具体内容而言，更多的是用西方古典人道主义来解读马克思主义哲学，并以此作为批判当代西方社会总体异化的理论武器。他们的社会批判、意识形态批判、文化批判虽然也是较为深刻的，但如何找寻革命的主体和现实的自由解放之路则始终是困扰他们的理论难题。

阿尔都塞的思想理论主题是反对人道主义的马克思主义，捍卫马克思主义理论的严密性、科学性。为此，他首先肯定马克思主义是理论上的"反人道主义"，并通过考察马克思和费尔巴哈、马克思和黑格尔的关系，说明马克思同近代哲学的断裂关系；反对将马克思主义理论教条化、政治化、工具化，主张正确处理马克思主义理论的科学性与意识形态职能之间的关系。试图建构以实践状态存在的马克思主义哲学，并将理论生产过程

---

① 〔法〕阿尔都塞：《意识形态与意识形态国家机器》，《思想》1970年6月。

严格限定在思维领域，其目的是为了保证马克思主义哲学免受政治化、意识形态的玷污。为了克服由此带来的"理论主义"错误，他又通过割裂"辩证唯物主义哲学"与"历史唯物主义科学"的统一，让"历史唯物主义科学"承担认识世界的功能，其性质是理论"反人道主义"，其内容则是"多元决定的"历史观，这样就既避免了将唯物史观教条化、简单化，又同人道主义马克思主义和近代哲学划清了界限；而"辩证唯物主义哲学"则承担了意识形态批判的职能。

大体来说，西方马克思主义在理解、阐释马克思主义中确有独到之处。

第一，西方马克思主义文化背景独到。西方马克思主义理论家所处的大的哲学文化背景，整个现代西方哲学在发生各种转向中运动，现代哲学转向的基本精神就是要超越近代二元论哲学和近代马克思主义的思维方式，要求哲学回归人的现实生活世界；西方现代化的发展成就逐渐显著地暴露了其现代化价值体系的内在缺失和弊端，西方社会出现了一股反思理性、反思现代化、浪漫的反资本主义思潮。而从哲学方法来看，黑格尔的现象学方法对于卢卡奇分析资本主义的物化结构产生了很大的影响。葛兰西则是在西方历史主义文化哲学和意大利马克思主义哲学双重文化传统下解读马克思主义哲学的，因此他反复强调哲学、政治和历史三者的一致性，强调哲学和政治实践的不可分离性，这使他的哲学带有强烈的反决定论倾向。在法兰克福学派那里，我们则可以看到西方古典人道主义传统、黑格尔哲学、精神分析哲学的影子。

第二，西方马克思主义主要理论倾向独到，可以说，西方哲学文化背景和文化传统给西方马克思主义理论家的理论打上了深深的印记。综合以上论述我们可以看出，西方马克思主义的马克思主义哲学观实际上是马克思主义哲学伴随着无产阶级的政治实践不断世界化和民族化的必然结果。具体而言，它是在西方社会历史条件下，西方哲学文化传统的影响下，运用马克思主义哲学分析解决时代问题的理论成果。这些理论成果可能会由于理论家本身的局限存在着诸多理论缺陷，显示出各自的理论个性。但不可否认的是，西方马克思主义理论家善于将西方社会中的现实问题提升到哲学的高度予以探讨，他们或者将这些理论成果同西方工人阶级的政治实践相结合，或者运用这些理论成果分析、找寻解决西方社会问题的方法、途径，他们的这些努力无论是对我们深化对当代西方社会的认识还是深化对马克思主义理论的认识都具有积极的作用。我们也只有深入他们所处的历史文化环境中，才能真正给予他们正确的评价。

第三，西方马克思主义对马克思主义的"运用"独到。西方马克思主义可能不是一个严格科学的概念，而是一个大杂烩的用法，内容庞杂不说，还没有统一的理论体系，表现形式多种多样、理论观点五花八门，也许不能将西方马克思主义与经典马克思主义作简单的机械类比。但无论如何，西方马克思主义既有属于非马克思主义的东西，又整体上并不反对马克思主义，既有很多属于马克思主义也能认同的东西，又有很多东西超越了马克思主义的范围。

但有一点是没有争议的，这就是西方马克思主义始终没有"离开"马克思主义，始终用马克思主义说事和论理，这就从另一个侧面说明马克思主义没有过时。至于东欧新马克思主义围绕对苏联社会主义模式的反思、资本主义和现代性批判、社会主义的改革与创新等问题的关注，更展示了马克思主义永恒的魅力。

二　后现代主义的追求

在人类迈向现代化的伟大进程中，怎一个"后"字了得。

如何理解马克思主义与后现代主义之间的复杂关联，涉及马克思主义的当代命运及其未来走向，是当代文化思想界亟待解决的重大理论问题。马克思哲学对形而上学的批判，开创了新的哲学思维方式，打开了后形而上学的哲学视域，并构成后现代主义产生的重要思想资源。

20世纪七八十年代以来，伴随着解构主义、后结构主义、后殖民主义、新马克思主义、后现代马克思主义、后马克思主义、后现代女性主义等后现代性理论话语的兴起，关于马克思主义与后现代主义的论争，逐渐引起西方学术思想界的广泛关注，成为人文社会科学研究的热点问题。一种观点认为，后现代主义文化思潮的勃兴，不仅意味着马克思主义已经过时，甚至宣告了马克思主义的终结，在后工业时代或晚期资本主义时代，当代社会的政治、经济、文化及日常生活都已发生根本性的变化，马克思主义已经丧失了解释当下现实的有效性。另一种观点认为，后现代主义是当代社会生活日益时尚化、碎片化、平面化的文化表征，是一种具有相对主义和虚无主义色彩的文化思想模式，是一种排斥深度、反对崇高的语言游戏。因此，后现代主义与具有崇高革命理想、追求人类自由解放的马克思主义之间没有任何共同之处，是两种相互对立、水火不容的思想体系。

离开西方当代哲学范式转换的整体背景，就难以认清马克思主义变革的真实内容与意蕴，也难以洞悉马克思主义与后现代主义之间的历史关联，因而也就无法理解马克思哲学的时代超越性，无法理解马克思对后现代理论题域所提出的诸多问题仍然具有的重要理论意义与价值。

20 世纪西方哲学发生了许多重大的转向，如现象学转向、语言学转向、生存论转向、解释学转向以及实践论转向和后现代转向等。从哲学思维方式来看，伴随传统形而上学的终结，当代哲学已经进入后形而上学时代：罗蒂将其指认为"后哲学文化"；哈贝马斯将其指认为"后形而上学思想"；利奥塔将其指认为"后现代知识状况"。这些指认均表明当代哲学转向已经生成出一种新的哲学思维方式或新的理论范式。

从马克思的理论传统来看，20 世纪西方哲学及后现代主义哲学的诸多变革和转向，依然并未超出马克思的理论视域，因为，批判黑格尔主义、终结意识形态、颠覆形而上学、解构实体本体论哲学，正是马克思哲学的理论起点，是马克思当年已经基本完成的理论任务。马克思哲学通过对形而上学的终结，对逻各斯主义的颠覆，对终极本体论的彻底摧毁，完成了西方哲学史上真正的思想革命，开创了新的哲学思维方式，开启了后形而上学的哲学视域。这意味着 20 世纪西方哲学及后现代主义哲学的理论题域并未超出马克思的理论视域，或者说，我们所处的时代依然是马克思理论所表达和把握的时代。也正是在此意义上，我们说马克思哲学是当今时代难以超越的维度。

从理论层面来看，可以将后现代主义尤其是批判性后现代主义，作为连接马克思与当代现实的理论介质。只有以富于解构批判精神的后现代性理论话语为中介，马克思主义才可能重新获得阐释当代的能力。马克思主义与后现代主义之间，虽然存在着诸多的差异，但两者都坚持从批判的立场出发对理论与现实进行质疑批判。马克思主义的辩证思维方式，后现代主义的解构思维策略，都可以说是一种批判性的思考方式，因此马克思主义与后现代主义在理论旨趣上具有一定的家族相似性，两者同属于批判理论的思想谱系。正是在此意义上，我们才可以在后现代主义解构精神与马克思主义批判精神之间建立起内在的关联，这种内在关联性构成了在两者之间进行比较分析的基本理论前提。因此，在批判性哲学的维度上，马克思主义与后现代主义可以展开广泛而深入的对话。

纵观马克思思想的发展历程，怀疑批判一直是贯穿马克思理论学说的主旋律。马克思以"怀疑一切"作为自己的座右铭，并以质疑批判的精神，终结了传统形而上学，实现了哲学思维方式的革命性变革。从批判的视域和立场上看，后现代并不是一种时尚，它应该被理解为一种危机意识的表征，一种批判性的理论话语。因此，应恢复或返还后现代主义的批判本性，显露后现代的批判性锋芒，以祛除对后现代的妖魔化解读。

马克思主义与后现代主义同属于怀疑批判的思想谱系，都具有质疑批判的理论精神。然而，这并不等于完全抹平其间的差异。马克思主义与后现代主义毕竟是两种不同的理论表达，它们在具有相似理论旨趣的同时，也存在着诸多不同。后现代主义作为批判理论的一种激进化的当代表征形式，是传统批判理论的一个变体。后现代主义是一种激进批判理论，而马克思主义则是一种辩证批判理论。批判性后现代主义是马克思主义批判理论的一种当代存在形态。后现代主义认同马克思主义的理想价值取向，强调马克思主义批判精神的重要意义，尤其是马克思主义对资本主义批判的当代意义，它以极端化的方式将马克思主义批判精神进一步推进发展，对当代资本主义社会及其思想文化进行新的探讨和分析，激发了马克思主义的理论活力；后现代主义认为，随着时代的发展，马克思主义的某些核心范畴已经失去了分析当代资本主义的有效性，主张解构和否定马克思主义传统中的一些基本理论、观点和方法，消解马克思主义批判传统的一些基本向度，并力图通过激进的解构方式重新激活马克思主义的批判精神。

马克思主义作为我们时代难以超越的理论视界，依然具有强大的理论生命活力。马克思的革命的、辩证的批判哲学，在具有理论批判与现实批判的有效性的同时，也具有自我批判的功能。这种自我批判的精神，为批判理论不断对自身予以批判，即对批判的批判，提供了基本的理论立场和视域。因此，马克思主义不仅为批判性的后现代主义提供了丰厚的理论思想资源，同时，也为我们批判性地分析后现代主义提供了丰厚的理论思想资源。

三　西方马克思主义和后现代主义对马克思的态度

2008 年以来的金融危机不仅促发了当代资本主义的自我反思、左翼的资本主义批判程度的更加深入与马克思主义的重新升温，在西方马克思主义的理论研究领域内部，也有较为明显的变化。

众所周知，西方马克思主义秉承卢卡奇、葛兰西等创始人所开创的对资本主义物化、异化的批判传统，在法兰克福学派中达至顶峰。他们对资本主义的社会批判、文化批判目光敏锐、矛头犀利，最终诉诸文化、艺术、审美、宗教实践或者体验，以克服主体的单向度化这个资本主义的痼疾。新一轮经济危机的到来，尖锐地刺痛了西方马克思主义的当代资本主义批判之理论意识，使其认识到学院式的孤芳自赏于事无补。面对着金融危机导致的资本主义信用制度的全面破产、强者的无耻与弱者的无奈，西方马克思主义的激进思想家无法容忍继续扮演批判的角色，致力于从根本上突破资本主义的藩篱，这种姿态催生了西方马克思主义理论中两个看似对立的转向，一个是政治哲学转向，另一个是宗教神学转向。

西方马克思主义的政治哲学与宗教神学转向是共同奠基于对现实资本主义的绝望之上的，当绝望的时候人们就反抗，当反抗未果的时候人们就祈祷，就想象，就憧憬，这是最普通的常识。值得反思的是，马克思主义在西方马克思主义、后现代主义视野中，无论是被批判、被解构、被反对的对象，还是些许赞成、支持的对象，都是后两者得以出场、生存的重要理由和圣奉的条件。

第九章　马克思的学术与政治

在现实生产生活中，最起码有两个马克思，一个是作为学术研究对象的马克思，一个是作为政治信仰的马克思。两者可以统一，但有时又表现为差异和矛盾。有的人仅把马克思作为研究对象，因此可能成为马克思的学者；有的人把马克思作为终生信仰，因而成为马克思的信仰者。

一　政治视野下的马克思

近些年来，在一些人那里，有的以批评和嘲讽马克思为"时尚"，为噱头；有的精神空虚，认为共产主义是虚无缥缈的幻想，"不问苍生问鬼神"，热衷算命及求神拜佛。所有这些，表面上看是信仰问题，实际上是重大政治问题，我们不仅在学术上讨论马克思，而且应当在政治上关注马克思。

哈贝马斯在《理论和实践》一书中，认为马克思的理论是介于科学和哲学之间的半科学、半哲学的东西。在《重建历史唯物主义》中，直接将马克思以及众多的马克思主义者当作科学主义和实证主义者。理性主义创始人波普尔在《开放社会及其敌人》《历史主义的贫困》中把马克思界定为一位预言家，把马克思主义界定为预知未来的"历史主义"。波普尔对历史主义怀有先天的敌意，认为历史主义对未来事件的预测看似具有科学根据，实则往往不成功。虽然波普尔的出发点旨在挑战以决定论为基础的极权主义，进而为自由民主社会确定新的思想基础，但他不加甄别地将马克思与其他马克思主义者的理论与一种历史决定论对应起来，在客观上放大了柯尔施所指证的现象。

马克思和恩格斯虽然写下一些看似消灭哲学的话语，但他们理论的最初形态，却是完完全全为哲学思想所渗透的。它是一种把社会发展作为活的整体来理解和把握的理论，是一种把社会革命作为活的整体来把握和实践的理论。他在《博士论文》中说："世界的哲学化同时也就是哲学的世界化，哲学的实现同时也就是它的丧失，哲学在其外部所反对的东西就是它自己内在的缺陷，正是在斗争中它本身陷入了它所反对的错误，而且只有当它陷入这些错误时，它才消除掉这些错误。凡是反对它的东西、凡是它所反对的东西，总是跟它相同的东西，只不过具有相反的因素罢了。"① 马克思在此使用了"哲学的缺点""哲学的丧失"这样的说法，以为马克思消灭哲学的人常常抓住这些说法不放。事实上，马克思的意思应当是：哲学作为意志和理念的世界，与外部的实体世界是分离开的，所以哲学和实体世界各有缺陷，即相互缺乏对方，哲学缺乏实体世界，而实体世界也缺乏哲学。所以，世界需要"哲学化"，哲学需要"世界化"，这两者具有对等性。哲学世界化，在形式上意味着它会变成为另外一种东西，也就是它会"丧失"自身；但是在内容上，哲学只有世界化，才可能使自身成为真正意义上的哲学。由此观之，马克思并非是要取消哲学的合法地位，而是承诺去创造一种面向外部世界、进而成为外部世界的哲学。

毋庸讳言，马克思此时的论述深深烙着黑格尔哲学的印记，甚至可以说是黑格尔哲学的一种转译或翻版。但是黑格尔对马克思的影响并非像传统的理论范式所指认的那样，仅是马克思以费尔巴哈唯物主义的"中间环节"对黑格尔披着神秘外衣、头足倒置的辩证法加以改造，由此形成了唯物主义辩证法。由于哲学在真正意义上成为"思想把握到的时代"是从黑格尔开始的，黑格尔哲学"乃是从他研究资本主义社会问题，研究经济学问题里生长出来的"②，所以马克思对黑格尔哲学的判断，也就是"根据黑格尔对资本主义社会、资本主义经济学的矛盾和发展规律的理解正确性与局限性"③ 来进行的。这就决定了，从皈依到背叛黑格尔哲学之门，不论马克思在哪些方面进行过思想的清算，在哲学创造面向历史与时代的层面上，

---

①　《马克思恩格斯全集》第 40 卷，人民出版社，1982，第 258 页。

②　〔匈〕卢卡奇：《青年黑格尔》，商务印书馆，1963，第 140 页。

③　李佃来：《"柯尔施"问题的政治哲学求解》，《马克思主义与现实》2012 年第 6 期。

他始终与黑格尔哲学在精神气质上有吻合之处。这一点在《〈黑格尔法哲学批判〉导言》中被淋漓尽致地体现出来。而让人大跌眼镜的是，质疑马克思哲学之在场的观点却又常常从此处寻找立论："德国的法哲学和国家哲学是唯一与正式的当代现实保持在同等水平上的德国历史。德国的实践政治派要求对哲学的否定是正当的。该派的错误不在于提出了这个要求，而在于停留于这个要求——没有认真实现它，也不可能实现它。该派以为，只要背对着哲学，并且扭过头去对哲学嘟囔几句陈腐的气话对哲学的否定就实现了。该派眼界的狭隘性就表现在没有把哲学归入德国的现实范围，或者甚至以为哲学低于德国的实践和为实践服务的理论。你们要求人们必须从现实的生活胚芽出发，可是你们忘记了德国人民现实的生活胚芽一向都只是在他们的脑壳里萌生的。一句话，你们不使哲学成为现实，就不能够消灭哲学。"①

从黑格尔与马克思哲学的连贯性来说，将哲学研究开放为面向现代社会的思想事业，意味着哲学所处理的问题，定当是现代人无法规避的重大历史性课题。这一重大课题，被深刻洞察了英国工业革命和法国政治革命的黑格尔敏锐地锁定在现代市民社会之形成的历史境遇中，而这几乎是近现代政治哲学得以发生的一个最为根本的场所。

对马克思政治哲学与黑格尔政治哲学的同源同质，柯尔施深有认知。他以为，从康德经由黑格尔一直到马克思的哲学，实际上是以近代西方资本主义社会的历史变迁为背景的。那些否认马克思有哲学的人，不管是出于什么样的目的，都没有理解近现代哲学运动与近现代历史运动的关联，所以总是在一种"形而上学"的思维中非此即彼地指认什么是哲学、什么不是哲学。从对黑格尔与马克思"世界化的哲学"的梳解来看，柯尔施的观点是深刻的，也为证明马克思哲学的合法性以及独特意义提供了发人深省的思想史根据。然而这种深刻性虽然在马克思"大写"的政治哲学语境中是无可置疑的，但是一旦将语境切换到马克思超越于黑格尔的政治哲学中，柯尔施的理解就有疑窦丛生之处了。

马克思在这里将批判的矛头指向要求保留哲学的理论政治派，但他真

---

① 李佃来：《"柯尔施"问题的政治哲学求解》，《马克思主义与现实》2012 年第 6 期。

正的批判对象却变成了黑格尔的法哲学，因为他虽然认识到黑格尔对现代市民社会的研究蕴藏了现代政治哲学的根本思想机密，也为自己的理论构造提供了甚至无法替取的知识前件，但面对异化无处不在、人的现实存在与类存在完全分离的市民社会，黑格尔只是贡献了一种以理性来缓解矛盾的可能，而没有从根本上状告使人成为被侮辱、被奴役、被遗弃和被蔑视的东西的一切关系。也就是说，达到欧洲水平的黑格尔法哲学，最终还是以隐蔽地捍卫资本主义生产关系为旨归。而马克思的要求是：不但把德国提高到现代各国的正式水准，而且提高到这些国家最近的将要达到的人的高度。就此而论，批判黑格尔的法哲学与倡言人的解放是相辅相成的两个方面，如果没有前者作思想支撑，那么后者的实践也可能难以为继。所以马克思在此要求消灭哲学，实际是要求消灭作为德意志意识形态的黑格尔主义哲学，而他之前强调的世界化的哲学也就因此获得了更为具体而实际的内涵，即哲学一定要上升为革命的理论，一定要把问题意识纳入对市民社会与人类社会、政治解放与人类解放之辩证关系的回答中。

正是由于这种诉求，作为无产阶级批判的武器的马克思的理论，才成了一种紧系于"改变世界"的政治哲学。如果说马克思在历史唯物主义宏大叙事中对以市民社会为中心的现代社会的总体考量导出的是"大写"的政治哲学，那么"革命"场景中的政治哲学就是"小写"的政治哲学。而如果说在前者中能够看到马克思与黑格尔的重合，那么在后者中就彰显着马克思对黑格尔的超越。这样来说，柯尔施以"革命"节点来连接马克思与黑格尔，打开的是政治哲学的话语空间，却在一定程度上遮蔽了马克思与黑格尔在政治哲学上的差异。当然，"柯尔施问题"至少为我们深入理解和把握马克思主义的"政治哲学"维度提供了难得的启示，使我们进一步明确了西方马克思主义之所以提出马克思主义是科学而非哲学，核心在于消解了马克思主义政治选择的立场、观点和方法。然而，这在政治上却是非常危险的。

二　东欧剧变与对马克思态度的关系

马克思概括人与社会的发展规律，预见社会发展的"未来走向"。列宁对此有过评论："马克思丝毫不想制造乌托邦，不想凭空猜测无法知道的事情。马克思提出共产主义的问题，正像一个自然科学家已经知道某一新的生物变种是怎样产生以及朝着哪个方向演变才提出该生物变种的发展问题一样。"① 马克思主义是在 21 世纪中国特色社会主义伟大建设中居主导地位的意识形态。

东欧剧变是 20 世纪历史上令人震惊的重大事件。这一事件从 1989 年东欧国家剧变开始到 1991 年底苏联解体基本结束，大体经历了两年多时间。苏联是有 70 多年历史的世界上第一个社会主义国家，无论是外国武装干涉、经济封锁、世界大战都未能把它摧垮。不仅如此，它还由一个经济文化落后的国家发展成经济、科技、军事强国，能与世界头号资本主义强国——美国相抗衡，并与东欧各社会主义国家连成一片，曾经形成过强大的"阵营"。然而，在短短两年多的时间里，经过动乱、分裂和重新组合，执政的共产党下了台，原来的 9 个社会主义国家，现在形成了 27 个至少在价值取向上已不是社会主义的国家。在"改革"的旗号下发生的这场"政治地震"，从本质上看既背离和抛弃了马克思主义、否定和毁掉了几十年社会主义革命和建设的成果，又未能实现什么"民主的人道的社会主义"。它不是什么"改革"，而是"改向"，即实质上"回归"资本主义。

这场悲剧为什么会发生，又是如何发生的？它究竟说明了什么？这至今仍是人们经常议论的问题。首先，不同政治立场和价值观念的人们，看法和态度是大相径庭的。西方反共势力认为东欧剧变说明社会主义失败了，共产主义将彻底消亡。西方右翼学者说什么社会主义取代资本主义并非社会发展规律，社会主义被资本主义取代倒是历史的必然。其次，马克思主义者和社会主义者的认识也很不一致。有的对社会主义的前途产生了忧虑，他们认为不发达国家的社会主义是"早产儿"，"先天不足"；不改革是死，改革也是死；垮台是必然的。

唯物史观认为历史事变是一种"合力"的结果。正如恩格斯所说："有无数互相交错的力量，有无数个力的平行四边形，而由此就产生出一个总

---

① 《列宁专题文集——论马克思主义》，人民出版社，2009，第 255 页。

的结果，即历史事变。"① 像东欧剧变这么极其复杂的事变，更不可能由某个因素造成而只能是多重因素综合作用的结果。

引发苏联东欧国家剧变的首要和直接的原因包括外部和内部两个方面，而内部原因是主要的。外部原因是以美国为首的西方国家的"和平演变"战略，它对东欧剧变、苏联解体起了催化和促进作用。"二战"结束以来，以美国为首的西方国家为在苏东实行和平演变的战略，投入了大量的人力、物力和财力，设置了各种机构和设施，使用公开的和秘密的、合法的和非法的各种手段，处心积虑地促使苏东演变。20 世纪 80 年代中期，随着戈尔巴乔夫推行"改革新思维"和"人道的、民主的社会主义"及一整套的相应的方针政策，使得苏联社会固有的政治、经济和民族矛盾全面爆发，东欧局势也开始不稳，这一切给西方实施和平演变战略提供了千载难逢的机遇。1989 年美国总统布什提出了著名的"超越遏制战略"，称"我们将不会放过这个机会"。

利用经济手段，诱压兼施，以改变苏东国家的政治方向。为了从经济上更有效地促使苏东国家实现"和平演变"，从 1989 年起，西方国家组织了一个"以援促变"的国际组织。波匈局势刚发生变化，美国立即提出制订"小马歇尔计划"，其他西方国家也相继提出了紧急食品援助、稳定经济援助、减免债务、推迟还债、低息贷款等五花八门的许诺。1991 年 7 月，当局势已危在旦夕的苏联向西方七大国乞求援助时，七国领导人给戈尔巴乔夫提出了政治条件。英国《卫报》的一篇评论就此写道：伦敦西方七国首脑会议可以说给苏联唱了一支"埋葬"社会主义的"安魂曲"。事实充分表明，凭借经济优势，利用经济手段，促使苏东社会主义国家演变，一直是以美国为首的西方国家的一项基本国策。

长期以来，美国等西方国家非常重视对苏东进行和平演变的舆论准备工作，利用各种现代化的传播媒介，灌输西方价值观，左右苏东国家的舆论导向，煽动反社会主义情绪。除了"美国之音"外，还拨出巨款，成立专门针对苏东进行宣传的"自由欧洲"和"自由之声"广播电台，每周播音时间达 1097 小时。西方国家通过这些电台、电视以及书刊和人员交往等

———————
① 《马克思恩格斯全集》第 37 卷，人民出版社，1971，第 462 页。

途径，对苏东国家进行长期的意识形态渗透。"美国之音"公开说：我们应当破坏苏联及其卫星国家的稳定，促进它们的人民和政府之间发生摩擦……我们要尽量在共产主义集团各国领导人之间打进楔子，使他们相互不满和相互猜疑，我们应当煽起民族主义的火焰，鼓励宗教感情的滋长。1989 年以后，它们更是抓住苏东局势混乱，直接插手这些国家的舆论阵地，扶植这些国家反对派组织的舆论工具（如波兰团结工会的《选举日报》、捷克哈维尔发的《人民报》等），为动摇和颠覆这些国家的社会主义政权极尽推波助澜之能事。

利用所谓"人权""人员自由往来"等问题干涉东欧国家内政，扶植"内应力量"。利用人权来破坏社会主义国家的主权，历来是西方的一项基本策略。在东欧各国局势动荡时，西方各国更是公开地、直接地进行政治干预，不仅向各国反对派提供竞选经费和物资，而且派出顾问进行指导和咨询。一些西方政要人物甚至亲临反对派的竞选集会，帮助拉选票，扶持亲西方的反对派上台执政。"8.19 事件"之后，美国更加赤裸裸地对苏联挥舞"人权"大棒。1991 年 9 月 4 日，美国务卿贝克在华盛顿宣布了指导今后美苏关系的原则，其中第四条这样写道："苏联必须保护人权，尤其是要平等地对待少数民族。"同年 9 月 14 日，贝克在宣布美国向波罗的海三国提供 1400 万美元的援助时，提出了以下四项先决条件，即三国必须接受"自由、民主、人权与自由的市场关系"。美国前国家安全事务顾问布热津斯基曾直言不讳地说道："倡导尊重人权，可以加速共产主义衰亡的进程。"

在马克思视野中，外因是变化的条件，内因是变化的根据，外因要通过内因而起作用。西方和平演变的攻势再强，如果内部没有变化的根据，剧变也是不可能发生的。如果苏东国家内部不出问题，这些国家的社会主义政权也许还不会垮台，至少不至于垮得如此迅速。

第一，正义党变性始于放弃党的领导。共产党作为执政党是领导社会主义事业的核心力量，也是维系民族团结，国家统一的凝聚力量。苏东国家的演变首先是从共产党的演变开始的，党的性质和作用的改变最终导致了国家政权性质和国家发展方向的改变。东欧各国在社会主义事业出现暂时困难的情况下，一些思想不够坚定的人，错误地把民主社会主义当作摆脱危机的出路和良方，以致民主社会主义在党内占了主导地位。东欧国家几乎都曾经历了这样一个过程：先是接受民主社会主义思想，搞所谓的政治多元化、多党制、议会民主制，纵容或人为地扶植反对派，而后就是一步步地后退和让步，最后纷纷宣布放弃马列主义指导原则，改名为社会党，导致党的分裂和瓦解。

戈尔巴乔夫在改革过程中削弱和取消党的领导，终于导致国家解体。戈氏上台后，当发现经济改革推不动，传统体制没有按他的意旨行事时，就开始了把矛头指向党的政治体制的改革。从十九次全国党代会开始削弱党的领导作用，以后经过苏共二十八大到 1991 年 7 月全会这一过程终于完成。党的社会领导地位被取消了，民主集中制原则被取消了，党的指导思想多元化，党的奋斗目标为建立人道的、民主的社会主义。经过这一番"改造"之后，党就丧失了在国家政治生活中的核心领导地位。当党根本不起领导作用之时，苏联国家的瓦解也就不可避免了。

第二，社会动乱始于思想混乱。如何看待党和社会主义国家的历史，正确地评价其成就和失误，是事关社会主义改革事业成败与否的大事。戈尔巴乔夫为推行改革，提出批评无禁区的主张，遂使民主化、公开性走上了极端，于是各种各样否定过去的历史虚无主义的东西开始蔓延。戈尔巴乔夫等领导人也从批评勃列日涅夫的"停滞时期"，到批判赫鲁晓夫，进而批判斯大林，以致从全面否定斯大林发展到否定十月革命，否定十月革命以来的社会主义历史。党既然解除了自己的思想武装，也就根本谈不上对这种思潮的泛滥进行任何有理有力的抵制和斗争。

第三，政治动荡始于迷恋照搬西方。在苏联这样原来民主传统很弱，人民群众和干部十分缺乏民主政治准备的国家里鼓吹超阶级的民主化、公开性，照搬西方民主制，必然会引起极大的混乱。在民主化、公开性和多元化的口号号召下，出现了大批反共反社会主义的政治组织，一些反对派夸大执政的共产党的阴暗面，以耸人听闻的手法给共产党抹黑，尤其是民主化、公开性的口号刺激了国内民族矛盾的进一步激化，一些民族主义组织煽动民族仇恨，把民族关系引向公开对抗。可以说，戈氏迷恋照搬西方民主原则，是造成苏联瓦解的重要原因。东欧一些国家党的领导人在国内外压力下，削弱和放弃人民民主专政和共产党的领导地位，同意实行所谓"政治多元化"、多党制和西方议会民主制，企图迎合反对派的要求和主张以缓解政治经济危机，保住自己的执政地位，结果却使得反对派的力量一步步增强，导致了自己的下台。

第四，得寸进尺始于无原则的退让。东欧多数国家为求得国内政局的稳定，先是容忍反对派的存在，继而允许其合法化，让它们得以做大，然后被迫同意和他们分权，直至最后丧失政权。波党丧失政权就是从承认团结工会合法化，后来又在它的逼迫下同意分权开始的。团结工会利用波党的软弱和步步退让，得寸进尺，终于达到"不通过暴力手段夺权的目的"。匈牙利的情况与波兰类似。匈本无反对派，直到 1987 年 9 月，在党的中央委员波日高伊支持下，才出现了反对派组织"民主论坛"。1989 年 8 月，匈党轻信了反对派的诺言，同意分权。后来反对派背信弃义，对匈党步步紧逼，致使匈党步步退让，最后把政权拱手交给了反对派。民德和捷克的情况也大体如此。保加利亚社会党（由保共改名）1990 年 6 月得以相当优势赢得大选胜利，后来继续对反对派"民主力量联盟"一再退让，先是把总统位置让给了"民盟"主席热烈夫，继而总统又被逼辞职，终于失去执政地位。东欧这些国家的党都想以步步退让求得同反对派的合作，结果却鼓励和助长了反对派的夺权欲望，为自己构筑了垮台的条件。戈尔巴乔夫从他倡导的人道的、民主的社会主义路线出发，一再做出无原则的妥协退让，致使各种蔑视反对国家权威和秩序的无政府主义和民族主义大肆泛滥，最后使政局失控，无法收拾。

马克思主义认为，在重大历史事件中，个人特别是关键人物起着重要作用，但深层的根源还要从"总的社会状况和生活条件中去寻找"。恩格斯在《德国的革命和反革命》一文中曾经提到这样一件事：1848 年法国革命失败之后，有人认为革命失败的原因是"某甲或某乙"出卖了"人民"。对此，恩格斯强调，革命失败的原因"不应该从一些领袖的偶然的动机、优点、缺点、错误或变节中寻找，而应该从每个经历了动荡的国家的总的社会状况和生活条件中寻找"①。为什么一个由列宁缔造的、有近百年光荣历史、近 2000 万党员的大党，可以任凭总书记个人一句话，说自动解散就解散了呢？无论是对苏联，还是对东欧国家，都需要研究其剧变的深层原因。

---

① 《马克思恩格斯文集》第 2 卷，人民出版社，2009，第 352 页。

从"总的社会状况和生活条件"来考察，苏东国家问题很多，但归根结底，最根本、最主要的问题是两个。一个是党的本身存在严重问题，有的已病入膏肓，陷入了危机。党是国家和社会的领导和指挥中心，好比人的大脑，它本身害病，非同小可。另一个是经济没搞好。革命胜利几十年了，人民基本生活问题没有得到根本解决，长期过紧日子。他们与商品琳琅满目的西方相比，产生羡慕西方怀疑社会主义的优越性是并不奇怪的。

首先，党本身陷入深刻危机，合法性受到质疑。当时，这些国家的执政党已陷入了深刻的危机。一是思想和路线非常混乱，党已丧失了精神支柱和思想凝聚力，丧失了政治敏锐性和分辨是非的能力，已没有能力把握政治局势，已无法带领群众前进了。二是党内腐败特权现象普遍，严重脱离人民群众，党的领导人丧失了威信，逐渐成为民众攻击、嘲弄、唾弃的对象；对这样的党，在关键时刻，人民群众是不会为它们分忧的。三是党的民主集中制遭受严重破坏，自由化思想在党内严重泛滥，纪律松弛，派系林立，正确思想集中不起来，更占据不了优势；另外，个人专断横行，个人说了算，缺乏党组织和集体的监督。

其次，经济长期搞不好，动摇了群众对社会主义的信心。正如邓小平同志所说："世界上一些国家发生问题，从根本上说，都是因为经济上不去，没有饭吃，没有衣穿，工资增长被通货膨胀抵消，生活水平下降，长期过紧日子。"[①] 有同志说这还是个"觉悟问题""教育问题"，是这些国家的党放松了对群众的思想教育。思想教育当然重要，但是也不是万能的。"不重视物质利益，对少数先进分子可以，对广大群众不行，一段时间可以，长期不行。革命精神是非常宝贵的，没有革命精神就没有革命行动。但是，革命是在物质利益的基础上产生的，如果只讲牺牲精神，不讲物质利益，那就是唯心论。"[②] 只要不陷入唯心论，就绝不应忽视经济没搞好这个"归根结底"的根源。

苏联的经济，在"二战"前和战后恢复时期曾经有过一段飞速发展时

---

① 《邓小平文选》第 3 卷，人民出版社，1993，第 354 页。
② 《邓小平文选》第 2 卷，人民出版社，1994，第 146 页。

期。东欧国家的经济在 20 世纪 50 年代发展得比较快。六七十年代，苏联东欧国家的经济发展速度减慢。80 年代后期经济停滞，或零增长，或负增长。苏联同欧美发达资本主义国家本来已缩小的经济差距又重新拉大了。如从 70 年代中期起，苏联与美国的经济差距逐步拉大。据统计，1975 年苏联的国民收入相当于美国的 67%，1988 年则下降为 64%。据西方的计算，1979 年苏联职工的月收入只有美国的 0.5%，西德的 24.9%，法国的 28%，按人口平均计算的消费水平只为美国的 1/3。又比如，捷克斯洛伐克解放前的经济可以同德国、奥地利相比，可是到了 1977 年，奥地利的人均国民生产总值已达 6360 美元，西德为 8370 美元，而捷克斯洛伐克仅为 3840 美元。80 年代波兰进入经济连续负增长时期，1988 年人均国民收入比 1987 年减少了 13%。1988 年波兰商品紧缺额达 1.5 万亿~1.8 万亿兹罗提，大约相当于全波一个月的商品销售额。由此可见，经济困难是引发动乱的重要原因。

最后，苏联东欧国家经济没搞好的根本原因，不是社会主义基本制度不好，而是其社会主义建设总的指导思想以及经济体制长期存在严重问题。苏联和东欧国家虽然不断有人想改革，并断断续续搞过一些改革，但是始终没跳出旧的框框，严重阻碍了生产的发展。如果说，这种体制历史上曾经起过积极作用，那么在科技革命和新的国际形势下，已越来越不适应了。苏共长期来对苏联社会主义所处阶段的认识和估计是脱离实际的，总是急于向共产主义过渡，结果欲速则不达。斯大林在 1936 年宣布已"建立了社会主义制度"，1939 年提出向共产主义过渡。第二次世界大战使这一过程中断了。战后的 1952 年苏共十九大又恢复了向共产主义过渡的口号，提出苏联已"建成了社会主义社会"。赫鲁晓夫时期（1953~1964 年），继续坚持向共产主义过渡的口号。1959 年，赫鲁晓夫提出苏联进入了"全面展开共产主义建设"的新时期。1961 年苏共二十二大提出要用 20 年时间基本上建成共产主义社会，到 1970 年实现在按人均计算的产量方面超过美国，到 1980 年结束时建立起共产主义的物质技术基础，接近于实现按需分配的原则。勃列日涅夫时期（1964~1982 年），修改了赫鲁晓夫的苏联"进入全面展开共产主义建设时期"的估计，采用了"发达社会主义"的提法，认为"发达社会主义社会是通往共产主义道路上的一个合乎规律的阶段"。安德罗波夫时期仍肯定苏联处在"发达社会主义阶段",但在成熟程度的估计上较之勃列日涅夫时期更接近实际一些,认为苏联正处在发达社会主义这一漫长历史阶段的"起点",而且这个阶段有自己发展的各个时期和阶段。戈尔巴乔夫上任后,在 1986 年使用了"发展中社会主义"的提法,但这一估计并没有成为苏共制定纲领路线的依据。不久以后,戈尔巴乔夫提出以建立"人道的、民主的社会主义"作为苏共的纲领和目标。

　　僵化的高度集中的计划经济体制,是经济长期搞不好的主要原因。这种体制的问题主要表现在三个方面。一是计划价格使商品价格严重背离价值,影响生产的发展。长期实行的物价补贴政策,又使国家财政负担越来越重。苏联东欧国家用于居民生活资料的财政补贴长期超过国家预算支出的 30%。其中,波兰 20 世纪 70 年代用于食品的补贴在财政补贴总额中占 60%,80 年代波兰财政补贴占国家年度财政预算的 40%;保加利亚 1989 年物价补贴占国家年度预算的 33%。民德财政补贴长期超过生产投资额。这种与日俱增的财政补贴,对苏联东欧各国来说,都是一个沉重的负担,严重影响这些国家的技术进步、设备更新和基础设施建设。二是高度单一的公有制,使经济缺乏活力。苏联东欧经互会 1986 年的资料显示,公有制在国民收入中所占比例情况:苏联几乎是 100%,保加利亚 99.9%,捷克斯洛伐克 99.5%,原民德 96.5%,罗马尼亚 95.8%,匈牙利 94.5%,波兰 81.8%。三是片面强调发展工业,特别是重工业,轻视农业和轻工业,造成产业结构比例严重失调,人民日常生活必需品供应不足,市场供应紧张。波兰在 20 世纪 50 年代至 80 年代搞过两次"工业化",重工业年均增长 10.5%,而农业年均增长只有 1.8%。匈牙利工业投资一度占投资总额的 40%,而农业投资仅占 13%。四是对外经济关系上局限于经互会封闭式的合作机制,脱离世界经济和科技大潮,而向西方举债又超过了国力。到 80 年代末,波兰、原民德、保加利亚、南斯拉夫等国人均外债在 1000 美元以上,匈牙利人均外债达 2000 美元,大大超过国家偿还能力。

　　特别发人深省的是,苏东悲剧的原因有千条万条,但从本质上看只有一条,就是背离、放弃和否定了马克思主义。

　　在历史上,斯大林搞"肃反扩大化",严重败坏了社会主义的形象。邓小平同志说:"斯大林严重破坏社会主义法制,毛泽东同志就说过,这样的事件在英、法、美这样的西方国家不可能发生。"① 这说明苏联的政治体制有严重问题，不改是不行的，社会主义的民主必须大大发扬、法制也必须完善。但是问题在于斯大林时期的苏联，尽管有各种严重问题和错误，包括对社会主义的严重扭曲，然而基本制度还是社会主义的，不能在改革和纠正其错误时，将"孩子"连同脏水一起倒掉，彻底学西方。在经济体制方面，苏联东欧国家断断续续、小打小闹地搞过一些改革，但是长期没能突破旧的框框，总的来说未能跳出社会主义的传统模式，不能根本解决问题，后来又突然转到全盘照搬西方的那一套，由马克思主义的教条主义，跳到对资本主义制度的顶礼膜拜。如果说斯大林时期的主要问题是"左"，那么斯大林之后的苏联既有右的东西，也有"左"的东西，只是在不同时期、不同方面有不同的表现。无论是"左"的，还是右的东西，在本质上都是背离马克思主义的。东欧的情况虽有不同，但大的方面是一样的。它们的垮台，从根上讲也就垮在这里。

2005 年，美国出版了一本书——《胜利——美国政府对前苏联的秘密战略》，作者为美国中央情报局前雇员彼得·施瓦茨，书中介绍了美国瓦解苏联的内幕，其中里根政府和中央情报局雇佣一大批心理学家、历史学家及经济学家策划瓦解苏联的秘密战略的幕后活动，重点从意识形态领域摧毁苏联领导人对自身秉持的主义和信心，达到和平演变的结果。

推进发展 21 世纪中国马克思主义，要高举中国特色社会主义伟大旗帜，这是对历史的经验教训的深刻总结。习近平强调"老祖宗不能丢，丢就丧失根本"大概就是这个道理。

三　中国特色社会主义的世界话语权

党的十八大报告指出：改革开放 35 年来，特别是刚刚过去的十年，我国"坚定维护国家利益和我国公民、法人在海外合法权益，加强同世界各国交流合作，推动全球治理机制变革，积极促进世界和平与发展，在国际

① 《邓小平文选》第 2 卷，人民出版社，1994，第 333 页。

事务中的代表性和话语权进一步增强，为改革发展争取了有利国际环境。"①深长思之，我们不难发现，中国"在国际事务中的代表性和话语权进一步增强"②，最根本的是由于我们开创、坚持、发展了中国特色社会主义。中国的世界话语权，本质上是中国特色社会主义的世界话语权。

"话语权"，是 20 世纪 70 年代法国社会学家米歇尔·福柯提出的"话语与社会权力关系"理论的重要内容，意在表明话语权不仅是思维符号和交际工具，而且是人们表达和争得利益的斗争手段，是一个国家在国际事务中发表意见的权威度和影响力，是民族精神力量的一种展现。事实上，一个国家的世界话语权往往决定于该国家的政治和经济实力。如果经济发达、政治和外交坚定而活跃，那该国家在国际事务中就有较多决定权，其话语自然有分量、受重视、得尊重，就能在重大国际事务中占据引领地位和制高点，甚至掌握和控制重大国际事务态势和走向。从哲学视角来观之，话语是表达一定思想、观念、理论、知识、文化等的载体或符号，话语体系是思想理论体系和知识体系的外在表现形式，有什么样的思想理论体系和知识体系，就有什么样的话语体系，从这个意义上说，话语权是国家"软实力"的重要组成部分。

中国特色社会主义理论体系、中国特色社会主义道路、中国特色社会主义制度，作为中国共产党和中国人民九十多年奋斗、创造、积累的根本成就，可谓人类文明史上的伟大创举。它不仅改变了中国人民和中华民族的前途命运，而且也是对世界的历史性贡献，充分展示了中国特色社会主义的世界话语权。

1. 在理论体系上，中国特色社会主义给遭受挫折的世界社会主义运动指出了一个新方向

马克思在《资本论》第一卷序言中指出："我的观点是把经济的社会形态的发展理解为一种自然史的过程。"③ 实际上，社会主义的发展也是一种

---

① 胡锦涛：《坚定不移沿着中国特色社会主义道路前进　为全面建成小康社会而奋斗——在中国共产党第十八次全国代表大会上的报告》，人民出版社，2012，第 4 页。

② 胡锦涛：《坚定不移沿着中国特色社会主义道路前进　为全面建成小康社会而奋斗——在中国共产党第十八次全国代表大会上的报告》，人民出版社，2012，第 4 页。

③ 《马克思恩格斯文集》第 5 卷，人民出版社，2009，第 10 页。

自然的历史过程。

众所周知，社会主义作为承载人类美好理想的社会思潮已经存在了近500年的时间。19世纪初，已经形成了以法国圣西门、傅立叶和英国欧文为代表的空想社会主义流派。19世纪中叶，马克思、恩格斯批判地继承德国古典哲学，英国古典政治经济学和法国、英国空想社会主义的合理成分，创立了唯物史观和剩余价值学说，揭示了社会主义代替资本主义的必然趋势，使社会主义实现了从空想到科学的伟大转变。1848年2月《共产党宣言》发表以来，马克思主义在世界范围内催生和引导着社会主义运动蓬勃开展。20世纪初，列宁把马克思主义基本原理同俄国具体实际和时代特征相结合，建立了世界上第一个社会主义国家，使社会主义实现了从理论到实践的伟大飞跃。从此，社会主义的时代洪流汹涌澎湃，改变了20世纪以来的世界格局。

但是，世界社会主义运动一直波澜起伏，曲折发展，尤其是东欧剧变后陷入了低潮。这一严峻的历史形势，激发了人们对人类文明发展道路、社会历史发展规律、社会主义建设规律、共产党执政规律，特别是对科学社会主义理论的再思考。与此同时，具有强烈政治倾向的一些西方学者也在研究如何打消"对共产主义世界抱有幻想"，并试图单方面解除意识形态之争，阻断社会主义对人类的影响。在连续的和以新的形式延续的"冲突"与"终结"的话语中，贯穿着一条人类历史将以社会主义的全面失败以及整个马克思主义传统的终结而宣告结束的斗争主线。

社会主义失败了？社会主义终结了？社会主义向何处去？社会主义的希望在哪里？马克思晚年曾经有过美好设想，也创造了东方社会理论，但没有也不可能给出明确的建设方案和发展路径，特别是在中国这样人口多、底子薄的东方大国，"建设什么样的社会主义，怎样建设社会主义，什么是中国特色社会主义，怎样建设中国特色社会主义"的根本问题，只能由中国共产党人自己接力探索。

中国共产党开创的"中国特色社会主义，既坚持了科学社会主义基本原则，又根据时代条件赋予其鲜明的中国特色，以全新的视野深化了对共产党执政规律、社会主义建设规律、人类社会发展规律的认识，从理论和实践结合上系统回答了在中国这样人口多底子薄的东方大国建设什么样的社会主义、怎样建设社会主义的根本问题，使我们国家快速发展起来，使我国人民生活水平快速提高起来。实践充分证明，中国特色社会主义是当代中国发展进步的根本方向，只有中国特色社会主义才能发展中国"① 党的十八大把中国共产党领导中国人民艰苦奋斗的"九十多年"当作一个整体来审视，从近代以来中国历史的主题、任务及其实践方式的内在联系方面去把握。鸦片战争以后，中国逐步沦为半殖民地半封建社会，因而争取民族独立、人民解放，实现国家富强、人民富裕，成为中国人民必须完成的历史任务。在完成这一重大历史使命的过程中，实践上包括革命、建设和改革三个阶段，理论上创造了马克思主义中国化的两大成果，即毛泽东思想和中国特色社会主义理论体系。把"九十多年"的历史当作一个整体去把握和审视，揭示了社会主义、马克思主义和中华民族伟大复兴的内在一致性，揭示了革命和建设、推翻旧中国和建设新中国的内在一致性，揭示了改革开放和发展中国、发展社会主义、发展马克思主义的内在一致性，揭示了中国特色社会主义理论逻辑和历史逻辑的内在一致性。

概言之，建党九十多年的历史，特别是改革开放三十多年的历史，本质上就是在以毛泽东同志为核心的党的第一代领导集体，提供宝贵经验、理论基础、物质准备的前提下，开创和发展中国特色社会主义的实践创造史，就是坚持科学社会主义基本原则，创造性地应对了世界社会主义经历的曲折，所激发的人们对社会文明发展道路的新思考的理论创新史。正是在这一伟大实践和理论创新中，中国特色社会主义为人类社会主义理想进行了重新构想，并切实为处于低潮中的世界社会主义运动开辟了一条新路，向世人展示了中国特色社会主义的理论自信。

2. 在发展道路上，中国特色社会主义解决了现代化模式不是唯一而是多元的世界难题

纵观人类历史长河，资本主义作为一种社会形态必然存在于人类历史的某一阶段，但是却未必存在于一切国家、民族和地区的发展历史；资本主义的充分发展确实可以为社会主义提供必要的物质技术基础，但是并非所有的国家、民族和地区都必须经历资本主义的充分发展才能进入或建设

---

① 胡锦涛：《坚定不移沿着中国特色社会主义道路前进　为全面建成小康社会而奋斗——在中国共产党第十八次全国代表大会上的报告》，人民出版社，2012，第13页。

社会主义的，这大概是历史发展的辩证法。马克思曾经指出：如果有人一定要把我关于西欧资本主义起源的历史概述彻底变成一般发展道路的历史哲学理论，一切民族，不管它们所处的历史环境如何，都注定要走这条道路，那么，这会"给我过多的荣誉，同时也会给我过多的侮辱"①。这大概不仅是历史演进辩证法，还是人类走向现代化的道路选择的辩证法。

曾几何时，持"欧洲中心论"或"西方中心论"者固执地认为，肇始于欧洲的文明进程不仅充满活力，而且是唯一成功和正确的发展逻辑，他们不仅相信文明具有传导性，而且认为自己是掌握进入现代化门槛的钥匙者，他们甚至认为相对于早就进入现代文明的欧洲人而言，亚洲人和非洲人是野蛮民族，是文明的边远地区，需要通过从文明中心向文明边缘拓展，通过征服、殖民和教化来实现现代化。西方一些政论家们预言，人类历史将以社会主义的全面失败和马克思主义的全面终结而告终。以福山等为代表的西方主流意识形态认为，所有国家的社会现代化模式和机制只有接受"资本主义经济的普遍性"，此外"已无其他途径"②。毋庸讳言，当今的全球化又是以发达资本主义国家尤其是以美国为主导的全球化，新自由主义已经成为其策划并推动全球化并迫使包括中国在内在其他国家"就范"的基本战略或谋略，这种战略或谋略更侧重于大一统的全球化过程，推行大一统的全球大市场，推行资本逻辑至上的核心价值观。这一基本战略，一方面推动了人类的技术进步，另一方面也将国际垄断资本、资本主义固有矛盾以及资本主义价值观念推向全球，从而带来了一系列深刻复杂的全球性问题，给21世纪人类的生存与发展蒙上了阴影。人类生存和发展的全球困境就其本质而言，是人类生存、发展理念和人类文明的危机。在全球化境遇中，如何处理和解决这些危机，建立公正合理的人类生活新秩序，不仅是当今各国政治家们极为关注的世界难题，也是关心人类共同命运的"全球公民"正在努力进行的惊心动魄的伟大实践。

众所周知，当代中国的基本问题是现代化问题——实现中国社会的整

---

① 《马克思恩格斯文集》第3卷，人民出版社，2009，第466页。
② 弗兰西斯·福山：《历史的终结及最后之人》，黄胜强、许铭原译，中国社会科学出版社，2003，第112~124页。

体的现代化转型。这个问题包含相互联系的两个基本方面：一是实现什么样的现代化，二是怎样实现这种现代化。由资本和现代科学技术推动的全球化，又推动了资本的全球扩张和信息技术的迅速发展及广泛运用，使人类不同主体间的交往日益普遍化和紧密化，马克思曾经提出的"民族史"走向"世界历史"的"普遍交往"时代思想已经变成现实。在这种背景下，以改革开放为契机，中国共产党把马克思主义基本原理与中国实际和时代特征相结合，开辟了中国特色社会主义道路。中国特色社会主义道路的开辟，向世人宣示了人类走向现代化的道路不是一条，而是多条，是一与多的统一，从而宣告了弗兰西斯·福山等人宣扬的"历史终结论"的破产。中国特色社会主义的实践，使世人特别是以西方现代化模式为唯一模式的人们不得不承认和正视中国在当下世界经济、政治格局重新崛起并举足轻重的现实，也不得不重新评价中国特色社会主义道路的深远世界历史影响。中国特色社会主义道路证明，人类对超越资本主义、实现共产主义的探索并未终止，而是以一种更加理性、更加稳健、更具生命力的姿态进入一个新的历史行程。在人类发展的历史长河中，社会主义的理论和实践主题在世界范围内的提出和探索不仅有充分的根据，而且具有世界历史价值。

特别需要指出的是，中国与西方国家是在几乎完全不同的文化基础上提出，并推进自己的现代化进程的。尽管在现代化进程中，西方资本主义模式与中国特色社会主义两者之间有渗透、有借鉴，但是中国对现代化道路的设计或重构不是对西方现代化模式的"克隆"和"演义"，而是对西方发展范式的突破与超越，这使中国人对中国特色社会主义具有了自主知识产权。党的十八大指出："道路关乎党的命脉，关乎国家前途、民族命运、人民幸福。在中国这样一个经济文化十分落后的国家探索民族复兴道路，是极为艰巨的任务。九十多年来，我们党紧紧依靠人民，把马克思主义基本原理同中国实际和时代特征结合起来，独立自主走自己的路，历经千辛万苦，付出各种代价，取得革命建设改革伟大胜利，开创和发展了中国特色社会主义，从根本上改变了中国人民和中华民族的前途命运。"① 确实，

---

① 胡锦涛：《坚定不移沿着中国特色社会主义道路前进　为全面建成小康社会而奋斗——在中国共产党第十八次全国代表大会上的报告》，人民出版社，2012，第10页。

贯穿建党的九十多年，特别是改革开放三十多年中国特色社会主义的理论思维，使中国这样一个东方大国在既无现成理论规定可依从，又无现成模式可照搬的情况下，创造了实现现代化的"中国模式"。在中国特色社会主义话语下的中国现代化，是在"以人为本"理念的统领下，建设社会主义的市场经济、民主政治、先进文化、和谐社会、生态文明，由建设小康社会、全面建成小康社会，直至建成富强民主文明和谐的社会主义现代化的社会。尽管中国特色社会主义还要发展，但中国特色社会主义是中国共产党和中国人民在长期实践中对社会主义根本规律的把握，是否有利于坚持和发展中国特色社会主义，已经成为我们衡量道路选择、理论是非和制度设计的根本依据。

概言之，中国这个东方大国是在既坚持独立自主，拒绝外来干预，又兼收并蓄，向现代化先行者学习和借鉴，将西方现代性经验在一定程度上融入社会主义发展的理论和实践框架体系，从而在西方现代性规则处于强势的全球化背景下实现发展道路创新的。世界上没有放之四海而皆准的发展道路和发展模式，也没有一成不变的发展道路和发展模式，这也因此丰富了人类探索和创造现代化道路的社会实践，挑战了西方现代性模式唯一正确的历史神话，向世人展示了中国特色社会主义的道路自信。

3. 在基本制度上，中国特色社会主义构建了既符合中国国情又创造"中国奇迹"的制度框架

如前所述，新自由主义是 20 世纪二三十年代兴起于欧洲的社会思潮（主义），就其本质而言，新自由主义是资本主义的代名词。这种新自由主义，在经济上继承了资产阶级古典自由主义经济理论的自由经营、自由贸易等思想，并走向极端，大力宣扬"三化"。一是"自由化"。认为自由是效率的前提，"若要让社会裹足不前，最有效的办法莫过于给所有的人都强加一个标准"[1]。二是私有化。在他们看来，私有制是人们"能够以个人的身份来决定我们要做的事情"[2]，从而成为推动经济发展的基础。三是市场化。认为离开了市场就谈不上经济，无法有效配置资源，反对任何形式的

---

[1] 哈耶克：《通往奴役之路》，中国社会科学出版社，1997，第 101 页。
[2] 哈耶克：《通往奴役之路》，中国社会科学出版社，1997，第 101 页。

国家干预。在政治上特别强调和坚持三个"否定"。一是否定公有制。几乎所有的新自由主义者都一致地认为，"当集体化的范围扩大了之后，'经济'变得更糟而不是具有更高的'生产率'"，因此，不能搞公有制。二是否定社会主义。在新自由主义者们看来，社会主义就是对自由的限制和否定，必然导致集权主义，"集权主义思想的悲剧在于：它把理性推到至高无上的地位，却以毁灭理性而告终，因为它误解了理性成长所依据的那个过程"，因此，是一条"通往奴役之路"①。三是否定国家干预。在他们看来，任何形式的国家干预都只能造成经济效率的损失，并在战略和策略上极力鼓吹以超级大国为主导的全球一体化。经济全球化是人类社会发展的一个必然趋势和一个自然的历史过程。但是经济全球化并不排除政治和文化的多元化，更不等于全球经济、政治、文化一体化。新自由主义并不是一般地鼓吹经济全球化，而是着力强调要推行以超级大国为主导的全球经济、政治、文化一体化，即全球资本主义化。

然而，最发人深省的是，在新自由主义"主导"下的近 30 年时间里，世界经济、政治趋势发生了很大的逆转：全球化导致了绝大多数人灾难深重；世界处于从未有过的财富和两极分化加剧的状态；全球共同反恐但却越反越"恐"；金融危机、经济危机、社会危机、粮食危机、环境危机交叉重叠；社会动荡和灾难引发全球从否定新自由主义到质疑资本主义；马克思伟人回归和"重新发现社会主义"。西方马克思主义地理学家、社会学家大卫·哈维认为："新自由主义制度，作为资本主义基本矛盾不断加剧的制度设计，实际上是进一步纵容了市场自由放任原则，因而更加容易陷入周期性的经济危机，正是追求资本最大化和利润最大化的自由放任的市场经济，随着信贷扩张，虚拟经济最大化以及金融衍生品市场的飞速发展，最终促成了金融危机。"②

与其形成鲜明对照的是，在改革开放的三十多年中，中国不但一以贯之地接力探索，坚定不移地高举中国特色社会主义伟大旗帜，而且创造了符合中国国情的中国特色社会主义制度："就是人民代表大会制度的根本政

---

①　哈耶克：《通往奴役之路》，中国社会科学出版社，1997，第 102 页。

②　俞吾金主编《国外马克思主义研究报告 2009》，人民出版社，2009，第 8 页。

治制度，中国共产党领导的多党合作和政治协商制度、民族区域自治制度以及基层群众自治制度等基本政治制度，中国特色社会主义法律体系，公有制为主体、多种所有制经济共同发展的基本经济制度，以及建立在这些制度基础上的经济体制、政治体制、文化体制、社会体制等各项具体制度"①。中国特色社会主义制度，集中体现了中国特色社会主义的特点和优势，是在经济、政治、文化、社会等各个领域形成的一整套相互衔接、相互联系的制度体系。具体而言，是由中国特色社会主义根本政治制度、基本政治制度、法律体系、基本经济制度以及在此基础上的经济体制、政治体制、文化体制、社会体制等各项具体制度组成的。中国特色社会主义制度是当代中国发展进步的根本制度保障。

在一个有着五千年文明的古国，在一个人口众多底子薄的东方大国，以什么制度保障持续发展，实现中华民族复兴的伟大梦想，这是关乎国家民族生死存亡的世纪难题。近代辛亥革命以来的历史证明，封建主义于中国是死路一条，资本主义在中国也水土不服，只有社会主义才能救中国，只有社会主义才能发展中国，但是怎样建设社会主义呢？改革开放三十多年来，我们建设社会主义的道路才高速宽广起来，建设中国特色社会主义的理论才迅速清晰起来，建设中国特色社会主义的制度才快速健全起来。特别是近十年取得的巨大成就充分证明，中国特色社会主义制度是最正确、最符合中国国情的。中国特色社会主义制度的优越性，不仅自己跟自己比得到证明，与同时期的发展中国家相比，同样也得到充分证明。

当玛雅人的世界末日预言已被证伪，当西方在"震荡的十年"后为新自由主义而生疑，中国特色社会主义制度则为中国经济发展全面、协调、可持续发展提供了偌大的保障空间。伴随着经济持续快速增长，社会主义中国的面貌发生了历史性变化。从综合国力来看，改革开放以来，中国从贫穷落后跃升为世界第二大经济体，进出口贸易总额位居世界第二，外汇储备稳居世界第一，大多数工农业产品产量位居世界第一，已经成为具有全球影响力的制造业大国。从人民生活来看，不仅用不足世界10%的耕地

---

① 胡锦涛：《坚定不移沿着中国特色社会主义道路前进　为全面建成小康社会而奋斗——在中国共产党第十八次全国代表大会上的报告》，人民出版社，2012，第12页。

养活了世界 22% 的人口，而且实现了人民生活从贫困到温饱再到总体小康的历史性跨越。2011 年，中国人均国内生产总值约 5500 美元，达到世界中等偏上收入国家水平。社会主义民主政治、社会主义先进文化建设成就非凡。人民民主的内容不断扩大、形式不断丰富、实践不断深化，中国特色社会主义法律体系逐步形成。

概言之，在改革开放的伟大实践中，载人航天、探月工程、载人深潜、超级计算机、高速铁路等领域均实现重大突破。生态文明建设扎实开展，资源节约和环境保护全面推进。中国人民展现了团结统一、爱好和平、勤劳勇敢、自强不息的伟大民族精神，赢得了世界赞许的目光和普遍尊重。中国的现代化历程进入了一个新境界。"中国奇迹"充分展示了中国特色社会主义的制度自信。

4. 在伟大实践上中国特色社会主义以"中国梦"的构筑与实现展示其世界话语权

社会主义从无到有、从空想到科学、从理论到实践、从外国到中国，从建党 90 多年到改革开放以来的接力探索，毫无疑问，中国特色社会主义是实现中国梦的必由之路，而"中国梦"的构筑及实现，进一步增强了中国特色社会主义世界话语权。

中国特色社会主义由中国特色社会主义道路、中国特色社会主义理论体系、中国特色社会主义制度构成，三者统一于中国特色社会主义伟大实践。中国特色社会主义道路，是实现我国社会主义现代化的必由之路，是创造人民美好生活的必由之路；中国特色社会主义理论体系，是马克思主义中国化的最新成果，是指导党和国家全部工作的强大思想武器；中国特色社会主义制度，是根本政治制度与基本政治制度、中国特色社会主义法律体系、基本经济制度以及各方面体制机制等具体制度的有机结合，是中国特色社会主义特点和优势的集中体现。在中国特色社会主义伟大事业中，中国特色社会主义道路是实现途径，中国特色社会主义理论体系是行动指南，中国特色社会主义制度是根本保障，三者之间既相对独立又紧密联系，构成了理论与实践、内容与形式、结构与功能的内在统一，展示了建设社会主义的最鲜明特色。实现"中国梦"，进一步展示和强化中国特色社会主义话语权，必须在发展中国特色社会主义上下功夫，而"发展中国特色社会主义是一项长期的艰巨的历史任务，必须准备进行具有许多新的历史特点的伟大斗争。我们一定要毫不动摇地坚持、与时俱进发展中国特色社会主义，不断丰富中国特色社会主义的实践特色、理论特色、民族特色、时代特色。"[1]

要不断丰富中国特色社会主义的实践特色，就要更加注重中国特色社会主义的实践理性特征，在解决人民迫切需要解决的实际问题方面取得新进展，着力提升硬实力。我们必须清醒地认识到，我国仍处于并将长期处于社会主义初级阶段的基本国情没有变，人民日益增长的物质文化需要同落后的社会生产之间的矛盾这一社会主要矛盾没有变，我国是世界最大的发展中国家的国际地位没有变。因此，中国特色社会主义伟大实践必须坚持经济建设、政治建设、文化建设、社会建设、生态文明建设"五位一体"。同时，必须坚持人民主体地位，必须坚持解放和发展社会生产力，必须坚持推进改革开放，必须坚持维护社会公平正义，必须坚持走共同富裕道路，必须坚持促进社会和谐，必须坚持和平发展，必须坚持党的领导。

不断丰富中国特色社会主义的理论特色，就要克服经验主义和教条主义，深刻把握解放思想、实事求是、与时俱进、求真务实这一科学发展观最鲜明的精神实质。科学发展观是马克思主义同当代中国实际和时代特征相结合的产物，开辟了当代中国马克思主义发展新境界。丰富中国特色社会主义理论特色，就要在马克思主义基本原理与中国实际和时代特征相结合上下功夫，就要在尊重社会发展规律与尊重人民群众的发展价值和发展目的相结合上下功夫，就要在坚持辩证唯物主义和历史唯物主义与克服经验主义和教条主义相结合上下功夫，勇于实践、勇于变革、勇于创新，把握时代发展要求，顺应人民共同愿望，不懈探索和把握中国特色社会主义规律，特别是必须把科学发展观贯彻到我国现代化建设全过程、体现到党的建设各方面。必须更加自觉地把推动经济社会发展作为深入贯彻落实科学发展观的第一要义，更加自觉地把以人为本作为深入贯彻落实科学发展观的核心立场，更加自觉地把全面协调可持续作为深入贯彻落实科学发展

① 胡锦涛：《坚定不移沿着中国特色社会主义道路前进　为全面建成小康社会而奋斗——在中国共产党第十八次全国代表大会上的报告》，人民出版社，2012，第13页。

观的基本要求，更加自觉地把统筹兼顾作为深入贯彻落实科学发展观的根本方法，并在总结中国特色社会主义实践经验的基础上，不断推出适合现实需要的理论创新成果。

丰富中国特色社会主义的民族特色，就要把科学社会主义基本原则与中华民族精神、民族智慧、民族文化相结合，形成具有中国特色、中国风格、中国气派的学术话语体系。面对世界文明多样化发展的大趋势，我们在中国特色社会主义道路上实现中华民族伟大复兴，不仅有一个建设社会主义现代化的问题，还有一个增进社会主义民族化的问题。我们丰富中国特色社会主义的民族特色，应当站在全面推进中华民族文明进步的高度，从鼓励和弘扬积极进步因素、改造和清除消极落后因素着眼，把科学社会主义基本原则同国情中积极进步因素更好地结合起来。只有这样，才能加快中国国情朝着更加文明进步方向转化的历史进程，也才能使丰富中国特色社会主义的民族特色的现实价值得以充分体现。

不断丰富中国特色社会主义的时代特色，就要使中国特色社会主义深切地紧贴时代脉搏、顺应时代潮流、吸纳时代精华。中国特色社会主义作为当代中国发展进步的伟大旗帜和事业，本身就是我们党带领人民顺应时代潮流创造出来的，因而必然具有时代特色。人类社会在一定时代的有益文明成果，是这个时代全部精华的伟大结晶，代表着这个时代人类的认知能力和创造水平，也标示着时代发展趋势。丰富中国特色社会主义的时代特色，一个重大问题，就是必须具有海纳百川、兼收并蓄的胸襟和气度，既坚定以我为主，为我所用，又坚持开放包容，积极吸收人类文明进步的一切有益成果。这本身也是理论自信、道路自信和制度自信的集中表现。

总之，我们党成立95年、领导改革开放38年来，开辟和拓展了中国特色社会主义道路，创立和发展了中国特色社会主义理论体系，形成和完善了中国特色社会主义制度，这是中国共产党领导全国各族人民进行的重大创新，是人类文明史上的伟大创举，是中国对世界的历史性贡献。不仅如此，中国特色社会主义也促进了中国传统文化的创造性转化，在一定程度上科学社会主义获得了中国特色、中国风格和中国气派，必将因为全面小康社会的建成和中华民族伟大复兴目标的实现，在世界大舞台上日益彰显自己独有的文化魅力、文化自信和世界话语权。

第十章 马克思的超越与创造

一 马克思属于并高于生活

我们深入研究马克思的文本，不难发现：马克思在他的著作中确实并不完全是"理论""概念""范畴"，确实也表达、讨论、研究了许多"事"。但是，马克思从来"不就论事"，而是就事论"理"。

马克思的第一个伟大发现是发现了这样的一个"简单事实"：人们首先必须吃喝住穿，然后才能从事政治、科学、艺术、宗教等活动。这是多么朴素的道理，谁不知道"民以食为天"？解决了吃喝住穿这类最基本的生活需要，人才有时间和精力去从事自主自由的活动。于是，我们觉得马克思的道理真是再好懂不过了，我们对马克思思想的熟悉真是超过了对自己邻居的熟悉。然而，事情真的如此简单吗？

说出人人皆知的朴素道理，何以称得上是"伟大发现"？其实，马克思这一发现的"伟大"之处在于他从当时的历史语境"思想观念统治着现存世界"这一"德意志意识形态"中透视到西方两千多年的主流思想的偏弊和虚妄之处，并给予了颠覆性的破除。这一主流思想历来不看重人的感性，认为它是虚幻不实的；也不看重感性的生产劳动，认为这无非是类似于动物求生的活动。这一主流思想推崇的是人的理性和沉思的精神生活，是统治者所从事的政治及其宗教活动，认为只有这种活动才体现着人的高贵优越和普遍性，才带来人类历史舞台上场景与剧情的不断创造和变换。

这样的思想之所以长期在西方居于主导地位，自有其原因和一定的道理。其一，在前现代社会，由于人的能力极为有限，人的生产劳动主要是参与并协助自然物的成长，为此就要顺应自然界的时空特性；自然的因素而非人自己创造的历史的因素在社会中居主导地位。由此决定了过去的思想家很难重视生产活动对于自身及其社会的意义。其二，人要从自然万物中把自己分离出来，就要发展自己的自我意识并借以强化、提升自己的精神和理性，以便获得人的自我认同并实现自我决定。这样，人们就会特别看重自己在精神和道德等领域里活动的自主性和目的性。相反，人的生物性肉体直接属于自然万物，其感觉则有着明显的相对性和流变性，物质生产劳动更是由必须和外在目的规定要做的事。所以，西方许多思想家都认为人的本质在于其自我意识或精神。他们在思想理论上所做的工作都是力求让精神摆脱肉体的限制乃至反转来支配肉体，以破除感性的时空界限而达到最大的普遍性。

这确实反映了人的一种历史性觉悟，即人要以意识和观念来引领自己的活动，为自己的行为立法，从而过一种具有普遍性的社会文化生活。而极具超越性和普遍性的精神、观念与人的感性现实之间的巨大张力，一旦被引入人的现实活动之中便会释放出巨大的能量。事实上，西方源远流长的理性主义哲学传统和基督教新教的伦理精神，后来的确成为催化、推动现代资本主义崛起的重要力量。然而，对于人的精神和意识作用的一味突出和拔高，也包含了极大的片面性和危险，那就是把人的精神对于肉体的一定的超越性理解为完全的先在性和独立性，从而使精神不仅凌驾于人的肉身和万物之上，甚至蔑视、否定人的感性生活和感性世界。于是，精神不仅会走向虚妄，也会成为无源之水。如同马克思所说，和唯物主义相反，唯心主义发展了人的能动的方面，但是只是抽象地发展了，唯心主义思想家们"从来没有为历史提供世俗基础"[1]。

马克思通过人的吃喝住穿等这些最基本的日常现象，发现的不仅是人的存在的肉身性即感性特质，甚至也不仅是人类历史的世俗基础，还是人类在这个基础上站立起来并掌握自己历史命运的途径——不无粗糙的生产劳动对于人和人的感性世界形成与发展的奠基、推动作用，以及这一活动自身的不断改变与超越。马克思以之作为典范形式的生产劳动，显然是指运

---

① 《马克思恩格斯文集》第 1 卷，人民出版社，2009，第 531 页。

用着科学技术、对于自然有着巨大改造作用的现代工业生产。正是这种生产，使人的对象性活动的创造性和主体性提升到一个前所未有的高度，突显出人与外部世界的关系的"为我"性质，并从根本上改变了包括人的精神世界在内的人的整个存在方式。

所以，在马克思看来，人的意识、精神不可能与人的感性活动完全二分；意识作为现实的有生命的个人的意识，在任何时候都只能是被意识到了的存在，而人们的存在就是他们的现实生活过程。在马克思生活的时代，这个"现实生活过程"正经历着由越来越发达的工业和不断扩大的市场所带来的革命性变化：原来封建的、宗法的和田园诗般的生产生活方式都被破坏了，取而代之的是资产阶级的"文明"社会；而资本主义仿佛用法术呼唤出来的巨大的"现代生产力"则开始反抗并试图挣脱越来越显得狭隘的资本主义生产关系，为人的社会解放做着准备。因而，马克思看重的不是似乎完全"自主自由"的人的精神世界，而是"人在自然必然性"的领域，即人的物质生产生活领域获取"现实"自由的途径，亦即人类在一个物化世界中通过物、私有财产这个中介而获得的解放。可见，马克思的思想理论既有鲜明的现实性又具有远大的超越的指向。之所以如此，就在于它所依据的人的现代实践活动具有突出的现实性、超越性特征。如果不了解或不能充分地考虑到马克思创立自己思想的这一语境及其问题的要害所在，就不能真正理解他的"伟大发现"的伟大之处，不能理解为人的吃喝住穿提供着物质资料的生产劳动、工业商业，不止具有"外在的有用性"，还是"打开了的关于人的本质力量的书，是感性地摆在我们面前的人的心理学"[1]。那么，为什么说马克思既属于生活却又高于生活呢？

马克思主义绝不是什么先知先觉者布下的某种"福音"，也绝不是什么千古不变的"教义"，它是时代发展的产物，是世界文明世代发展的结果，是人类思想史上伟大革命的结晶。马克思主义诞生于改变世界的需要之中，又在改变世界的实践之中不断获得新的发展，实现了现实生产生活的超越和提升。

---

[1]　参见《1844年经济学哲学手稿》，人民出版社，2000，第88页。

1. 确立改变世界的时代主题

马克思主义问世于资本主义发展的新时代。18 世纪中叶，英国首先兴起产业革命，促进社会生产力发生了历史性飞跃。19 世纪 30 年代末至 40 年代初，英国已经成为世界上第一个由工场手工业占统治地位的欧洲国家实现了华丽转身，成为机器大工业占优势的资本主义强国。1820 年，其工业产量占世界工业产量的 1/2。1825 年，英国已经建成世界上第一条铁路。从 1770 年到 1840 年的 70 年间，工人的劳动生产率提高了 20 倍。马克思、恩格斯在《共产党宣言》中作了历史性评价：资产阶级在它的不到一百年的阶级统治中所创造的生产力，比过去一切世代创造的全部生产力还要多，还要大。自然力的征服，机器的采用，化学在工业和农业中的应用，轮船的行驶，铁路的通行，电报的使用，整个大陆的开垦，河川的通航，仿佛用法术从地下呼唤出来的大量人口——过去哪一个世纪料想到在社会劳动里蕴藏有这样的生产力呢？

但是，资本主义的快速发展既展现了令人惊叹的创造伟力，又相当程度地暴露了其令人恐惧的对生产力的破坏力。资本主义创造了巨大的物质财富，却使得人除了"冷酷无情"、"赤裸裸"和"利己主义打算"之外一无所有；资本主义席卷了全球，建构了世界市场，却将"没有良心"的贸易竞争带到了世界各个层面和角落；资本主义给予每个人以极大的能动性和创造性，却也把他们变成受制于市场和资本逻辑冲动的异化主体；资本主义使一切固定的东西都烟消云散，一切神圣的东西都被亵渎了。

1856 年，马克思于伦敦举行的《人民报》创刊纪念会上的演讲中，再次表达了他对充满了矛盾的资本主义现代生活的基本体验。

这里有一件可以作为我们 19 世纪特征的伟大事实，一件任何政党都不敢否认的事实。一方面产生了以往人类历史上任何一个时代都不能想象的工业和科学的力量；另一方面却显露出衰颓的征兆，这种衰颓远远超过罗马帝国末期那一切载诸史册的可怕情景。在我们这个时代，每一种事物好像都包含自己的对立面。

机器创造了神奇却引起了饥饿和过度疲劳，不断涌现的财富源泉却不可思议地变成贫困的根源，技术不断进步却以道德的败坏为代价，人类愈益控制自然反而使个人愈益成为别人的奴隶。"我们的一切发明和进步，似乎结果是使物质力量成为有智慧的生命，而人的生命则化为愚钝的物质力量。"①

生产力的巨大发展，既促进了新兴资本主义制度的确立和巩固，也使这种制度开始显示它所固有的深刻的内在矛盾。产业革命加剧了资本主义生产方式中生产力和生产关系的矛盾，生产的社会化和生产资料资本主义私人占有这一基本矛盾，日益尖锐地发展起来。周期性爆发的生产过剩危机就是这种矛盾的突出表现。英国在 1825 年爆发了第一次全国性生产过剩危机。此后于 1836 年和 1847 年又相继爆发了波及欧洲各主要资本主义国家的经济危机。在这之后的一个世纪中，这种经济危机大约每隔十年就周期性地爆发一次。每一次经济危机的爆发，都给资本主义世界造成巨大的破坏。经济危机周期性的爆发，表明资本主义制度所固有的生产社会化同生产资料资本家私人占有之间的矛盾已经成为其难以克服的痼疾。正如马克思恩格斯所指出的："资产阶级的生产关系和交换关系，资产阶级的所有制关系，这个曾经仿佛用法术创造了如此庞大的生产资料和交换手段的现代资产阶级社会，现在像一个魔法师一样不能再支配自己用法术呼唤出来的魔鬼了。"② 尽管当时资本主义还处在它的上升时期，但是，资本主义生产关系却已开始从生产力发展的推动力量逐渐转变为生产力发展的桎梏。

19 世纪 30～40 年代，马克思恩格斯生活的德国和西欧，资本主义经济和社会的发展正处在历史的转折关头。资本主义时代的这一急剧变化，迫使人们对一些深层次的问题做出反思，其中最重要的问题有两个。第一，资本主义时代这一扑朔迷离的变化背后潜藏的最根本的力量是什么？推而广之，人类历史发展的动力究竟是什么？第二，陷入经济、政治、社会发展困境的资本主义究竟向何处去？应该说，当时西欧社会的一些最杰出的思想家和理论家，并没有回避这两个关于历史和时代发展的难题；但是，无论是这些最杰出的思想家和理论家本人，还是他们的最忠实的后继者们，都没有能对这两个问题做出成功的回答。历史和时代的发展，迫切要求一种新的理论，以对人类社会历史发展的规律做出科学的说明，对资本主义

① 《马克思恩格斯文集》第 2 卷，人民出版社，2009，第 580 页。
② 《马克思恩格斯文集》第 2 卷，人民出版社，2009，第 37 页。

时代发展的趋势做出科学的说明。时代呼唤着科学理论，马克思主义便适应时代的呼唤应运而生。

在资产阶级哲学家、经济学家面对历史和时代发展的难题一筹莫展之时，在法国和英国的空想社会主义者揭竿而起却困惑不解之际，面对时代的呼唤，马克思更为真切地倾听当时社会的实际呼声，把无产阶级作为实现自己思想的"物质武器"，在批判继承人类文明成果的基础上，开始了人类思想史上的革命性变革。19世纪40~60年代，马克思、恩格斯批判地继承了前人的成果，尤其是在批判地继承吸收德国古典哲学、英国古典政治经济学、法国及英国的空想社会主义合理成分的基础上，分析批判了人类先进思想已经提出的种种问题，科学论述了资本主义时代发展提出的理论课题，创立了马克思主义这一无产阶级的崭新世界观。马克思主义哲学为认识历史和时代问题提供了一种崭新的世界观和方法论原则；马克思主义政治经济学通过对资本主义生产方式的内在矛盾、运行机制和发展规律的深刻分析，揭示了资本主义社会以及这一历史时代的命运；马克思主义则在哲学上的唯物史观和政治经济学的剩余价值理论这两大发现的基础上，揭示了资本主义时代无产阶级革命和解放的根本性质与历史使命。马克思主义是科学的世界观和彻底的社会革命论，揭示了人类社会发展的一系列基本原理，对人类社会发展的基本规律，对资本主义发展的历史趋势作了完全科学的论述，使"思想的闪电"击中"朴素的人民园地"，让"德车人解放成人"。

2. 创新改变世界的理论工具

19世纪30年代欧洲工人阶级进行的反对资产阶级的斗争，是马克思主义产生的阶级基础，也是马克思主义理论诞生的实践基础。随着机器大工业对工场手工业、雇佣劳动制度对封建生产关系的取代，社会日益分裂为两大阶级。工业革命在创造一个大工业资本家阶级的同时，也创造了一个与大工业相联系的人数众多的无产阶级。社会化大生产的发展，工业中心城市的形成和工厂制度的建立，不仅使无产阶级数量迅速扩大，而且使无产阶级和资产阶级的矛盾在社会生活中日益突出。机器大工业在资本主义基础上的发展，不仅没有使工人的劳动条件和生活境遇得到改善，相反地，却使工人日益成为机器的附庸。资本家为了最大限度地追求利润，采取延长劳动时间、增加劳动强度、降低工人工资、廉价雇用女工和童工等手段，拼命压榨工人血汗。

资本家的残酷压榨引发了工人们的反抗。工人们不甘心处于这种境遇，开始采取捣毁机器、烧毁工厂等手段进行反抗和斗争。然而，破坏机器的运动遭到政府和资本家的残酷镇压，随之而来的是机器更加广泛的采用。斗争的实践使工人进而采取罢工等形式，为改善劳动条件、提高工资、缩短劳动时间等展开经济斗争。但是初期的这种斗争也只是自发的、零散的。到了19世纪30年代，西欧资本主义的历史发展出现了重大转折，"阶级斗争在实践方面和理论方面采取了日益鲜明的和带有威胁性的形式"①。随着无产阶级队伍迅速成长、壮大，无产阶级反对资产阶级的斗争也日益指向了资本主义制度。19世纪30~40年代，法国、英国、德国接连爆发了工人阶级反对资本主义制度的斗争，即法国里昂工人起义、英国宪章运动、德国西里西亚纺织工人起义。这三次举世瞩目的工人运动，标志着无产阶级已经作为一支独立的政治力量登上了历史舞台。但是，由于没有革命理论的指导和无产阶级政党的领导，工人的几次起义均以失败而告终。究其原因，可能是多方面的，没有一个正确的理论指导，则是不可忽视的根本因素。

在马克思主义出现以前，西欧工人运动在指导思想上一直以自发的状态在黑暗中摸索，没有形成以科学理论为指导的自觉的实践。因而，总结和升华无产阶级在长期斗争实践中积累的丰富经验，形成科学的世界观和对现存社会进行革命改造的系统理论，用以指导无产阶级的解放斗争，就成为那一时代思想理论发展的迫切需要。马克思主义正是适应了无产阶级革命斗争实践对科学的思想理论的迫切需要而产生的。

马克思、恩格斯能够冲破旧思想的樊篱，创立马克思主义这一崭新的无产阶级世界观，是和他们对资本主义剥削制度的憎恨和对劳动群众的深厚感情分不开的。马克思、恩格斯对于自己时代的弊端深恶痛绝，深感只有"推翻使人成为被侮辱、被奴役、被遗弃和被蔑视的东西的一切关系"②

---

① 《马克思恩格斯文集》第5卷，人民出版社，2009，第17页。
② 《马克思恩格斯文集》第1卷，人民出版社，2009，第11页。

进行动摇资本主义大厦支柱的革命，才能消解现有的"时代错乱"和"文明缺陷"。青年马克思对资本主义社会的经济和政治上的不合理性，早就有了深刻的认识。中学时代，马克思就立志选择"最能为人类福利而劳动的职业"①，极力"为政治上和社会上备受压迫的贫苦群众的利益"② 进行辩护，对"劳动创造了宫殿，但是给工人创造了贫民窟"③ 的现状做了有力的鞭挞，对"把我们文明社会的这些'野蛮人'变成人类解放的实践因素"④ 充满了信心。恩格斯愤怒地揭露了工厂主对工人群众的残酷剥削，英国工人阶级常年处于饥饿和失业之中，"如果他侥幸找到工作，就是说，如果资产阶级发了慈悲，愿意利用他来发财，那么等待着他的是勉强够维持灵魂不离开躯体的工资；如果他找不到工作，那么他只是去做贼（如果不怕警察的话），或者饿死，而警察所关心的只是他悄悄地死去，不要打扰了资产阶级"⑤。他深情地告诉工人们："我很想在你们家中看到你们，观察你们的日常生活，同你们谈谈你们的状况和你们的疾苦，亲眼看看你们为反抗你们的压迫者的社会统治和政治统治而进行的斗争。"⑥ 在他们看来，如此这般历史重任，只有无产阶级才能担当和完成，因为如果无产阶级不使现存制度解体，自己就不能获得彻底的解放。马克思、恩格斯不仅仅关注无产阶级的生活状况，而且还直接参加无产阶级的实际斗争。在参加国际工人运动的斗争中，马克思、恩格斯逐步确立了无产阶级立场；在深入无产阶级的革命实践中，他们不断地从无产阶级解放斗争中汲取营养，成为无产阶级的革命家和思想家。

正是在亲身实践中，马克思、恩格斯既能真切感受时代的状况，又可以把初创的理论运用于无产阶级运动，使其在发挥指导作用的同时也不断地接受实践检验，不断地丰富深化自己的理论思考。马克思向工人们说明：问题并不在于实现某种空想的体系，而在于要自觉地参加我们眼前发生的对社会进行革命改造的历史过程。29 岁的马克思已被工人们尊称为"马克

① 《马克思恩格斯全集》第 40 卷，人民出版社，1982，第 7 页。
② 《马克思恩格斯全集》第 1 卷，人民出版社，1956，第 141～142 页。
③ 《马克思恩格斯全集》第 42 卷，人民出版社，1979，第 93 页。
④ 《马克思恩格斯全集》第 27 卷，人民出版社，1972，第 451 页。
⑤ 《马克思恩格斯全集》第 2 卷，人民出版社，1957，第 305 页。
⑥ 《马克思恩格斯选集》第 1 卷，人民出版社，2012，第 81 页。

思老爹","马克思认为同工人晤谈具有莫大的意义，他找的是那些并非奉承他的而是真诚地对待他的人。他认为工人们对于运动的意见非常重要，任何时候都愿意同工人们讨论重大的政治经济问题，并且很快就能知道他们对这些问题的理解是否充分。他们对这些问题理解得越充分，他就越高兴。"① "凡是同他的科学工作有关和有利于工人运动的事情，他都不惜牺牲自己去参加。"② 就此来说，马克思、恩格斯不是愤世嫉俗的道德批评家，也不是狂热的阶级斗士，而是无产阶级革命的精神导师，是为了人类的真正解放而呕心沥血的革命家。

马克思、恩格斯毕生的使命都和发展、壮大无产阶级革命事业密切地联系在一起。他们积极参加和指导工人运动，进行反对资本主义制度、争取工人阶级解放的阶级斗争，投入创立无产阶级政党、组织无产阶级队伍的活动中，同工人运动中的各种机会主义思潮进行不懈的斗争。从19世纪40年代后半期马克思、恩格斯创建共产主义者同盟开始，一直到19世纪90年代前半期恩格斯晚年领导第二国际的活动，关注欧美无产阶级革命斗争和政党的发展为止，在这半个世纪的历程中，他们始终处在开创和推进国际共产主义运动的前沿，积极参与并领导国际无产阶级反对资产阶级和资本主义制度的斗争。马克思、恩格斯生平事业和无产阶级革命斗争所具有的这种紧密联系，使他们有可能创立马克思主义这一极其彻底而严整的、构成世界各国工人运动的理论和纲领的学说，为无产阶级认识世界和改造世界提供了锐利的思想武器。马克思主义的"头脑"与无产阶级的"心脏"相结合，必将带来人类的彻底解放。

3. 融入改变世界的伟大斗争

一种思想体系对历史影响的深度和广度，同它所蕴涵的真理性成正比。随着岁月的流逝，不少风靡一时的理论学说已经失去了旧日的光环，可是，马克思主义却与时俱进，日益显示出真理的光芒。在马克思长眠于海格特公墓以来的一百多年间，马克思主义超越欧美，以其特有的理论魅力和思

---

① 参见中共中央马克思恩格斯列宁斯大林著作编译局编《回忆马克思》，人民出版社，2005，第263页。

② 参见中共中央马克思恩格斯列宁斯大林著作编译局编《回忆马克思》，人民出版社，2005，第268页。

想力量遍及全世界。同时，从马克思主义诞生的那一天起，直到今天，世界上各种反动势力和反动思潮也从来没有停止过对它的"围剿"。其每一次都宣称马克思主义"死亡"了，但总是一次又一次地再度"声讨"它。这本身就说明，马克思主义对现实世界的深刻影响，不但从来没有消失过，而且对当今世界仍然有着强烈的思想理论的震撼力。

法国思想家德里达在《马克思的幽灵》一书中列举了当代西方社会所不能除去的十大"祸害"。他认为，面对这十大"祸害"，人们只有求助马克思主义才能获得正确的认识。2012 年 7 月 19 日，《日本时报》发表了加拿大约克大学政治学理论客座教授马尔切洛·穆斯托题为《马克思——伟人回归》的文章。穆斯托指出：

> 如果认为马克思的作品只是用于专门学术研究的不朽经典，就如同把他说成是"现实存在的社会主义"① 的理论提出者一样，是大错特错的。因为他的分析其实比以往任何时候都更贴近现实……在苏联垮台和资本主义扩大到全球新地区之后，它已经成为全球体系，正在入侵和改变人类生活的方方面面（而不光是经济方面）。在这种形势下，马克思的理念远比他那个时代更具有现实意义……如果一名作家永恒的青春包括他不断激发新想法的能力，那么可以说卡尔·马克思无疑依然年轻。

无论人类历史发生了怎样的风云变幻，马克思主义始终是全球思想理论界难以回避、难以抵挡的强大"磁场"。

在全球资本主义陷入危机之时，人们重新对马克思和马克思主义思想产生兴趣，尤其是西方的年轻一代。2008 年美国发生大恐慌后，在重新讨论恐慌后的整个体系时，人们发现马克思的理论依然有效。即使在 20 世纪 80 年代的黯淡时期，马克思、恩格斯仍然居于全世界被评论最多的理论家行列之中。虽然在马克思生前，《资本论》的读者寥寥无几，但是在他逝世后却获得盛名，为众多共产主义和社会主义政权及政党（如德国社会民主

---

① 〔加〕马尔切格·穆斯托：《马克思——伟人回归》，《日本时报》2012 年 7 月。

党、布尔什维克党等）提供了指导思想。

2008 年 12 月 10 日，在马克思纪念图书馆成立 75 周年的活动上，英国伦敦大学戈德史密斯学院政治学教授戴维·麦克莱伦致辞说："随着冷战的结束和人们对经济和环境问题关注程度的不断提高，人们对马克思和马克思主义的理解也随之更为客观。大家已经越来越清楚地意识到，传统的马克思主义理论对资本主义作出了最为有力和深刻的分析。"这也正如西方历史学家吕西安·费弗尔所说："任何一个历史学家，即使他从来没有读过一行马克思的著作，或者他认为除了在科学领域之外自己在各方面都是"疯狂的反马克思主义者"，也不可避免地要用马克思主义的哲学方法来思考和了解事实和例证。马克思表达得那样充实的许多思想早已成为我们这一时代精神宝库的共同储蓄的一部分了。"

面对经济全球化时代复杂多变的世界局势和人类社会扑朔迷离的发展前景，人们在新的认识世界、改造世界的进程中，依然能够深切地感受到马克思主义特有的思想理论魅力和社会实践价值。

二 找到打开人类历史奥秘的锁钥

英国广播公司（BBC），2005 年 7 月在《我们这个时代》栏目中，开展了一项题为《谁是现今英国人心目中最伟大的哲学家》的调查，结果马克思的得票数远远超过休谟、康德、柏拉图等人，荣登榜首。栏目主持人布拉格宣布说：马克思当选为最伟大哲学家有诸多因素，但最关键的因素是马克思创立了能够解释一切的理论。这里，"能够解释一切的理论"，就是马克思的唯物主义历史观。

2005 年 8 月 22 日，《明镜》周刊刊登题为《多数德国人认为马克思主义仍有现实意义》的封面文章，在国内外引起轰动。该周刊记者问不来梅大学劳动和经济研究所所长鲁道夫·希克尔和柏林自由大学历史学家保罗·诺尔特：为什么马克思的思想和著作现在还有如此大的吸引力？希克尔的回答是：作为社会理论家，马克思揭示了历史唯物主义的发展规律以及物质基础——上层建筑模式，并勾画出一个现代社会发展的远景。这些在过去都非常吸引人，现在仍然令人神往。这两位学者都认为：马克思改变了世界。

一个多世纪以来，唯物史观犹如熠熠生辉的思想火炬，驱除了千百年来人类探索自身生存世界的黑暗，改变了人们对社会历史的看法，奠定了马克思主义如何改变世界的理论基石。

1. 改变世界根源从何说起

社会存在与社会意识的关系问题，是社会历史观的基本问题。正确认识这一问题，是解决其他社会历史观问题的基础和前提。马克思主义诞生之前，在对社会历史的认识中，唯心主义历史观占据统治地位，这一历史观从意识出发来考察社会历史，把意识看成是历史的发源地和推动历史发展的决定性力量，并且企图用改变思想、观念的方法来改变世界，最终导致把社会历史看作思想、观念的产物，即意识创造历史的唯心史观。唯心史观的根本错误，就是颠倒了社会存在和社会意识的关系，把社会意识当作决定的方面。不论是青年黑格尔派还是费尔巴哈，在社会历史观的基本问题上都从根本上颠倒了社会存在与社会意识的关系，因此他们考察社会历史的方法也是根本错误的。

唯物史观则是在科学实践观的基础上，从现实的从事实践活动的人出发，通过考察人们的客观的物质生产和物质交往过程，考察包括道德、宗教等在内的全部社会意识形态的本质和发展过程，进而发现社会意识是由社会存在决定的，是随着社会存在的变化而变化的。针对青年黑格尔派的唯心主义，马克思、恩格斯在《德意志意识形态》中指出："不是意识决定生活，而是生活决定意识。"[1] "意识在任何时候都只能是被意识到了的存在，而人们的存在就是他们的现实生活过程。"[2] 即使是人们头脑中的模糊的幻象，也是他们的物质生活过程的必然升华物。道德、宗教、哲学等各种意识形态，都没有自己独立的发展历史，它们是随着人们的物质生产和物质交往的发展而不断发展的。"不是人们的意识决定人们的存在，相反，是人们的社会存在决定人们的意识。"[3]

① 《马克思恩格斯文集》第1卷，人民出版社，2009，第525页。
② 《马克思恩格斯文集》第1卷，人民出版社，2009，第525页。
③ 《马克思恩格斯文集》第2卷，人民出版社，2009，第591页。

　　马克思还以简明扼要的语言阐述了社会存在决定社会意识这一原理的基本内涵。他指出，社会存在主要是指人们的物质生活的生产方式。生产方式制约着整个社会生活、政治生活和精神生活的过程。物质生活的生产方式的发展变化是社会发展变化的根本原因。法律的、政治的、宗教的、艺术的或哲学的，简言之意识形态的形式，在社会的变革中起着很大的作用，但它们不是社会变革的决定性因素，对社会变革起决定作用的是社会的生产方式。因此，我们判断一个变革时代，"不能以它的意识为根据；相反，这个意识必须从物质生活的矛盾中，从社会生产力和生产关系之间的现存冲突中去解释"①。社会存在决定社会意识，物质生产方式是社会发展的决定性力量。

　　社会存在决定社会意识不仅是唯物史观的立足点和出发点，而且也是马克思、恩格斯创立的马克思主义哲学最具独创性的特征。社会存在决定社会意识这一基本原理的确立，从根本上划清了历史唯物主义与历史唯心主义的界限，标志着马克思在整个世界观史上实现了变革。马克思、恩格斯第一次把唯物主义推广到了人类社会历史领域，宣告了数千年在社会历史领域中占据统治地位的唯心主义历史观在理论上的彻底破产。恩格斯在他写的书评《卡尔·马克思〈政治经济学批判第一分册〉》中高度评价了马克思这一论断的重大理论意义和实践意义。恩格斯认为，这个原理对于没有被唯心主义欺骗束缚的人来说是不言自明的，但是它不仅对于理论，而且对于实践都是最革命的结论。"人们的意识取决于人们的存在而不是相反，这个原理看来很简单，但是仔细考察一下也会立即发现，这个原理的最初结论就给一切唯心主义，甚至给最隐蔽的唯心主义当头一棒。关于一切历史的东西的全部传统的和习惯的观点都被这个原理否定了。政治论证的全部传统方式崩溃了。"② 从前所有对于历史的见解，都是建立在思想观念是历史变动的最终原因的基础之上的。确立了社会存在决定社会意识的历史唯物主义基本原理，历史才破天荒地第一次被置于它的真正基础之上，有关社会历史的各门学问才有可能成为真正意义上的科学。依据这一原理，

---

① 《列宁全集》第26卷，人民出版社，1988，第58页。
② 《马克思恩格斯文集》第2卷，人民出版社，2009，第598页。

马克思主义从社会生活的各种领域中划分出经济领域，从一切社会关系中划分出生产关系，并把它当作决定一切关系的基本的、原始的关系，进而把社会关系归结于生产关系，把生产关系归结于生产力的水平，从而将社会发展看作自然历史过程，破天荒地破解了"历史之谜"，从而揭示了人类社会发展的规律。

2. 改变世界方法从何创新

1883 年 3 月，恩格斯在马克思去世时，曾对马克思在唯物史观上的重大科学发现作过如下的评价："正像达尔文发现有机界的发展规律一样，马克思发现了人类历史的发展规律，即历来为繁芜丛杂的意识形态所掩盖着的一个简单事实：人们首先必须吃、喝、住、穿，然后才能从事政治、科学、艺术、宗教等等；所以，直接的物质的生活资料的生产，从而一个民族或一个时代的一定的经济发展阶段，便构成基础，人们的国家设施、法的观点、艺术以至宗教观念，就是从这个基础上发展起来的，因而，也必须由这个基础来解释，而不是像过去那样做得相反。"[①]

恩格斯的这一评价深刻地说明，唯物史观揭示的生产力与生产关系矛盾运动的规律和经济基础与上层建筑的矛盾运动规律，是人类社会发展的一般规律，其决定了社会形态的更替和历史发展的基本趋势，集中体现了人类社会发展的历史辩证法。

生产力决定生产关系，经济基础决定上层建筑，这是马克思主义所揭示的人类社会发展的基本规律。首先，生产关系一定要适合生产力发展状况的规律是人类社会发展遵循的最基本的规律。在马克思、恩格斯看来，生产力与生产关构成物质生产过程中的两个不可分割的方面，生产力与生产关系的辩证关系主要表现在两个方面。一方面，生产力决定生产关系的性质和状况。私有制是生产力发展到一定阶段的产物，同样它也只有在大工业生产充分发展的条件下才能被消灭。不同历史发展阶段的生产关系的区别，也是由生产力发展的不同水平和程度决定的。另一方面，生产关系对生产力有着能动的反作用。当生产关系适合生产需要时，它是生产的必要条件，是人们在生产中的自主活动条件，促进着生产的发展；当生产关

---

① 《马克思恩格斯文集》第 3 卷，人民出版社，2012，第 1002 页。

系成了生产力发展的桎梏时，就必然会阻碍生产力的发展。总之，生产力与生产关系的辩证统一，是一个基于生产力发展之上的矛盾的、历史的过程。其次，在揭示生产力决定生产关系基本规律的基础上，马克思进一步论证了经济基础决定上层建筑的基本规律。在经济基础同上层建筑的相互关系中，经济基础决定上层建筑，上层建筑一定要适合经济基础的状况。因此，经济基础的性质决定上层建筑的性质，经济基础的变革决定上层建筑的变革。

在揭示生产力与生产关系、经济基础与上层建筑的辩证运动规律之后，马克思、恩格斯形成了完整的关于社会形态的学说，指出了社会有机体是各种关系和现象有机联系的完整形态。社会形态是按一定的客观规律发展变化的。任何一种社会形态都具有其特殊的性质，但是又都遵循生产关系一定要适合生产力状况和上层建筑一定要适合经济基础状况的一般规律运行。通过运用这种唯物史观来考察人类社会发展的历史，马克思、恩格斯将人类社会历史划分为依次更替的社会形态：部落所有制、古代国家所有制、公社所有制、封建所有制、资本主义所有制和共产主义所有制。这样，马克思、恩格斯就揭示了社会形态更替的实质是基于生产力发展基础之上的生产关系特别是生产资料所有制的更替。

唯物史观科学地揭示了人类社会发展所遵循的基本规律，具有极为重要的理论意义和现实意义。它在人类思想史上彻底否定了以"道德说教"作为评判历史功过是非的思想体系，第一次科学地确立了生产力发展是"社会进步的最高标准"。马克思主义明确指出，判断一个变革时代不能以该时代的意识为依据，相反，这个意识必须"从社会生产力和生产关系之间的现存冲突中去解释"①。依据唯物史观的根本观点，马克思主义正确阐明了社会形态的演进过程及其历史正当性问题；正确评价了历史和现实中的事件、人物以及各种社会集团的理论及主张等，为正确认识社会和历史提供了基本观点和方法。生产力与生产关系矛盾运动的规律和经济基础与上层建筑的矛盾运动规律还是马克思主义政党制定路线、方针和政策的重要依据。解放生产力、发展生产力，不断扫除生产力发展的障碍应成为无

---

① 《马克思恩格斯文集》第2卷，人民出版社，2009，第592页。

产阶级政党制定路线、方针和政策的出发点和归宿。在改革开放和推进社会主义现代化建设的今天，唯物史观所揭示的生产力与生产关系的矛盾运动规律和经济基础与上层建筑的矛盾运动规律，对于我们敏锐地把握社会先进生产力的发展趋势和要求，坚持以经济建设为中心，积极投身改革开放和社会主义现代化建设事业，不断推进理论创新、制度创新和科技创新，把中国特色社会主义事业推向前进具有重要的理论指导意义。

　　3. 改变世界路径从何选择

　　人类社会是一个不断发展的过程，推动社会历史发展的动力是什么？旧的社会历史理论往往把社会历史发展的动力归结为人们的思想动机或精神力量。唯物史观没有停留在"精神动力"的层面上认识社会历史，而是透过历史的表象，进一步探寻并发现了社会历史深处动力的"动因"。

　　唯物史观认为，物质生产方式是社会发展的基础，在此基础上形成的生产力和生产关系的矛盾、经济基础和上层建筑的矛盾是社会发展的基本矛盾和根本动力。生产力是社会基本矛盾运动中最基本的动力因素，是人类社会发展和进步的最终决定力量。社会基本矛盾特别是生产力和生产关系的矛盾，是一切历史冲突的根源，决定着社会中其他矛盾的存在和发展。唯物史观认为，阶级斗争是社会基本矛盾在阶级社会中的表现，是阶级对立社会发展的直接动力。社会革命是解决社会基本矛盾的主要方式之一，是推动社会发展特别是社会形态更替的重要动力。"革命是历史的火车头"①，是"社会进步和政治进步的强大推动力"②。社会革命是旧的社会形态灭亡，被新的社会形态所取代。革命的发生，是因为随着生产力的发展旧的生产关系变成了生产力的桎梏。社会革命的终极原因，不应在人们的头脑中寻找，而应在生产力和生产关系的矛盾中寻找。因此，当一种生产关系适合生产力的性质，能够促进生产力发展的时候，这种生产关系是不会消亡的；当生产力还没有发展到要求用一种新的生产关系取代原有的生产关系的时候，是不会有新的生产关系产生出来的。

　　唯物史观对推动社会历史发展动力的科学探索，揭示了社会历史发展

---

　　① 《马克思恩格斯文集》第 2 卷，人民出版社，2009，第 161 页。
　　② 《马克思恩格斯文集》第 2 卷，人民出版社，2009，第 383 页。

的真正奥秘，为无产阶级和广大劳动群众运用马克思主义改变世界，提供了科学依据和方法。马克思主义政党要正确认识根源于社会基本矛盾的阶级斗争、社会革命、社会改革等在社会发展中的不同作用。在阶级里，必须坚持阶级分析方法。阶级斗争是社会基本矛盾在阶级社会中的表现，马克思主义政党制定路线、方针、政策和策略要全面地、动态地分析阶级状况，分析各阶级的经济地位、政治立场和意识形态，准确把握各阶级之间的关系和阶级力量的对比，把握社会运动和社会生活的脉搏；在认识和处理阶级矛盾时，要严格区分阶级矛盾和非阶级矛盾、对抗阶级和非对抗阶级之间的矛盾、敌我矛盾和人民内部矛盾；要辩证认识科学技术在社会发展中的作用。唯物史观对社会历史发展动力的科学揭示，为人们提供了理解人类社会历史发展奥秘的闪亮钥匙，探索了如何改变世界的实践路径。

4. 改变世界力量从何凝聚

19 世纪 40 年代中期，马克思恩格斯同当时的德国唯心主义者、青年黑格尔派代表人物鲍威尔兄弟进行过一场论战。鲍威尔兄弟认为，历史中起决定作用的是"英雄"的精神，而人民群众是历史中的惰性因素。针对青年黑格尔派依据"自我意识"创造历史的思辨公式，马克思、恩格斯深刻指出：社会经济是政治、思想的决定力量，思想一旦离开利益，就一定会使自己出丑；社会的经济方面也不是单一的，而是多层次的，经济利益在不同的社会成员之中表现为极不相同的内容；思想在历史中的现实力量在于正确地反映了社会需要、进步阶级的利益①。马克思恩格斯在得出经济因素在社会发展中的决定作用，广大人民群众的利益在社会中的普遍性等结论后，进一步从世界历史发展的高度指出："历史活动是群众的活动，随着历史活动的深入，必将是群众队伍的扩大。"② 恩格斯还进一步说明了什么是历史的问题，历史就是人的创造性活动的历史。

历史什么事情也没有做，它"并不拥有任何无穷尽的丰富性"，它并"没有在任何战斗中作战"③！创造这一切、拥有这一切并为这一切而斗争

---

① 参见《马克思恩格斯全集》第 2 卷，人民出版社，1957，第 103 页。
② 《马克思恩格斯文集》第 1 卷，人民出版社，2009，第 287 页。
③ 《马克思恩格斯全集》第 2 卷，人民出版社，1957，第 118~119 页。

的，不是"历史"，而正是人，现实的、活生生的人。"历史"并不是把人当作达到自己目的的工具来利用的某种特殊的人格。历史不过是追求着自己目的的人的活动而已。

唯物史观通过对现实的社会中的人的全面、具体、历史的考察和分析，科学揭示了人民群众在创造历史过程中的决定作用，认为人民群众是历史的主体，是历史的创造者。人民群众创造历史的作用是同社会基本矛盾运动推动社会前进的过程相一致的。人民群众的总体愿望和行动代表了历史发展的方向，人民群众的社会实践最终决定历史发展的结局。同时，唯物史观也辩证地揭示出人民群众创造历史的活动要受到一定社会历史条件的制约。唯物史观还从人民的基本前提出发，科学地说明了个人在历史上的作用：社会历史发展是无数个人合力作用的结果，历史人物在历史的发展过程中起着特殊作用，必须从必然与偶然的辩证统一角度来理解个人的历史作用，必须坚持用科学方法来评价历史人物，不能夸大个人的作用，进而否定和歪曲历史发展的规律。

唯物史观对人民群众在历史发展中的作用的深入分析，提供了考察人类社会历史发展动因的科学角度，确立了马克思主义如何改变世界的坚强依靠。唯物史观不仅从客体的角度揭示了社会历史发展的动力，还从主体的角度回答了人民群众和个人在社会历史发展中的作用，第一次科学地解答了谁是历史的创造者这一社会认识史上的难题。唯物史观关于人民群众是历史创造者的原理，已成为无产阶级政党的群众观点和群众路线的理论基础；唯物史观关于个人在社会历史中的作用的观点，为我们坚持历史分析方法和阶级分析方法评价历史人物提供了科学的依据。

唯物史观是马克思主义思想体系的理论基石，列宁称之为"科学思想中的最大成果"，是"唯一科学的历史观"，是社会科学的"同义词"。美国经济学家海尔布隆纳在《马克思主义：赞成与反对》一书中写道：马克思主义是现代世界中一个令人时刻感到惊悸的精灵，是激起人们最热切的希望和恐惧，使人产生各种大相径庭的见解的根源。法国哲学家萨特在《辩证理性批判》一书中声称，马克思哲学乃是当代"唯一不可超越的哲学"，而这种哲学的不可超越性正在于，"只要生产和掌握一种哲学并受这种哲学指导的实践还有生命，那么这种哲学就仍然是有效的"。当代西方杰出的马克思主义理论家特里·伊格尔顿在其著作《马克思为什么是对的》中指出，马克思主义理论对于当今社会的重大意义不仅在于其对资本主义制度全面彻底的揭露，还在于其辩证唯物主义和历史唯物主义的研究方法对当今社会同样适用，"马克思彻底改变了我们对人类历史的理解，这是连马克思主义最激烈的批评者也无法否认的事实"。历史唯物主义作为马克思毕生两大理论发现之一，不仅在思想上历史地引领了无产阶级乃至全人类的解放事业，而且已进入了当代精神世界，指导我们去研究新情况，解决新问题，战胜各种艰难险阻，成为人类筹划生存和发展的精神动力。

三　马克思主义理论自觉和理论自信

党的十八大深刻地阐明了中国特色社会主义道路、中国特色社会主义理论体系、中国特色社会主义制度的科学内涵及其相互联系，指出中国特色社会主义道路是实现途径，中国特色社会主义理论体系是行动指南，中国特色社会主义制度是根本保障，三者统一于中国特色社会主义伟大实践，强调"全党要坚定这样的道路自信、理论自信、制度自信"①。

1. 坚定理论自信，从根本上解决对马克思（主义）的政治信仰问题

我们应当承认，马克思主义问世近 170 年来，一直存在着马克思主义与非马克思主义、马克思主义与修正主义、马克思主义与反马克思主义的论争，特别是 20 世纪 90 年代随着苏联解体、东欧剧变，国际社会主义运动遭受挫折以后，无论是从实际运用，还是从学术心理取向、价值选择等视角来考察，马克思主义在世界范围内（包括中国）已经不是显学，甚至在某种程度上已经逐渐被边缘化，这是一个不争的事实。

从 2004 年起，我们党实施马克思主义理论研究和建设工程以来，马克思主义经典著作编译和基本观点研究取得重大突破，中国特色社会主义理论体系学习研究和宣传不断深化，围绕人们普遍关心的重大问题不断加强理论引导，马克思主义理论的独立学科地位正式确定等，有力地推动了马

---

① 胡锦涛：《坚定不移沿着中国特色社会主义道路前进　为全面建成小康社会而奋斗——在中国共产党第十八次全国代表大会上的报告》，人民出版社，2012，第 16 页。

克思主义理论，特别是马克思主义中国化最新成果在统一思想、凝聚共识、坚定信念方面的发展。但真正从灵魂深处彻底解决人们，特别是共产党员的政治信仰、理论自信问题，恐怕还有许多工作要做，还有漫长的路要走。

我们应当承认，马克思主义的基本原理、马克思主义的思维方式、马克思主义的个别词句等，经过近一个世纪以来中国人的翻译、阐释、宣传、教育、运用和发展，已经融入中国文化土壤，甚至已经成为一种生长在中国文化土壤中的独特的中国文化，已经深深地嵌入中国人的骨髓、融入中国人的血液、浸入中国人的心田，在一定程度上已经有意无意地、正式非正式地、或隐或显地、若明若暗地形成了一种中国式和中国人的马克思主义文化自觉，这一点甚至在那些自称为非马克思主义者和反马克思主义者的人身上也有所体现。

我们应当承认，我们关于马克思主义的信仰方面在方法论上还有偏差。现在有些人特别强调文本马克思主义、回归马克思主义，或把马克思主义理解为"有限"的数十卷文本。作为一种研究方法、研究范式、研究领域、研究方向当然是必要的和有益的，但如果仅仅以此来认识和理解马克思主义，那就偏离了方向，甚至会陷入"经院哲学"的泥潭；或单纯从工具理性视角评价马克思主义理论，有的人甚至认为，中国改革开放30多年之所以取得巨大的成功，主要是对西方自由主义经济学的运用，而与马克思主义理论没有什么关系，至少不是马克思主义指导的结果。

造成这些认识误区的根本原因在于，马克思主义虽然在中国已传播一百余年，但是我们许多人并没有把马克思主义文本、理论、精髓、理想区别开来，并没有真正搞清楚马克思主义不是一种简单的立竿见影的工具；并没有真正懂得马克思主义是一种崇高政治信仰，解决的是根本的世界观和方法论问题，而不是解决具体的微观实际问题的灵丹妙药；并没有解决马克思主义生命力在哪里的问题，虽然马克思、恩格斯本人反复强调他们的理论不是教条，列宁反复强调马克思主义不是教条，毛泽东反复强调马克思主义不是教条，但是我们许多人在现实生活中还是把马克思主义当作教条来理解、评价和使用，并以此证明马克思主义已经过时与无用。

其实，中国的胜利靠的是马克思主义的指导，中国存在的问题也只能依靠马克思主义的指导去解决。今天中国改革面临的很多问题，比如贫富分化的问题、社会不公的问题、城乡差距的问题等，都是需要依靠马克思主义才能克服和超越的。也许正是因为有着这样的前提，马克思主义在中国才格外具有生命力，才让那些怀疑马克思主义价值的人感到困惑不已。中国不仅过去所做的事业总体上是按照马克思主义的理论发展起来的，而且我们现在所做的事业也越来越趋向于马克思、恩格斯所设想的社会和谐、人民富裕、社会安定、人人自由的发展目标。

概括地说，马克思主义是深刻观察当代资本主义世界的科学方法，是正确引领当代社会主义发展的科学指南，是有效推进当代中国哲学社会科学创新的理论基础。马克思主义的生命力在于其批判性、建设性和创新性。不是有些人总是愿意用西方思想家的理论来证明自己的结论吗？德国著名哲学家哈贝马斯："马克思主义没有过时"。法国著名哲学家德里达："现在该维护马克思的幽灵们"。英国著名社会学家吉登斯："马克思依旧是不可超越的思想家"①。

2. 坚定理论自信，从根本上深刻把握中国特色社会主义的"特色所在"

理论自信的根据既在理论之内，又在理论之外。我们所谓"理论自信"，就其本质而言，就是中国特色社会主义理论自信，是对中国特色社会主义的理论自信。

中国特色社会主义体现科学社会主义本质。中国特色社会主义坚持马克思主义的世界观和方法论，坚持共产主义的最高理想和价值追求，坚持以工人阶级政党为领导核心，坚持人民主体地位，坚持以公有制和按劳分配为社会主义经济制度的基础，坚持以人民当家做主为社会主义民主政治的本质特征，坚持马克思主义在意识形态领域的指导地位，坚持共同富裕的目标，坚持促进人的全面发展等。中国特色社会主义承载着一切信仰社会主义的人们真挚的寄托，使科学社会主义在世界的东方闪耀璀璨的光芒。

中国特色社会主义符合中国的最大国情。中国特色社会主义从我国仍处于并将长期处于社会主义初级阶段这个最大国情实际出发，确立了社会主义初级阶段的基本理论、基本路线、基本纲领、基本经验，提出了夺取中国特色社会主义新胜利的基本要求，解决了在中国这样一个经济文化落

---

① 程富恩：《马克思主义的当代意义》，《人民日报》2013年3月19日。

后的东方大国如何建设社会主义的难题，为实现中华民族伟大复兴找到了一条康庄大道。

中国特色社会主义把握共产党执政规律、社会主义建设规律、人类社会发展规律。在中国特色社会主义伟大实践中，中国共产党实现了推进伟大事业与推进党的建设新的伟大工程相结合，大力加强党的执政能力建设，大力加强党的先进性建设、纯洁性建设，使党的执政方略更加完善，执政方式更加科学，执政体制更加健全，执政能力更加强大，执政基础更加巩固，科学把握共产党执政规律；明确了社会主义建设的总依据、总布局、总任务，确立了中国特色社会主义发展目标、发展道路、发展阶段、发展战略，把握了社会主义建设规律；把共产党人的远大理想与中华民族伟大复兴结合起来，进而对人类社会发展的方向和道路做出新思考、新探索，把握了人类社会发展规律。

中国特色社会主义已历经历史和实践的检验。改革开放 38 年来，中国共产党人和中国人民坚定不移地坚持和发展中国特色社会主义，在经济建设、政治建设、文化建设、社会建设、生态文明建设等方面取得了举世瞩目的成就。中国人民的面貌、社会主义中国的面貌、中国共产党的面貌发生了历史性变化。中国的发展，不仅使中国人民稳定地走上了富裕安康的道路，而且为世界经济发展和人类文明进步做出了重大贡献。我国社会主义现代化建设的辉煌成就，充分显示了中国特色社会主义无可比拟的优越性和强大的生机活力。历史和事实雄辩地证明，只有社会主义才能救中国，只有中国特色社会主义才能发展中国。

中国特色社会主义是实践形态、理论形态、制度形态的有机统一，既把成功的实践上升为理论，又以正确的理论指导新的实践，还把实践中已见成效的方针政策及时上升为党和国家的制度。正如习近平总书记所说："中国特色社会主义特就特在其道路、理论体系、制度上，特就特在其实现途径、行动指南、根本保障的内在联系上，特就特在这三者统一于中国特色社会主义伟大实践上。"①

---

① 习近平：《紧紧围绕坚持和发展中国特色社会主义　学习宣传贯彻党的十八大精神——在十八届中共中央政治局第一次集体学习时的讲话》，人民出版社，2012，第 4 页。

3. 坚定理论自信，从根本上解决理论和实际的双向脱离问题

早在延安整风时期，毛泽东同志就曾经对"那种头重脚轻根底浅"的主观主义学风进行了尖锐批评："几十年来，很多留学生都犯过这种毛病。他们从欧美日本回来，只知生吞活剥地谈外国。他们起了留声机的作用，忘记了自己认识新鲜事物和创造新鲜事物的责任……理论和实际分离。在学校的教育中，在在职干部的教育中，教哲学的不引导学生研究中国革命的逻辑，教经济学的不引导学生研究中国经济的特点，教政治学的不引导学生研究中国革命的策略，教军事学的不引导学生研究适合中国特点的战略和战术，诸如此类。其结果，谬种流传，误人不浅。"①

毛泽东的尖锐批评，在一定程度上完全适合今天中国哲学社会科学研究的某些现状。正如著名哲学家陶德麟先生所言："现在有些博士生写的论文可以说是用汉字写的洋文，用汉语说的洋话，不仅我看的非常吃力，他们之间也常常因为看不懂对方的文章而叫苦不迭，要中国老百姓喜闻乐见恐怕就更难了。"② 其实，不光博士研究生这样，许多哲学社会科学工作者，包括一些博士生导师也如此。他们往往对某些西方思想家的理论、学说、体系和词句，翻来译去，反复咀嚼，著书立说，评职晋级，"言必称希腊"，而对中国发展的阶段性特征则毫无兴趣、少有问津，语焉不详，一筹莫展。

也许在这些研究者看来，他们的研究是颇有价值的，但对中国现代化建设迫切需要破解的难题而言是没有意义的。"问题是时代的声音"。时代在发展，问题各不同。我们的理论研究如何深入，我们的理论自信如何坚定，关键在于坚持马克思主义理论与实际相统一的原则，在理论把握实际、变革实际、应用实际、创造实际上下功夫。马克思指出："但是理论一经掌握群众，也会变成物质力量。理论只要说服人，就能掌握群众；而理论只要彻底，就能说服人。所谓彻底，就是抓住事物的根本。"③

事物的根本是什么，当前就是中国发展的阶段性特征及其深层次矛盾和问题。特别是经济实力显著增强，同时长期形成的结构性矛盾和粗放型增长

① 《毛泽东选集》第3卷，人民出版社，1991，第798页。
② 陶德麟：《大力推动马克思主义大众化》，《光明日报》2010年4月19日。
③ 《马克思恩格斯文集》第1卷，人民出版社，2009，第11页。

方式尚未根本改变；协调发展取得显著成绩，同时城乡、区域、经济社会发展不平衡问题依然突出；人民生活总体上达到小康水平，同时贫困人口和低收入人口还有相当数量；等等。这些问题都需要理论研究和实践探索。

我们正从事着前所未有的中国特色社会主义事业，发展起来以后出现的大量问题摆在我们面前，不仅许多问题来不及解决积累起来了，而且又产生了许多新矛盾新问题，新老矛盾问题交织叠加。中国哲学社会科学为什么不只争朝夕深入研究自己迫在眉睫的重大问题，却浪费宝贵时间帮助别人去探索那可能与己无关的"形而上学"问题呢！

4. 坚定理论自信，从根本上改变自言自语的研究方式

马克思在《资本论》第一卷序言中指出："我的观点是把经济的社会形态的发展理解为一种自然史的过程。"① 实际上，社会主义的发展也是一种自然的历史过程。

众所周知，社会主义作为承载人类美好理想的社会思潮已经存在近500年的时间。到19世纪初，已经形成了以法国圣西门、傅立叶和英国欧文为代表的空想社会主义流派。19世纪中叶，马克思、恩格斯批判地继承德国古典哲学、英国古典政治经济学和法国、英国空想社会主义的合理成分，创立了唯物史观和剩余价值学说，揭示了社会主义代替资本主义的必然趋势，使社会主义实现了从空想到科学的伟大转变。1848年2月《共产党宣言》发表以来，马克思主义在世界范围内催生和引导着社会主义运动蓬勃开展。20世纪初，列宁把马克思主义基本原理同俄国具体实际和时代特征相结合，建立了世界上第一个社会主义国家，使社会主义实现了从理论到实践的伟大飞跃。从此，社会主义的时代洪流汹涌澎湃，改变了20世纪以来的世界格局。

但是，世界社会主义运动一直波澜起伏，曲折发展，尤其是东欧剧变后陷入了低潮。这一严峻的历史形势，激发了人们对人类文明发展道路、社会历史发展规律、社会主义建设规律、共产党执政规律，特别是对科学社会主义理论的再思考。与此同时，具有强烈政治倾向的一些西方学者也在研究如何打消"对共产主义世界抱有幻想"，并试图单方面解除意识形态

---

① 《马克思恩格斯文集》第5卷，人民出版社，2009，第10页。

之争，阻断社会主义对人类的影响。在连续的和以新的形式延续的"冲突"与"终结"的话语中，贯穿着一条人类历史将以社会主义的全面失败以及整个马克思主义传统的终结而宣告结束的斗争主线。

社会主义失败了？社会主义终结了？社会主义向何处去？社会主义希望在哪里？马克思晚年曾经有过美好设想，也创造了东方社会理论，但没有也不可能给出明确的建设方案和发展道路，特别是中国这样人口多底子薄的东方大国建设什么样的社会主义，怎样建设社会主义，什么是中国特色社会主义，怎样建设中国特色社会主义的根本问题，只能由中国共产党人自己接力探索。

中国共产党开创的"中国特色社会主义，既坚持了科学社会主义基本原则，又根据时代条件赋予其鲜明的中国特色，以全新的视野深化了对共产党执政规律、社会主义建设规律、人类社会发展规律的认识，从理论和实践结合上系统回答了在中国这样人口多底子薄的东方大国建设什么样的社会主义、怎样建设社会主义的根本问题，使我们国家快速发展起来，使我国人民生活水平快速提高起来。实践充分证明，中国特色社会主义是当代中国发展进步的根本方向，只有中国特色社会主义才能发展中国"[1]。党的十八大把中国共产党领导中国人民艰苦奋斗的"九十多年"作为一个整体来审视，把近代以来中国历史的主题、使命、道路选择作为一条主线去把握。鸦片战争以后，中国逐步沦为半封建半殖民地社会，因而争取民族独立、人民解放，实现国家富强、人民富裕，成为中国人民必须完成的历史任务。在完成这一重大历史使命的过程中，实践上包括革命、建设和改革三个阶段，理论上创造了马克思主义中国化的两大成果，即毛泽东思想和中国特色社会主义理论体系。把"九十多年"的历史作为一个整体去把握和审视，揭示了社会主义、马克思主义和中华民族伟大复兴的内在一致性，揭示了革命和建设、推翻旧中国和建设新中国的内在一致性，揭示了改革开放和发展中国、发展社会主义、发展马克思主义的内在一致性，揭示了中国特色社会主义理论逻辑和历史逻辑的内在一致性。

---

① 胡锦涛：《坚定不移沿着中国特色社会主义道路前进 为全面建成小康社会而奋斗——在中国共产党第十八次全国代表大会上的报告》，人民出版社，2012，第13页。

概言之，建党九十多年的历史，特别是改革开放 38 年的历史，本质上就是在以毛泽东同志为核心的党的第一代领导集体，提供宝贵经验、理论基础、物质准备的前提下，开创和发展中国特色社会主义的实践创造史，就是坚持科学社会主义基本原则，创造性地应对了世界社会主义曲折所激发的人们对社会文明发展道路的理论创新史。正是在这一伟大实践和理论创新中，中国特色社会主义为人类社会主义理想进行了重新建构，并切实为处于低潮中的世界社会主义运动找到了一条新路，向世人展示了中国特色社会主义的理论自信。

5. 坚定理论自信，从根本上放弃对西方话语体系的"理论他信"

人类世界是丰富多彩的世界，各国文明的多样性，是人类社会的基本特征，也是人类文明进步的动力。人类应尊重各国的历史文化、社会制度、发展模式和价值选择。世界各种文明和社会制度，可以长期共存，在竞争比较中取长补短，在求同存异中共同发展。中国在新中国成立后很长一个时期，对资本主义文明成果采取了完全彻底的批判和拒绝态度，认为凡是西方的就是腐朽没落的。这样做的一个结果，就是把人类共享的物质、精神、政治财富统统"赐予"了资产阶级及其政党，从而大大缩小了自己的理论创造空间，使理论失去生存的活力和发展的动力。

实际上，"马克思主义这一革命无产阶级的思想体系赢得了世界历史性的意义，是因为它并没有抛弃资产阶级时代最宝贵的成就，相反却吸收和改造了两千多年来人类思想和文化发展中一切有价值的东西"[1]。中国共产党作为学习型、服务型、创新型的马克思主义执政党，应该是高举中国特色社会主义伟大旗帜，坚持推进马克思主义中国化并自觉用以指导实践的政党；是目光远大、胸怀宽阔、善于总结经验、善于吸收一切人类文明成果的政党；是始终走在时代前列，勇于变革、勇于创新，永不僵化、永不停滞的政党；是学以立德、学以增智、学以创业，在学习意识、学习能力、学习成效上引领全社会全民族的政党。因此，必须坚持用马克思主义的开阔眼界观察世界，正确把握时代发展的趋势，努力从国际国内形势的相互联系中把握发展方向，从国际国内条件的相互转化中用好发展机遇，从国

---

① 《列宁专题文集——论马克思主义》，人民出版社，2009，第 296 页。

际国内资源的优势互补中创造发展条件，从国际国内因素的综合作用中掌握发展全局，不断增强各项工作的战略性和前瞻性。

但是，这绝不意味着我们在中国特色社会主义伟大实践中固守理论他信，更不意味着我们在实现中华民族伟大复兴的征程上要以西方理论是非为是非。

我们应当承认，21世纪的今天，以美国为代表的西方世界在世界学术文明中占据着主导地位，享有话语霸权。但中国哲学社会科学是社会科学的"中国形态"，其研究对象是中国问题。如果中国哲学社会科学有关中国问题的研究及其成果都要经过西方知识框架和理论体系的选择或过滤，或我们研究中国问题的成果，只有依赖西方语境来表达，并鲜明而深刻打上西方文化的烙印和标签，才能登上中国文化大雅之堂，那还谈什么中国哲学社会科学的自主诉求！还谈什么中国哲学社会科学的理论自信！如果只有理论他信，就不会有理论自信。

当前增强理论自信的一个重要方面，就是要深入分析和论证，如何学习借鉴人类文明成果，用中国的理论研究和话语体系解读中国实践、中国道路，不断地概括出理论联系实际的、科学的、开放融通的新概念、新范畴、新表达，打造具有中国特色、中国风格、中国气派的哲学社会科学话语体系，用以讲好、讲活、讲深、讲透中国故事，不断增强中国哲学社会科学在国际上的亲和力、感染力、说服力和影响力，为实现中华民族伟大复兴的"中国梦"提供思想保证和智力支持。在中国经济新常态大逻辑框架下，习近平关于"五位一体"总布局、"四个全面"战略布局、"五大发展新理念"等，正在展示中国特色社会主义的中国及其世界话语权。这也进一步表明马克思没有过时。正如习近平所说："在当代中国，坚持和发展中国特色社会主义，就是真正坚持社会主义。""在当代中国，坚持中国特色社会主义理论体系，就是真正坚持马克思主义。"[1]

---

[1] 习近平：《习近平治国理政》，外文出版社，2014，第9页。

参考文献

[1]《马克思恩格斯全集》第 19 卷，人民出版社，1963。

[2]《马克思恩格斯选集》第 3 卷，人民出版社，1995。

[3]《马克思恩格斯选集》第 1 卷，人民出版社，1995。

[4]《马克思恩格斯全集》第 47 卷，人民出版社，1979。

[5]《马克思恩格斯全集》第 3 卷，人民出版社，2002。

[6]《马克思恩格斯全集》第 1 卷，人民出版社，1956。

[7]《马克思恩格斯全集》第 2 卷，人民出版社，1957。

[8]《马克思恩格斯全集》第 46 卷（上册），人民出版社，1979。

[9]《马克思恩格斯全集》第 23 卷，人民出版社，1972。

[10]《资本论》第 1 卷，人民出版社，1975。

[11]《马克思恩格斯文集》第 1、2、4、5、9 卷，人民出版社，2009。

[12]《列宁专题文集——论马克思主义》，人民出版社，2009。

[13]《列宁全集》，人民出版社，1959。

[14]《马克思恩格斯选集》，人民出版社，1995。

[15]〔英〕特里·伊格尔顿：《马克思为什么是对的》，李杨、任文科、郑义译，新星出版社，2011。

[16]〔英〕G.A. 科恩：《为什么不要社会主义?》，段忠桥译，人民出版社，2011。

[17]〔日〕宫川彰：《解读〈资本论〉（第 1 卷）》，刘锋译，中央编译出版社，2011。

[18]〔美〕格里高利·克拉克：《应该读点经济史——一部世界经济简史》，李淑萍译，中信出版社，2009。

［19］〔美〕约翰·奈斯比特、多丽丝·奈斯比特：《中国大趋势》，魏平译，中华工商联合出版社，2009

［20］〔英〕戴维·麦克莱伦：《卡尔·马克思传》，王珍译，中国人民大学出版社，2005。

［21］〔英〕伊格尔顿：《后现代主义的幻象》，华明译，商务印书馆，2000。

［22］〔法〕福柯：《福柯集》，上海远东出版社，2003。

［23］〔德〕霍克海默、阿多诺：《启蒙辩证法》，重庆出版社，1990。

［24］〔德〕康德：《历史理性批判文集》，何兆武译，商务印书馆，1990。

［25］〔德〕阿多诺：《否定的辩证法》，张峰译，重庆出版社，1993。

［26］〔美〕马丁·杰伊：《法兰克福学派史》，广东人民出版社，1996。

［27］〔美〕弗朗西斯·福山：《历史的终结与最高的人》，陈高华译，广西师范大学出版社，2014。

［28］《毛泽东选集》第1、4卷，人民出版社，1991。

［29］《邓小平文选》第3卷，人民出版社，1993。

［30］《邓小平文选》第2卷，人民出版社，1994。

［31］《邓小平文选》第2卷，人民出版社，1983。

［32］习近平：《习近平谈治国理政》，外文出版社，2014。

［33］田心铭：《认识的反思》，人民出版社，2000。

［34］张志洲：《提升学术话语权与中国的话语体系构建》，《红旗文稿》2012年第13期。

［35］徐晓风、张艳涛：《马克思哲学批判继承关系新探》，《马克思主义研究》2006年第12期。

［36］张国祚：《关于理论创新的几点思考》，《马克思主义研究》2012年第2期。

［37］韩庆祥、张健：《中国特色社会主义建设实践的内在逻辑与发展趋向》，《中国社会科学》2012年第3期。

［38］中共中央文献研究室编《习近平关于实现中华民族伟大复兴的中国梦论述摘编》，中央文献出版社，2013。

［39］陈占安：《马克思主义大众化的历史经验》，人民出版社，2012。

［40］孙麾、都立新：《唯物史观与中国问题》，中国社会科学出版社，2015。

［41］张维为：《中国超越》，上海人民出版社，2014。

后　记

马克思主义传入中国近一个世纪了，马克思主义中国化、时代化、大众化的历史也可谓久矣，苏联以及中国等也都曾经或正在尝到马克思主义具体化的"甜头"。但是，马克思主义却一直在斗争、论辩中发展，它所催生的世界社会主义运动既有高歌猛进，又有迂回曲折。无论国内还是国外，总有人以"发现"马克思（主义）破绽为"噱头"，甚至明确指出马克思主义已经过时，马克思主义已经被送上历史的祭坛。

2008 年世界金融危机爆发……

2011 年得见英国学者特里·伊格尔顿的新作《马克思为什么是对的》，深受启发。一是欣赏这位学者的问题意识和问题觉悟，二是赞成这位思想家的表达形式和风格。一气读完，始终感到作者所提问题尖锐，又感到缺少未来视野，因此应当做出学术回应。

2012 年底便开始思考、酝酿出一本《马克思为什么还是对的》，书名比伊格尔顿的《马克思为什么是对的》多了一个"还"字，也许有许多新话要说、能说、可说，以期在伊氏基础上做进一步讨论，于是很快列出十个问题的纲目。但由于教学、科研，特别是校外"党的十八大精神"宣讲任务很重，没有时间系统思考和起草，便暂时搁下了这桩心思。

2013 年春节过后，觉得再不动手就晚了，便开始收集、整理有关材料。当初稿已经形成时，2014 年 4 月，我读到复旦大学陈学明教授等的新著《中国为什么需要马克思主义》。经过认真学习、研读，感到我的思考与他们的研究相比，无论是视角还是内容方面都并不重复。因此，有深入、继续研究之必要！

2014 年 7 月 12 日，暑假第一日，初稿总算告成了！几经修改，2016 年 5 月算是写完了。

现在看，书已经写完，但实在不如我意。那边电话里出版社已经紧急催稿，这边紧急校对。索性完成作业了事？当把书稿呈给出版社的时候，我改变了书的名字，将《马克思为什么还是对的》改成了《马克思不过时》。也许这一改，可能改出理论张力！

中华民族伟大复兴的中国梦，特别是"两个一百年"中"第一个一百年"——"全面建成小康社会"，已经向我们招手。中国特色社会主义"五位一体"总布局，全面建成小康社会、全面深化改革、全面依法治国、全面从严治党"四个全面"战略布局，创新、协调、绿色、开放、共享"五大发展理念"等新理念、新思想、新战略，已经报道了 21 世纪中国马克思主义的黎明！

对于本书的撰写和出版，中共辽宁省委宣传部、中共辽宁省委高校工委、辽宁省社会科学界联合会的领导，都给予了不少支持和鼓励。社会科学文献出版社社会政法分社曹义恒总编辑和吕霞云老师等付出了宝贵心血。我的博士研究生张晋铭同学在书稿付梓之前做了许多颇有价值的基础性工作。在此，一并致以真诚感谢！

我认为，著名哲学家陈先达先生的宏论是深刻的："一个不为马克思主义理想而奋斗，不为社会主义和共产主义理想而奋斗的共产党，只是徒有其名的'共产党'；一个不为马克思主义理想而奋斗的人，最多可成为马克思主义的研究者，而不是信仰者；可能成为学者，而不是马克思主义者。"

愿以此论自勉。

2016 年 6 月 5 日

于沈阳 浑南小镇

图书在版编目（CIP）数据

马克思不过时 / 田鹏颖著. -- 北京：社会科学文
献出版社，2016.10（2018.7 重印）
ISBN 978 - 7 - 5097 - 9663 - 4

Ⅰ.①马… Ⅱ.①田… Ⅲ.①马克思主义－研究
Ⅳ.①A81

中国版本图书馆 CIP 数据核字（2016）第 212919 号

马克思不过时

著　　者 / 田鹏颖

出 版 人 / 谢寿光
项目统筹 / 曹义恒
责任编辑 / 刘　荣　吕霞云

出　　版 / 社会科学文献出版社·社会政法分社（010）59367156
　　　　　　地址：北京市北三环中路甲 29 号院华龙大厦　邮编：100029
　　　　　　网址：www.ssap.com.cn
发　　行 / 市场营销中心（010）59367081　59367018
印　　装 / 三河市尚艺印装有限公司

规　　格 / 开　本：787mm × 1092mm　1/16
　　　　　　印　张：13.75　字　数：219 千字
版　　次 / 2016 年 10 月第 1 版　2018 年 7 月第 2 次印刷
书　　号 / ISBN 978 - 7 - 5097 - 9663 - 4
定　　价 / 69.00 元